Irreversibler Schaden

1. Auflage August 2023

Copyright © 2020 by Abigail Shrier

First published in the United States of America 2020 by
Regnery Publishing c/o Writers' Representatives LLC, New York

Titel der amerikanischen Originalausgabe:
Irreversible Damage. The Transgender Craze Seducing Our Daugthers

Copyright © 2023 für die deutschsprachige Ausgabe bei
Kopp Verlag, Bertha-Benz-Straße 10, D-72108 Rottenburg

Übersetzung aus dem Amerikanischen: Collin McMahon
Lektorat: Klara Louber
Umschlaggestaltung: Stefanie Huber
Satz und Layout: Nicole Lechner

ISBN: 978-3-86445-947-4

MIX
Papier | Fördert
gute Waldnutzung
FSC® C014496

Gerne senden wir Ihnen unser Verlagsverzeichnis
Kopp Verlag
Bertha-Benz-Straße 10
72108 Rottenburg
E-Mail: info@kopp-verlag.de
Tel.: (0 74 72) 98 06-10
Fax: (0 74 72) 98 06-11

Unser Buchprogramm finden Sie auch im Internet unter:
www.kopp-verlag.de

Abigail Shrier

Irreversibler Schaden

Wie der Transgenderwahn unsere Töchter verführt

KOPP VERLAG

Inhalt

Für Zach,
dessen Liebe meine Geheimwaffe ist

Sie versteckt sich wie ein Kind,
ist für mich aber stets eine Frau.

Billy Joel[1]

Vorbemerkung der Autorin

Ich gehe davon aus, dass Teenager noch nicht ganz erwachsen sind. Um der Ehrlichkeit und Klarheit willen verwende ich für biologisch weibliche Jugendliche, die in diesen Transgenderwahn geraten sind, die Pronomina »sie« und »ihr«.

Bei Erwachsenen mit Transidentität ist die Lage eine andere. Sofern dadurch keine unnötige Verwirrung entsteht, verwende ich für sie jene Pronomina und Präpositionen, die sie selbst bevorzugen.

Außerdem habe ich die Namen und persönlichen Daten der Jugendlichen (sowie ihrer Eltern), die sich als Transgender identifizieren, geändert, um sicherzustellen, dass sie sich nicht wiedererkennen und ihre kampfesmüden Eltern des Verrats bezichtigen können. Da sich die Geschichten der Opfer dieses ansteckenden Phänomens stark ähneln, könnten manche Leser auf den Gedanken kommen, sich wiederzuerkennen – doch sie irren sich.

Einleitung

Die Ansteckung

L ucy war schon immer ein »richtiges Girlie«, versicherte ihre Mutter. Als kleines Mädchen zog sie zum Erledigen ihrer Hausaufgaben High Heels an und verschwand in ihrem Kinderzimmer, das von Beanie Babies und Haustieren – Kaninchen, Meerschweinchen und Sittichen – nur so überquoll.

Am allerliebsten verkleidete sie sich. Sie hatte eine große Kiste voller Klamotten und Perücken, in die sie hineinschlüpfte, um eine Reihe von Figuren zu verkörpern, die allesamt weiblich waren. Sie war ein typisches Mädchen der späten 1990er-Jahre und liebte Disneyfilme mit prinzessinnenhaften Hauptfiguren wie *Arielle, die Meerjungfrau*, später die *Twilight*-Filme.

Lucy war ein frühreifes Kind. Mit 5 Jahren konnte sie lesen wie eine Viertklässlerin. Schon früh zeigte sie künstlerische Fähigkeiten und wurde später Preisträgerin ihres Landkreises. Als sie aber die Mittelstufe erreichte, bekam sie es immer häufiger mit Ängsten zu tun und verfiel in Depressionen. Ihre wohlhabenden Eltern – ihre Mutter war eine bekannte Anwältin aus den Südstaaten – schickten sie zu Therapeuten und Psychologen, doch egal wie viel Gesprächstherapie oder Medikamente sie bekam, ihre sozialen Probleme wurden nicht weniger. Sie wurde weiterhin von Cliquen ausgegrenzt und versagte aus lauter Nervosität, wenn sie von anderen Mädchen gelegentlich auf die Probe gestellt wurde.

Jungs machten ihr weniger zu schaffen, und sie hatte die ganze Highschoolzeit hindurch männliche Freunde und Partner. Ihr Familienleben war nicht gerade leicht: Ihre ältere Schwester wurde drogenabhängig, was ihre Familie wie ein Orkan heimsuchte und beiden Elternteilen die totale Aufmerksamkeit abverlangte. Lucys Aufs und Abs wurden irgendwann als Bipolar-II-Störung diagnostiziert. Weibliche Freunde zu finden und zu behalten wurde zu einer ständigen Herausforderung, die sich nie wirklich zu ihren Gunsten wendete.

Ihr Studium an einem privaten College in Neuengland begann – wie so oft heutzutage – mit der Einladung, ihren Namen, ihre sexuelle Orientierung und ihre Genderpronomina anzugeben. Um dazuzugehören und sich mit einer speziellen Gruppe identifizieren zu können, ergriff Lucy diese Chance, um sich neu zu definieren. Als ihre Angstsymptome im Herbst wieder zurückkehrten, kam sie zusammen mit einigen Freundinnen zu dem Schluss, ihre Angst finde eine Erklärung in dem Begriff »Genderdysphorie«, der gerade in aller Munde war. Binnen eines Jahres begann sie eine Testosterontherapie. Aber ihre eigentliche Sucht – die Droge, von der sie abhängig wurde – war die Verheißung, jemand anderes sein zu können. Mit geschorenem Kopf, Jungsklamotten und einem neuen Vornamen wurde sie von einem Mädchen in einen Jungen umgetauft beziehungsweise als Junge neu geboren.

Der nächste Schritt – falls sie so weit gehen wollte – wäre dann eine »Obenrum-OP«, ein Euphemismus für eine freiwillige doppelte Mastektomie.

»Woher wissen Sie, dass es keine echte Genderdysphorie war?«, fragte ich ihre Mutter.

»Sie hatte einfach noch nie solche Anzeichen gehabt«, so die Mutter. »Ich habe sie nie zuvor sagen hören, dass sie sich in ihrem Körper unwohl fühlt. In der vierten Klasse hat sie das erste Mal ihre Tage bekommen, was ihr total peinlich war, weil sie so früh dran war, aber sie hat sich nie über ihren Körper beklagt.« Ihre Mutter hielt inne und forschte in ihrem Gedächtnis nach. »Mit 5 Jahren habe ich ihr einen Bubikopf verpasst, und sie hat sehr viele Tränen vergossen, weil sie nicht wie ein Junge aussehen wollte. Sie hat es gehasst.« Um hinzuzufügen: »Sie ist mit Jungs ausgegangen. Immer nur mit Jungs.«

In diesem Buch geht es nicht um Transgendererwachsene, auch wenn ich im Laufe meiner Recherche mit vielen von ihnen gesprochen habe, und zwar sowohl mit jenen, die als Frauen, wie jenen, die als Männer auftreten. Diese freundlichen, nachdenklichen und anständigen Menschen schildern in der Regel ein fortwährendes Gefühl des Unwohlseins in einem Körper, in dem sie sich fehl am Platz fühlen, in einem Leben, das ihnen wie eine Lüge vorkommt. Und dieses Gefühl verfolgt sie schon, solange sie denken können.

Ihre Dysphorie hat ihnen nie soziale Vorteile gebracht oder sie beliebter gemacht, sondern führte weitaus häufiger zu peinlichen oder unangenehmen Situationen. Die meisten von ihnen hatten als Jugendliche niemand anderen mit Dysphorie kennengelernt. Es gab noch kein Internet, das ihnen Vorbilder und Mentoren liefern konnte, und sie brauchten auch keine, sondern wussten genau, wie es ihnen ging. Sie fühlen sich einfach als anderes Geschlecht wohler und wollen nicht dafür gefeiert werden, so zu sein, wie sie sind. Es geht ihnen hauptsächlich darum, als das von ihnen empfundene Geschlecht »durchzugehen« und nicht weiter aufzufallen.

Mit einigen habe ich offiziell, mit anderen inoffiziell gesprochen und sie für ihren Mut und ihre Aufrichtigkeit sehr bewundert. Einer von ihnen wurde sogar ein Freund. Dass so viele Transgenderaktivisten in ihrem Namen sprechen wollen, ist weder ihre Schuld noch ihre Absicht. Und mit dem aktuellen Trans-Hype, der Mädchen im Teenageralter plagt, haben diese Menschen im Allgemeinen sehr wenig zu tun.

Da sind die Hexenprozesse von Salem im 18. Jahrhundert schon näher dran. Ebenso die Neurasthenie-Epidemie des ausgehenden 19. Jahrhunderts,[2] Anorexia nervosa[3], Bulimie, das Syndrom der Erinnerungsverdrängung[4] sowie das im 20. Jahrhundert weitverbreitete Ritzen.[5] Und bei all diesen Phänomenen spielt eine Protagonistin ganz vorne mit, nämlich das heranwachsende Mädchen, das ihr psychisches Leid gerne aufbauscht und um sich greifen lässt.[6]

Sein Leid ist sicher echt. Aber in jedem der genannten Fälle kommt es zu einer falschen Selbstdiagnose, die weniger einer psychologischen Tatsache entspricht als das Resultat von Ermutigung und Suggestion ist.

Vor 30 Jahren hätten sich solche Mädchen vielleicht eine Fettabsaugung herbeigesehnt, während ihre Körperformen dahinschwanden. Und vor 20 Jahren hätten jene Teenies, die sich heutzutage mit Transgender identifizieren, womöglich eine verdrängte Erinnerung an ein Kindheitstrauma »entdeckt«. Statt um dämonische Besessenheit geht es bei dem aktuellen Diagnosewahn um »Genderdysphorie«. Und »geheilt« wird diese nicht durch Exorzismus, Abführmittel oder Entschlackung, sondern durch Testosteron und »Obenrum-Chirurgie«.

Man sollte sich kein Lieblingsthema unter den Grundrechten der Verfassung der Vereinigten Staaten (Bill of Rights, Anm. d. Lektorats) herauspicken, denn das ergibt keinen Sinn, ich habe aber eines, und das ist das erste, nämlich die Redefreiheit. Und so war es auch mein Einsatz für das Recht der freien Meinungsäußerung, der mich durch eine Hintertür zur Transgenderpolitik brachte.

Im Oktober 2017 wurde in meinem Bundesstaat Kalifornien ein Gesetz erlassen, das Pflegekräften und medizinischem Personal mit Haft droht, wenn sie sich weigern, Patienten mit den von ihnen gewünschten Genderpronomina anzureden.[7] In New York gibt es ein ähnliches Gesetz für Arbeitgeber, Vermieter und Gewerbetreibende.[8] Beide Gesetze sind ganz offenkundig verfassungswidrig. Der Erste Zusatzartikel der US-Verfassung garantiert uns seit Langem das Recht, sowohl ohne staatliche Einmischung unpopuläre Meinungen kundtun zu dürfen als auch, sich zu weigern, der Regierung nach dem Mund zu reden.

Und dabei geht es nicht um verfassungsrechtliche Nuancen, sondern um eine bemerkenswert einfache Angelegenheit. In der Rechtssache des Schulrats von West Virginia gegen Barnette 1943 entschied das Oberste Gericht der USA, dass Schüler nicht gezwungen werden können, vor der amerikanischen Flagge zu salutieren. »Wenn es in der Konstellation unserer Verfassung einen Fixstern gibt, dann ist es der Grundsatz, dass kein Beamter, egal wie mächtig er ist, entscheiden kann, was in Politik, Nationalismus, Religion oder in anderen Meinungsangelegenheiten allgemein gültig sein soll, oder dass Bürger in Wort oder Tat zu einem solchen Bekenntnis gezwungen werden können«, schrieb Richter Robert H. Jackson im Namen der Mehrheit aller Richter.

Wenn die Regierung Schüler nicht zwingen kann, vor der amerikanischen Flagge zu salutieren, kann sie Pflegekräfte auch nicht dazu zwingen, bestimmte Pronomina zu verwenden. In den Vereinigten Staaten kann der Staat niemanden zwingen, irgendetwas zu sagen, auch nicht aus Höflichkeit.

Als ich mich unter der Überschrift »Der Transgender-Sprachkrieg« für das *Wall Street Journal* dazu äußerte, schrieb mir eine prominente Südstaaten-Anwältin, nämlich Lucys Mutter, unter einem Pseudonym. Sie hatte meinen Artikel gelesen und etwas darin vermisst: Hoffnung. So bat sie mich, über die Erfahrung ihrer Tochter zu schreiben, die als Teenager plötzlich verkündet hatte, »transgender« zu sein, obwohl sie zuvor in ihrer Kindheit keinerlei Anzeichen von Genderdysphorie gezeigt hatte. Sie erklärte mir, Lucy habe ihre Identität im Internet entdeckt, wo eine endlose Auswahl an Transgendermentoren Jugendliche dabei coachen, eine neue Genderidentität zu finden, und ihnen sagen, wie sie sich kleiden, wie sie sich verhalten und was sie sagen sollen. Welche Internethändler die besten Brustabbinder verkaufen (eine Art Mieder, mit dem man den Busen versteckt), welche Organisationen diese gratis und diskret verpackt verschicken, damit die Eltern nichts mitbekommen. Wie man Ärzte dazu bringt, Hormone zu verschreiben. Wie man die Eltern hinters Licht führt oder, wenn sie sich deiner neuen Identität widersetzen, sich von ihnen lossagt.

Der Einfluss von Testosteron und der Reiz der Transgression, so ihre Mutter, machte Lucy wütend und abweisend. Sie weigerte sich, ihre neue Identität zu erklären oder Fragen dazu zu beantworten, und warf ihrer Mutter vor, »transphob« und eine »Gatekeeperin« zu sein. Lucys erfundene Geschichte, sie habe »schon immer gewusst, dass sie anders war« und sei schon »immer trans gewesen«, hatte sie, wie ihre Mutter später feststellte, Wort für Wort aus dem Internet.

Benutzten ihre Eltern ihren offiziellen Namen – jenen Namen, den sie ihr gegeben hatten – oder vergaßen sie, ihre neuen Pronomina zu verwenden, geriet Lucy in ihrem hochexplosiven neuen Zustand in Rage. Und bald erkannten ihre Eltern sie kaum wieder. Lucys plötzliche Bekehrung zu einer Genderideologie, die ihnen – zumindest biologisch gesehen – wie ziemlicher Humbug vorkam, alarmierte sie. Ihrer Mutter kam es vor, als habe Lucy sich einer Sekte angeschlossen, und sie fürchtete, ihre Tochter käme da womöglich nie mehr heraus.

Charakteristisch für eine Genderdysphorie – früher als »Geschlechtsidentitätsstörung« bezeichnet – ist ein anhaltendes und schwerwiegendes Unwohlsein mit dem angeborenen Geschlecht.[9] Sie beginnt üblicherweise in der frühen Kindheit – im Alter von 2 bis 4 Jahren –, kann sich aber in der Pubertät verschlimmern. In den allermeisten Fällen – etwa 70 Prozent – legt sich die kindliche Genderdysphorie irgendwann wieder.[10] Historisch gesehen betraf sie nur einen winzigen Prozentsatz der Bevölkerung (etwa 0,01 Prozent) und fast ausschließlich Jungs. Vor 2012 gab es tatsächlich keine wissenschaftlichen Studien darüber, dass Mädchen im Alter von 11–21 Jahren überhaupt so etwas wie eine Genderdysphorie entwickelt hätten.

Im letzten Jahrzehnt hat sich dies jedoch dramatisch geändert. In der westlichen Welt gab es einen plötzlichen Anstieg von Jugendlichen, die sich selbst als »transgender« bezeichnen und unter Genderdysphorie zu leiden behaupten. Zum ersten Mal in der Geschichte der Medizin sind gebürtige Mädchen überhaupt in dieser Gruppe vertreten, sie stellen sogar die überwältigende Mehrheit.[11]

Weshalb? Wie war das möglich? Wie konnte eine Altersgruppe, die zuvor nur einen kleinen Teil der betroffenen Jugendlichen ausgemacht hatte, plötzlich die Mehrheit stellen? Noch wichtiger aber: Warum hat sich der Geschlechteranteil auf den Kopf gestellt – von mehrheitlich Jungs zu mehrheitlich Mädchen?

Ich fand Lucys Mutter, die Südstaaten-Anwältin, sympathisch und ließ mich schnell von ihrer Geschichte einnehmen. Da ich aber Leitartikel schreibe und keine Investigativjournalistin bin, empfahl ich sie an eine Kollegin weiter und versicherte Lucys Mutter, dass sie dort in guten Händen sei. Doch auch nachdem ich mich anderen Themen für das *Wall Street Journal* zugewandt hatte und die Anwältin schon längst von meiner Agenda verschwunden war, musste ich immer wieder an sie denken. Das Thema ließ mich einfach nicht los.

3 Monate später schrieb ich also Lucys Mutter, und alle Kontakte, die sie mir genannt hatte, noch einmal an. Ich sprach mit Medizinern – Endokrinologen, Psychiatern und weltweit anerkannten Psychologen, die auf Genderdysphorie spezialisiert waren. Ich wandte mich an Psychotherapeuten. Ich kontaktierte Transgenderteenager und Transgendererwachsene, um ihr Inneres, ihre Erfahrungen und den befreienden Reiz der Identifikation mit dem anderen Geschlecht zu verstehen. Und ich suchte auch das Gespräch mit »Desistern« – Menschen, die sich irgendwann nicht mehr transgender gefühlt hatten – und »Detransitionierern« – Menschen, die mit geschlechtsverändernden medizinischen Maßnahmen begonnen hatten, diese aber bereuten und versuchten, diese rückgängig zu machen. Je mehr ich über Mädchen erfuhr, die sich plötzlich als transgender identifizierten, umso mehr verfolgte mich eine Frage: *Was quält diese Mädchen?*

Im Januar 2019 brachte das *Wall Street Journal* meine Story »Wenn deine Tochter der Biologie trotzt«. Der Artikel erhielt fast eintausend

Kommentare und Hunderte von Antworten auf diese Kommentare. 2 Tage später reagierte eine Transgenderautorin namens Jennifer Finney Boylan mit einem Artikel in der *New York Times*. Auch ihr Kommentar erhielt Hunderte von Kommentaren und Antworten auf diese Kommentare. Plötzlich schwappte eine Flut von E-Mails über mich herein, in denen Leser erklärten, sie hätten das von mir geschilderte Phänomen mit ihren eigenen Kindern oder in deren Schulen erlebt: Gruppen von jugendlichen Klassenkameradinnen, die auf einmal entdeckten, dass sie transgender waren, und nach Hormontherapien und chirurgischen Eingriffen verlangten.

Als mich Transgenderaktivisten dann im Internet attackierten, lud ich sie ein, mir ihre Version der Geschichte zu erzählen. Manche gingen darauf ein, und es kam zu einem Gespräch. Ich wurde aber ebenso von Detransitionierern kontaktiert, woraufhin ich ein Konto auf Tumblr anlegte und Transgendermenschen und Detransitionierer einlud, mir zu schreiben, was tatsächlich viele taten. Dieselbe Einladung postete ich auch auf Instagram, wo Hashtags wie *#testosteron*, *#transjunge* und *#ftm* (*female-to-male*, also weiblich-zu-männlich, Anm. d. Lektorats) Tausende von Followern verbinden. Dabei betonte ich immer wieder meine Bereitschaft, jedem zuzuhören, der etwas zu diesem Thema zu sagen hat. Die Antworten, die ich erhielt, wurden zur Grundlage dieses Buches.

Offenbar hatte man in den USA auf diese Geschichte regelrecht gewartet. Ob Sie nun eine pubertierende Tochter haben oder nicht, ob Ihr Kind auf diesen Transgenderwahn hereingefallen ist oder nicht – aus Gründen, die allesamt mit unserer kulturellen Labilität zu tun haben, fällt diese Massenhysterie in den USA zurzeit auf fruchtbaren Boden: Eltern werden untergraben; Experten überschätzt; andersdenkende Wissenschaftler und Mediziner eingeschüchtert; die Meinungsfreiheit wird immer wieder angegriffen; staatliche Verordnungen und medizinische Gesetze bergen unbeabsichtigte Konsequenzen. Wir sind in einem *intersektionalen* Zeitalter gelandet, in dem das Bedürfnis, einer dominierenden Identität zu entkommen, den Einzelnen dazu treibt, in Opfergruppen Zuflucht zu suchen.

Um die Geschichte dieser Mädchen zu erzählen, habe ich beinahe 200 Interviews geführt und mit fast 60 Familien von Jugendlichen gesprochen. Ich habe mich teilweise auf die Berichte der Eltern verlassen. Da die klassische Genderdysphorie in früher Kindheit beginnt und von einem »anhaltenden, intensiven und gleichbleibenden«[12] Gefühl des Unwohlseins im eigenen Körper (was ein kleines Kind kaum verbergen kann) bestimmt wird, sind die Eltern oft die besten Zeugen dafür, ob die ausgeprägte jugendliche Dysphorie schon im Kindesalter auftrat oder nicht. Die Eltern wissen am besten, ob die Probleme, die viele weibliche Teenager heute erleben, einer klassischen Genderdysphorie entspringen oder für etwas ganz anderes stehen.

Natürlich kann man sich nicht völlig auf die Eltern verlassen, was die Gefühle anbelangt, die ihre heranwachsenden Kinder in Bezug auf ihre Transgenderidentitäten und das damit einhergehende neue Leben haben. Über deren schulische oder berufliche Leistungen sowie ihre finanzielle und familiäre Situation aber, ja manchmal sogar über ihre sozialen Erfolge und Niederlagen können Eltern einigermaßen zuverlässig Auskunft geben. Gehen diese Transgenderjugendlichen noch in die Schule oder nicht? Haben sie mit ihren alten Freunden noch Kontakt? Sprechen sie überhaupt noch mit ihrer Familie? Arbeiten sie auf eine Zukunft mit einem Lebensgefährten hin? Oder leben sie von der Hand in den Mund als Barista im nächsten Café?

Ich bilde mir nicht ein, die komplette Lebenswirklichkeit dieser Jugendlichen und noch weniger die Komplexität des Transgendererlebnisses abgebildet zu haben. Überall werden Transgendererfolgsgeschichten verbreitet und gefeiert. Sie sind Teil der Regenbogenallianz und versprechen, die nächste kulturelle Barriere niederzureißen und eine weitere Grundlage menschlicher Unterschiede zu erschüttern.

Beim Phänomen der Transgendermode unter Teenagermädchen handelt es sich jedoch um etwas völlig anderes. Sie rührt nicht von einer klassischen, das ganze Leben durchziehenden Genderdysphorie her, sondern wird plötzlich in der Pubertät durch Videos getriggert. Dabei geht es eher um eine Art Rollen- und Verkleidungsspiel, das von Internetgurus beflügelt wird und zu einem Pakt unter jungen Mädchen führt, die mit angehaltenem Atem und zugekniffenen Augen Händchen halten. Diesen Mädels bietet die Transidentität Freiheit von der Angst, die sie unerbittlich verfolgt; sie befriedigt das enorme Bedürfnis nach Akzeptanz, den Nervenkitzel des Verbotenen und das verführerische Gefühl, dazuzugehören.

Wie mir der Transgenderjugendliche »Kyle« sagte: »Das Internet ist der halbe Grund dafür, dass ich mein Coming-out gewagt habe. Chase Ross ist ein YouTuber. Ich war 12 und bin ihm mit religiösem Eifer gefolgt.« Chase Ross war so freundlich, mit mir zu sprechen, denn ich wollte sein Geheimrezept verstehen. Seine Geschichte kommt in Kapitel 3 zur Sprache.

Es handelt sich hier um die Geschichte der amerikanischen Familie – anständige, liebevolle, fleißige, freundliche Menschen. Sie will das Richtige tun. Aber sie befindet sich in einer Gesellschaft, die Eltern zunehmend als Hindernisse, Fanatiker und Idioten betrachtet. Wir sehen zu, wie Mädchen im Teenageralter, die keine genderdysphorische Vorgeschichte haben, in eine radikale Genderideologie eintauchen, die sie in der Schule oder im Internet kennenlernen – angefeuert von Gleichaltrigen, Therapeuten, Lehrern und Influencern. Nur ist in dem Fall der Preis für ihren jugendlichen Leichtsinn nicht bloß eine Tätowierung oder ein Piercing, sondern eher ein halbes Kilo Fleisch.

Ein sehr kleiner Teil der Bevölkerung wird immer transgender sein. Aber vielleicht werden wir irgendwann wieder an den Punkt kommen, wo ängstliche junge Mädchen ohne genderdysphorische Vorgeschichte nicht mehr durch eine Transgendermode zu einem Leben voller Hormontherapien und entstellender chirurgischer Eingriffe verführt werden. Wenn es sich dabei um eine gesellschaftliche Ansteckung handelt, kann die Gesellschaft vielleicht auch etwas gegen sie unternehmen.

Kein Teenager sollte für ein vorübergehendes Mitläuferdasein einen derart hohen Preis zahlen müssen.

Kapitel 1

Die Mädchen

Wenn Sie vor 1990 in Amerika geboren wurden, stellen Sie sich unter dem Begriff »Teenagermädchen« vermutlich eine Gruppe kichernder junger Damen im Einkaufszentrum vor. Rücklings auf einem Plüschteppich in ihrem Zimmer liegend, einen Song auf Dauerschleife, während sie in ähnlicher Weise am Telefon hängen, auf der Jagd nach einer zweideutigen Interaktion mit einem Jungen oder einem Mädchen. Zahllose mit Belanglosem zugebrachte Stunden, die sich irgendwie zu einer echten Freundschaft aufsummieren und in denen sie sich vom ersten Kuss, von Herzschmerz oder der Sehnsucht nach beidem und keinem von beidem erzählen, die Luft von Nagellackentferner geschwängert.

Um die Transepidemie unter Teenagermädchen zu verstehen, müssen wir erforschen, wie sehr sich das Leben junger Frauen inzwischen von diesem Bild entfernt hat. Nicht nur, weil die Technik sich verändert hat und es statt CDs Spotify, statt Festnetztelefon WhatsApp gibt, sondern weil die Pubertät heute viel weniger persönliche Begegnungen mit all den Enttäuschungen und Aufmunterungen bereitstellte, die früher einmal den Alltag eines Teenagers ausmachten: auf ein Date eingeladen zu werden, geküsst oder befummelt zu werden; mit der besten Freundin darüber zu jubeln, zu lachen und zu weinen, dazu nicht nur ihre Worte, sondern die Präsenz ihrer Stimme und ihr Gesicht, die dir versichern: Du bist nicht alleine.

Ich kann mich noch an meinen ersten Kuss mit Joel in der Mittagspause hinter unserer jüdischen Schule erinnern. Seine Augen waren hellbraun. Sein Atem roch nach Zimtkaugummi. Ein Zungenschlag, der keuchende Atem und der Duft seines Rasierwassers von Drakkar Noir hauten mich um und ließen mich betäubt zurück.

Als es vorbei war, zwang ich mich, ganz locker wieder hineinzugehen. Sah man es mir an? Sah ich anders aus? Ganz sicher, dachte ich, denn ich fühlte mich ja anders. Jedes Molekül der Welt schien auf subtile Weise neu angeordnet zu sein. Ich hatte den Drang, zu rennen, zu schreien und zu lachen, doch seltsamerweise auch, das alles wieder rückgängig zu machen. Dahinter stand die Sorge, dass ich etwas falsch gemacht hatte. Aber nach der Logik der Mittelschule der 1990er-Jahre war es das Mindeste, bei der Kussinszenierung mitzumachen. Schließlich war ich Joels Freundin.

Bis 2 Wochen später, da war ich es nicht mehr. Er hatte einer meiner Freundinnen gegenüber geäußert, ich sei keine »gute Küsserin«. Na gut. Ich war ja auch erst 12 Jahre alt. Er hatte schon eher mit mir Schluss machen wollen, musste aber warten, mich alleine zu erwischen.

Meine Freundin Yael lieferte mir Details, die sie bei seinen Freunden aufgesammelt hatte – eine Litanei meiner Defizite als Freundin. Also kehrte ich zu meinen alten Freunden zurück: zu Aaron, der mich schon vermisst hatte; Jill, die Joel ohnehin nicht so toll fand; Ariel, der sofort die Gelegenheit ergriff, mich für meinen kurzen romantischen Erfolg abzustrafen, denn, so sagte er, es sei doch allgemein bekannt, dass Joel auf Jennifer stünde. Auch die besten Freunde erwiesen sich nicht immer als die besten Tröster.

Aber so unvollkommen ihre Unterstützung auch war, es gab sie. Da waren Joel, der die Nachricht überbrachte; Yael, die den Kontext und Kommentar dazu lieferte; Aaron, der das Traumatische des Ganzen hilfreicherweise gar nicht wahrnahm; Jill, die mit den Augen rollte und mich anbettelte, mit einem Fußball herumzukicken; Ariel, der mich abstrafte, bevor er mich wieder akzeptierte. Die durchwachsene, sich unter Wert verkaufende Menschlichkeit, die man so kennt. Jedes bisschen Schmerz oder Trost kam von jemandem, der mir direkt in die Augen sah; jemandem, den ich erreichen und in die Arme schließen konnte, wenn ich wollte.

Für junge Frauen, die 1990, 1980 oder 1970 geboren wurden – und vielleicht sogar für die Generationen bis in die 1940er-Jahre –, hatten peinliche persönliche Erlebnisse während der Pubertät einen gemeinschaftlichen Charakter. Frauen, die wie ich 1978 geboren wurden und in einer Zeit aufwuchsen, als Teenager wie geladene Teilchen waren, die ständig aufeinanderprallten, fällt es schwer, sich die Isolation der Jugendlichen von heute vorzustellen.[13]

Mein Jahrgang, der in den frühen 1990er-Jahren erwachsen wurde, erreichte den Höchststand an Teenagerschwangerschaften in den USA.[14] Seither fällt diese Rate – wie die Häufigkeit von Teenagersex allgemein – wieder steil ab und befindet sich nun auf einem Tiefstand, wie wir ihn seit Jahrzehnten nicht mehr gesehen haben.[15] Eine Erklärung dafür ist der Mangel an Gelegenheit: Die Teenager von heute verbringen viel weniger Zeit mit Freunden – bis zu einer Stunde weniger *täglich* – als die Mitglieder der Generation X.[16] Und sie sind einsam, sehr einsam. Einsamer, als alle Generationen je zuvor zu Protokoll gegeben haben.[17]

Doch wir wollen nicht in die Nostalgiefalle tappen. Teenager sind heute toleranter, sagt die akademische Psychologin Jean Marie Twenge, die sich auf die Anfang 2000 geborene Generation (Generation Z oder iGeneration) spezialisiert hat. Die Abtreibungsraten unter Teenagern sind eingebrochen,[18] und es ist Jahrzehnte her, dass sich Eltern wegen zu viel »Petting« und Oralverkehr auf Schulklos Sorgen machen mussten.

Um zu begreifen, warum einige der intelligentesten und vielversprechendsten jungen Frauen unserer Zeit dem Transgenderwahn anheimgefallen sind, sollten wir verstehen, dass junge Frauen heutzutage sehr viel auszuhalten haben. Laut dem Wissenschaftspsychologen Jonathan Haidt leiden Teenager in den USA, in Kanada und im UK an einer »Krise der geistigen Gesundheit« und weisen ein noch nie da gewesenes Maß an Angst und Depression auf.[19]

Zwischen 2009 und 2017 nahm die Zahl der Highschoolschüler, die mit Selbstmordgedanken spielten, um 25 Prozent zu.[20] In den Jahren 2005–2014 stieg die Zahl von Teenagern mit klinischer Depression um 37 Prozent, wobei es die Teenagermädchen am härtesten traf, denn sie litten drei Mal so oft daran wie Jungs.[21]

Auf den Einwand, dies könne daran liegen, dass Mädchen häufiger über ihre Depression sprechen (und nicht unbedingt öfter unter einer solchen leiden), weist Haidt darauf hin, dass die Häufigkeit von Selbstverletzungen ebenfalls zugenommen habe, nämlich seit 2009 um ganze 62 Prozent, und dies allein unter Mädchen im Teenageralter.[22] Selbstverletzendes Verhalten unter Mädchen im Alter von 10 bis 14 ist seit 2010 um 189 Prozent angestiegen, was fast eine Verdreifachung in nur 6 Jahren bedeutet.

»Was ist da passiert?«, fragte der weltführende Podcaster Joe Rogan Haidt. Woran der plötzliche Zuwachs von Angst, Depression, und Selbstverletzungen denn liege? »Soziale Medien«, antwortete Haidt unverzüglich.[23]

Jean Marie Twenge schrieb im *Atlantic*: »Es ist keine Übertreibung zu sagen, die iGeneration befinde sich am Rand der schlimmsten psychischen Krise seit Jahrzehnten. Und diese Krise ist hauptsächlich auf ihre Telefone zurückzuführen.«[24]

Das erste iPhone kam 2007 auf den Markt. 10 Jahre später, im Jahr 2018, hatten 95 Prozent aller Teenager Zugang zu einem Smartphone, und 45 Prozent erklärten, sie seien »beinahe ständig«[25] online. Auf Tumblr, Instagram, TikTok und YouTube, die bei Teenagern außerordentlich beliebt sind, finden sich jede Menge Anleitungen zu Selbstverletzung: Anorexie (die hier »Thinspiration« oder »Thinspo«, »Inspiration zum Dünnwerden« genannt wird), Ritzen und Suizid. Wer seine Erlebnisse mit einer dieser Störungen schildert, dem winken Hunderte, ja Tausende Follower.[26] Seit der Einführung des Smartphones haben Anorexie, Ritzen und Suizid rasant zugenommen.[27]

Heutzutage ein weiblicher Teenager in den USA oder Europa zu sein bedeutet fast unweigerlich, sich Sorgen machen zu müssen, dass der eigene Körper nicht die allgemeinen Erwartungen erfüllt. In früheren Zeiten hätte sich das Schönheitsideal vielleicht an den paar Klassenkameradinnen festgemacht, die von Geburt an schön waren. Sie brauchten sich bloß in der Umkleide vornüberzubeugen und ihre Haare um sich zu werfen und wussten genau (was für mich das größte Rätsel war), wann sie lächeln oder lieber den Mund halten sollten. Aber nur wenige Mädchen in meiner Klasse waren im herkömmlichen Sinn schön, das musste der Rest von uns zähneknirschend zur Kenntnis nehmen. Doch wie unsere Begegnungen bestätigten, die immer von Angesicht zu Angesicht stattfanden, waren selbst sie nicht perfekt – nicht wirklich, sondern Menschen wie wir anderen auch und damit angreifbar und verletzlich. Auch sie machten Fehler und hatten Probleme, trugen etwa ihr Parfüm zu stark auf oder hatten Zahnspangen, die hervorblitzten, wenn sie lächelten, und die Pubertät forderte plötzlich ihren Tribut: Sie bluteten durch ihre Jeans und schwitzten ihre Turnsachen voll.

Influencer auf den sozialen Medien hingegen – also die wichtigsten »Freunde« für die Jugendlichen von heute, mit denen sie die meiste Zeit verbringen – dulden keine solchen Fehler. Sorgfältig in Szene gesetzt und mit der Foto-App Facetune[28] gefiltert, schaffen ihre Selfies ein völlig unrealistisches Schönheitsideal, dem kein echtes Mädchen je entsprechen könnte. Ständig in den Hosentaschen unserer heutigen Teenagermädchen, schüren sie deren Ängste vor Unzulänglichkeit und verstärken ihre Fixierung auf ihre angeblichen Makel – und übertreiben dabei noch gewaltig.[29]

Selbst unter den besten Voraussetzungen waren Teenagermädchen schon immer die schärfsten, grausamsten Kritiker ihres eigenen Körpers sowie der Körper der anderen. Doch heute betrachten sie das alles unter dem unerbittlichen Vergrößerungsglas der sozialen Medien.

Wie viel weniger hübsch bist du als deine Freundin? Um die Antwort auf diese Frage zu finden, müssen die Teens von heute nicht lange herumrätseln, eine einfache Subtraktion ihrer »Likes« genügt. Das Scheitern ist vorherbestimmt, öffentlich und sehr persönlich.

Wir wissen, dass soziale Medien Menschen ängstlich und traurig machen. Wir wissen auch, dass Teenagermädchen am härtesten davon betroffen sind. Doch es kommt noch etwas hinzu: Während sie sich früher zu zweit oder in Gruppen den Herausforderungen des Lebens stellten, sind sie mit diesen nun überwiegend alleine konfrontiert.

Die Angehörigen der Generation Z hängen seltener mit Freunden ab, haben seltener Dates, machen seltener Ausflüge, gehen seltener auf Partys, ins Einkaufszentrum oder ins Kino als irgendeine Generation vor ihnen.[30] Im Jahr 2015 waren Highschoolabsolventen seltener mit Freunden unterwegs als Achtklässler nur 6 Jahre zuvor.[31] Und wenn sie sich persönlich treffen, bringen sie weitaus häufiger ein Elternteil mit.

Mit Mama im Schlepptau gehen sie viel weniger Risiken ein, was beispielsweise Rauchen, Trinken oder rücksichtsloses Autofahren anbelangt; und nur 71 Prozent jener Schüler, die zur Highschool zugelassen sind, verfügen über einen Führerschein – weniger als vor Jahrzehnten.

Das scheint auf den ersten Blick eine gute Sache zu sein. Doch diese Verhätschelung hat Konsequenzen. Denn Risiken einzugehen und Grenzen auszuloten ist eine unverzichtbare Übergangsphase auf dem holprigen Weg zum Erwachsensein.[32] 18-Jährige von heute verfügen über die emotionale Reife von 15-Jährigen der Generation X, 13-Jährige über jene von 10-Jährigen, konstatiert Twenge. »Teenager sind physisch so abgesichert wie nie zuvor, aber psychisch verletzlicher denn je«.[33]

Sie leiden viel weniger an den Wunden, die durch die für Teenager typische Kopflosigkeit entstehen, wachsen aber auch nicht an deren Narben. Wer ins Fegefeuer der jugendlichen Revolte hinabsteigt, verbrennt sich vielleicht daran. Doch wer es überlebt, ist für das Leben gestählt und hat jede Menge Verletzbarkeit ausgetrieben bekommen. Bei meinen Recherchen zum Transgenderwahn habe ich mit mehr als vier Dutzend Eltern gesprochen und in verschiedenen Variationen immer wieder gehört:»Meine Tochter ist 17, aber wenn Sie sie kennenlernen würden, würden Sie sie für 14 halten.«

Viele heranwachsende Mädchen, die dem Transgenderwahn verfallen, sind gutbürgerliche Vertreter der Generation Z oder iGeneration. Sorgsam behütet von Eltern, für die das Elternsein eine aktive Tätigkeit ist, ja sogar ein Lebenswerk, sind sie oft Vorzeigeschüler. Bis zu dem Zeitpunkt, wo sie dem Transgenderwahn erliegen, fallen diese Jugendlichen durch ihre höfliche, freundliche und wohlerzogene Art und ihren völligen Mangel an Widerstandsgeist auf. Die meisten haben noch nie eine Zigarette geraucht und trinken auch keinen Alkohol.

Sie waren auch noch nie sexuell aktiv. Viele haben noch nie geküsst – weder einen Jungen noch ein Mädchen. Laut Sasha Ayad, einer Therapeutin, die sich in erster Linie um Jugendliche kümmert, die sich als transgender identifizieren, haben die meisten von ihnen noch nie onaniert. Ihre Körper sind für sie noch ein Buch mit sieben Siegeln, ihre innersten Sehnsüchte unerforscht und weitgehend unbekannt.

Aber sie leiden – und wie. Sie leiden unter Unsicherheit und Depressionen, sind ängstlich und unbeholfen. Wie ein Kleinkind, das gelernt hat, die Bettkante zu meiden,[34] spüren sie, dass zwischen den unsicheren Mädchen, die sie sind, und den glamourösen Frauen, die sie laut den sozialen Medien sein sollten, eine gefährliche Kluft liegt. Diese Kluft zu überbrücken scheint hoffnungslos.

Das Internet lässt ihnen keinen Tag Auszeit, nicht einmal eine Stunde. Sie sehnen sich nach den Höhen und Tiefen einer Teenagerromanze, aber ihr Leben spielt sich hauptsächlich auf ihren iPhones ab. Sie probieren mal das Ritzen aus oder versuchen sich an Magersucht. Dann werden sie von ihren Eltern zum Psychiater geschleppt, der ihnen Medikamente verschreibt, um ihre Launen in Watte zu packen. Das hilft auch – nur eben nicht, etwas zu fühlen.

Wo ist all der ausgelassene Spaß, der ihnen von Rechts wegen zustehen sollte? Sie haben ihre Eltern erzählen hören und Filme gesehen, doch wie soll man den legendären Roadtrip erleben, wenn keiner deiner Freunde einen Führerschein hat und die Eltern dich ohnehin lieber zu Hause wissen? Wenn die Läden nicht schon dicht gemacht haben und wenn Teenager dergleichen überhaupt noch täten (was nicht der Fall ist), könnten sie ins Einkaufszentrum oder in die Fußgängerzone gehen. Nur kann die schnöde Wirklichkeit einer Heimatstadt wohl kaum mit den unendlichen Weiten des Internets mithalten, die stets auf dem iPhone locken und genial auf die jeweiligen Bedürfnisse zugeschnitten sind.

Wer vor einem Jahrzehnt an Frau-zu-Mann-Transsexuelle dachte, hatte vermutlich Hillary Swanks oscarprämierte Darstellung von Teena Brandon im Film *Boys Don't Cry* von 1999 vor Augen. Swanks Darstellung war ergreifend und erschütternd. Teena Brandon tauft sich in »Brandon Teena« um, kleidet sich wie ein Junge und geht meistens auch als einer durch. Sie reißt Mädchen auf, ext Biere und fährt ungestüm mit dem Auto durchs ländliche Nebraska. Was Brandon antreibt, ist ein erstaunlich traditioneller Begriff von Männlichkeit: Brandon will das richtige Mädchen kennenlernen, sie umwerben, heiraten und glücklich machen.

Man fiebert den ganzen Film hindurch mit ihr mit und wünscht sich nichts mehr, als dass es ihr gelingt. Die Anfeindungen und Misshandlungen, die Brandon heldenhaft erduldet, das Wissen, dass in dieser Zeit und an diesem Ort vermutlich niemand Brandon die Freundlichkeit und Zärtlichkeit bieten wird, nach der sie sich sehnt, die beklemmende Vorahnung, dass das alles nur tragisch enden kann – das alles zerreißt dem Zuschauer das Herz.

Die Teenagermädchen, die sich heute Transgender nennen, haben mit diesem Film so gut wie nichts mehr gemeinsam. Sie wollen nicht als Jungs »durchgehen« – nicht wirklich. Sie lehnen im Grunde die ganze Mädchen-Junge-Dichotomie ab, der Brandon Teena nacheiferte, und bemühen sich kaum darum, typische männliche Angewohnheiten zu übernehmen: Nur in seltenen Fällen kaufen sie sich eine Hantelbank, gucken Fußball oder starren Mädchen hinterher. Wenn sie sich tätowieren lassen, dann mit weiblichen Motiven – Blumen oder Zeichentricktierchen, vor allem solchen, die sie als etwas anderes als männlich oder weiblich kennzeichnen. Sie betrachten sich als »queer« und bestimmt nicht als »Cis-Männer«, also als männlich im traditionellen Sinne, und fliehen Hals über Kopf vor ihrer Weiblichkeit wie aus einem brennenden Gebäude, ohne zu wissen, wo sie überhaupt hinwollen – Hauptsache raus.

Nur 12 Prozent jener Mädchen, die als Mädchen geboren wurden und sich als Transgender bezeichnen, haben eine Phalloplastie (Penis-Konstruktion) vornehmen lassen oder eine solche geplant.[35] Es ist ihnen nicht wichtig, jenes Körperteil zu bekommen, das die meisten Menschen als wesentliches Kennzeichen von Männlichkeit erachten. Laut Sasha Ayad sagen »die meisten Mädchen so etwas wie ›Ich will nicht unbedingt ein Junge sein, ich weiß nur, dass ich kein Mädchen sein will‹«.

»Julie«

Für die meisten Mädchen ist es nur ein ferner Traum, professionelle Balletttänzerin zu werden. Julie hatte jedoch in der Mittelschulzeit echte Chancen, es wirklich zu schaffen. Sie brillierte im Spitzentanz, ergatterte Hauptrollen in ihrer Tanzcompany und tanzte so gut wie pausenlos. Schulferien bedeuteten für sie, endlich Vollzeit tanzen zu können, und so qualifizierte sie sich in den Sommerferien immer für einen Intensivkurs.

Julies Mütter sind Lesben und stammen aus dem Mittleren Westen der USA, die eine Erbschaftsanwältin, die andere Schultherapeutin –

keine von beiden ist ideologisch oder aktivistisch unterwegs.»Niemand von unseren Freunden ist lesbisch oder schwul. Sie sind einfach nur unsere Freunde und ganz normale Leute«, beteuerte Shirley, eine von Julies Müttern, und musste dann lachen.»Da ist dieses Wort schon wieder: ›normal‹!« Wenn sie danach gingen, in wen sich Julie verknallte, mussten sie denken, sie sei hetero, und das war prima.

Bis zum Ende der dritten Klasse wurde Julie zu Hause unterrichtet. Ab der vierten Klasse kam sie auf eine Privatschule für Mädchen, wo sie rasch eine ausgezeichnete Schülerin wurde, aber soziale Schwierigkeiten hatte. Sie hatte zwar Freunde, aber nicht viele.»Sie war immer ein körperlich sehr aktives Mädchen«, so ihre Mutter.»Das ist mit ein Grund dafür, warum sie so gern tanzte. Sie hatte einfach unwahrscheinlich viel Energie.« In der Mittelstufe erhielt sie vorübergehend einen Schulverweis, weil sie eine Mitschülerin geschubst hatte. »Die Mädels haben an der Bushaltestelle rumgealbert, und Julie hat eine von ihnen umgeschubst, die vor Kurzem am Unterleib operiert worden war, was Julie natürlich nicht wissen konnte.«

In der neunten Klasse wurden alle Mädchen dazu angeregt, sich einer Schulaktivität anzuschließen, und Julie trat der beliebten Gay-Straight-Alliance GSA (Schwul-Hetero-Allianz) bei. Für ihre Mütter war das ein positives Zeichen dafür, dass sie Solidarität mit einer Gruppe zeigte, der auch sie angehörten. Dabei kündigte Julie auch kein Coming-Out an.»Soweit ich weiß, fühlte sie sich hetero. Sie war mädchenhaft und feminin und schien völlig normal zu sein«, sagte Shirley und lachte wieder verlegen.

Weder als Kind noch als Jugendliche wies Julie Anzeichen für eine Genderdysphorie auf.»Sie kam in die Pubertät, ihr Körper entwickelte sich, und sie trug wie eine ganz normale 15- oder 16-Jährige am Pool einen Bikini.«

Ihre Mutter wollte sie mehr als einmal die GSA-Treffen früh morgens verschlafen lassen, doch Julie weigerte sich. Bei der GSA gab es ein älteres Mädchen namens Lauren, eine Oberstufenschülerin, von deren Zuspruch Julie stark abhängig zu sein schien. »Es drehte sich immer alles um Lauren«, erzählte Shirley.

Die Verehrung, die Julie ihrer neuen Freundin erwies, verstörte ihre Mütter ein wenig. Oft traf sich Julie nach der Schule mit Lauren, die ihr dann japanische Trickfilme, sogenannte *Animes*, vorstellte, in denen menschenartige Tiere auftreten. »Ich hatte keine Ahnung, dass das mit der Transgenderkultur zu tun hat«, bezeugte Shirley. Julie begann online auf DeviantArt zu gehen, ein Kunstforum für junge Leute, das bei der Transgendergemeinde beliebt ist und wo sich viele Kommentare mit der Genderideologie beschäftigten.[36]

In der zehnten Klasse bekam Julie die Hauptrolle im Ballett *Aschenbrödel*, und sie lud alle ihre Freundinnen und zwei Lehrer zur Premiere ein. »Sie war begeistert und hat das super gemacht.« Aber als Julie am Ende auf die Bühne kam, um sich zu verbeugen, sah Shirley, wie sie mit Lauren Blickkontakt aufnahm. »Sie schien sich zu schämen und wurde blass. Es war, als ob die ganze Freude aus ihrem Körper gesaugt wurde.« Lauren hatte sich zu diesem Zeitpunkt schon als »transgender« geoutet, aber Julies Mütter hatten davon keine Ahnung – auch nicht davon, dass ihre Tochter ebenfalls mit dem Gedanken spielte, diese Identität anzunehmen.

Geschlechtsspezifische Darbietungen, wie man sie im Ballett findet, sind ein Schlag ins Gesicht der Transgenderideologie. Für Transgenderjugendliche ist geschlechtsspezifisches Verhalten, das mit dem eigenen Geschlecht übereinstimmt, ein absolutes No-Go: Es entlarvt diejenigen, denen es an Überzeugung fehlt und die in Wahrheit nur »cis« sind.

Julie musste sich mit der Genderideologie noch vertraut machen. Eine Freundin hielt in diesem Jahr ein Referat über Gender und Geschlechteridentität und führte die »Genderbread Person« (»Lebkuchenperson«) ein, ein beliebtes Mittel der Genderlehre, in der der Umriss eines Menschen in Form eines Lebkuchenmännchens verwendet wird. Pfeile verorten die »Genderidentität« im Hirn und die

»Anziehungskraft« im Herzen. Der »Genderausdruck« wird im ganzen Körper lokalisiert, und die Pfeile für »biologisches Geschlecht« verweisen auf den Unterleib.

Julie war fasziniert, Shirley verstört. »Ich fragte mich: Ist das wirklich so eine gute Idee, Menschen so zu zerstückeln? Warum sollte man sich so in Einzelteile zerlegen?«

In der zehnten Klasse verschärfte sich der Druck in Julies Ballettcompany, die anderen Tänzerinnen wurden immer zickiger und rivalisierten mit ihr. »Sie war ängstlich und deprimiert und erzählte uns, sie habe sich geritzt.« Ihre Mütter fanden rasch einen Therapeuten für sie. Bei der ersten Sitzung legte der Therapeut nahe, Julie könnte an Genderdysphorie leiden, und überwies sie an einen Endokrinologen wegen einer Hormontherapie. »Es war das erste und letzte Treffen bei diesem Therapeuten, wenn man so will«, konstatierte Shirley.

Ihre Mütter fanden einen anderen Therapeuten, der sich zwei- bis dreimal monatlich mit Julie traf. »Mehr konnten wir uns nicht leisten.« Ihre Mütter mussten schließlich auch für die Privatschule und die Ballettstunden aufkommen.

Zu Beginn fragte der Therapeut Julie nach ihren Pronomina. Julie nannte einen männlichen Namen und männliche Fürwörter, die der Therapeut fortan auch verwendete. Die ganze Bestätigung und Unterstützung machte Julie jedoch nicht etwa glücklich und zufrieden, sondern immer unsicherer und unglücklicher. »Wenn sie von dem Therapeuten zurückkam und all diese Bestätigungen erhalten hatte … war sie jedes Mal feindselig, distanziert und frech.«

Ab der elften Klasse hatte Julie keine Lust mehr auf Ballett, denn sie hatte einen neuen Traum: Sie wollte ein Junge sein. Sie schnitt sich die Haare kurz und forderte von ihren Müttern, mit ihrem neuen Namen und Pronomen angeredet zu werden. »Wir haben uns eine Weile lang dagegen gewehrt. Dann dachten wir, probieren wir es mal, aber es geschah wieder dasselbe: Sobald wir sie mit ihrem neuen Namen anredeten, wurde sie feindseliger und distanzierter und entfremdete sich emotional immer mehr. Circa eine Woche später kamen wir zu dem Schluss, dass auch diese Therapie nicht half, und so ließen wir es wieder bleiben.«

Shirley sprach mit der Schulleitung, die ihr versicherte, dass sie eine Mädchenschule seien und Julie als Mädchen behandeln würden, solange sie dort zur Schule gehe, und dazu gehörten auch ihr Mädchenname und die entsprechenden weiblichen Fürwörter. »Doch das Gegenteil war der Fall.« Denn ohne es den Eltern mitzuteilen, begannen Julies Lehrer, der Schulleiter und ihre Freunde, Julie wunschgemäß mit ihrem männlichen Namen und den entsprechenden Pronomina anzureden. Julie fing an, ein Doppelleben zu führen. »Je mehr Zeit sie in der Schule oder am Computer verbrachte, desto feindseliger, zurückgezogener und deprimierter wurde sie. Wir hatten keine Ahnung, dass sie sich selbst mit diesen YouTube-Videos indoktrinierte.«

Damals hatten Julies Eltern noch keine Kenntnis von den YouTube-Influencern, denen ihre Tochter intensiv zu folgen begonnen hatte, doch sie spürten, dass ihre Tochter ihnen entglitt. »Ich kann mich noch ganz deutlich erinnern«, sagte Shirley. »Ich habe mich mit ihr hingesetzt und zu ihr gesagt: ›Weißt du, wenn ich das Gefühl hätte, dass dies das Richtige für dich ist, würde ich alles tun, um dir zu helfen, damit du dich in deinem Körper wohlfühlst. Aber es gibt nichts in deiner Vorgeschichte, das mich darauf schließen lässt.‹« Julie ging auf ihr Zimmer und dachte darüber nach. Als sie wieder herunterkam, schien sie sich beruhigt zu haben.

Als sie ein andermal beim Abendessen saßen, begann Julie eine Unterhaltung über verschiedene Genderidentitäten. Da sagte ihre Mutter leicht genervt: »Das scheint mir doch eine allzu enge Schublade zu sein, in die du dich da steckst. Eine Frau ist also jemand, der wie eine Barbiepuppe aussehen will, Bikinis trägt und biestig ist? Die Biologie bestimmt, ob du eine Frau bist oder nicht, nicht irgendwelche hypersexualisierten Stereotypen.«

Dann begann sich Julies psychischer Zustand zu verschlechtern, und als eine ihrer Mütter eines Abends von der Arbeit heimkam, fand sie Julie mit einer ausgewachsenen Panikattacke vor. Sie brachten sie ins Krankenhaus, wo die Ärzte bestätigten, dass es ihr körperlich gut ging. Am nächsten Morgen durchforschte ihre Mutter ihr Handy, während Julie ausschlafen durfte. Sie fand einen Chatverlauf mit einem anderen Mädchen, das schrieb, Julie sei »der beste Boyfriend«, den sie je gehabt habe. Ihre Mutter war außer sich, und zwar sowohl weil das andere Mädchen Julie als Jungen ansprach, als auch, weil das alles ihrer Tochter nicht gut zu tun schien.

In der zwölften Klasse erhielt Julie ein Teilstipendium für eine Kunsthochschule. Aber ihre Mütter fühlten sich nicht wohl dabei, sie nach ihrer Verwandlung in eine geistig labile, feindselige und depressive Jugendliche gehen zu lassen. Sie baten sie, ein Jahr Auszeit zu nehmen.

Mit 18 Jahren zog Julie aus und meldete sich bei der Krankenkasse Medicaid an, obwohl sie noch bei ihrer Mutter mitversichert war. Sie begann sich Testosteron verschreiben zu lassen. Julie fand eine Tanztruppe in der Nähe, bei der sie als Junge trainieren konnte. Aber sie war nicht stark genug, so Shirley. »Nach dem, was ich gehört habe, musste der Choreograf seine Choreografie dreimal umgestalten, weil sie nicht stark genug für die Männerrolle war … Sie hatte mehrere Tänzerinnen fallen gelassen.« Ihre Mutter befürchtete, dass Julie mit ihrer Fixierung darauf, ein Mann zu sein, sich selbst oder jemand anderen verletzen würde. »Es geht nicht nur um dich, *deinen* Körper und *deine* Karriere. Es geht hier auch um die Körper und Karrieren der anderen Tänzer. Du wirst noch irgendwen verletzen«, warnte sie Julie.

Aber Julie hörte nicht mehr auf ihre Mütter, sondern brach unvermittelt den Kontakt zu ihnen ab. Auf Instagram hatte sie Hunderte von Followern, ihren Müttern aber den Zugang zu ihrem Account verwehrt.

»Wir haben jemanden, der ihr Instagram für uns im Auge behält … Ich habe das Foto von ihr im Krankenbett nach ihrer Brustentfernung gesehen. Sie schwärmte, dieser Tag sei der beste ihres Lebens, vergoss Freudentränen und hatte vierhundert Follower, die sie alle anfeuerten: ›Hurra! Gut gemacht! Wir sind so stolz auf dich! Du schaffst das‹, und so weiter. Das Übliche eben.«

Der Identitätswandel in den Mädchenjahren

Wenn ich an meine Jugend in den 1990ern zurückdenke, kann ich mich nicht daran erinnern, dass sich irgendjemand damals als »trans« geoutet hätte. Und bis vor etwa 5 Jahren entsprach dies auch genau dem, was die Statistik zur Genderdysphorie vorhergesagt hätte, dass sie nämlich kaum mehr als 0,01 Prozent der Bevölkerung betrifft, was bedeutet, dass auch Sie und ich vermutlich keine »trans« Schulkameraden hatten.[37] Deshalb waren wir Mädchen aber noch lange keine monolithische Erscheinung, sondern brachten unser Mädchensein auf unterschiedliche Weise zum Ausdruck.

So war ich zum Beispiel ein regelrechter Wildfang, ein burschikoses Mädchen, das statt mit Puppen gerne mit den vergleichsweise unkomplizierten Jungs spielte, auf Bäume kletterte und Sport trieb. Mit Mädchen befreundet zu sein kam mir oft vor wie ein hollywoodreifer Bankeinbruch mit unsichtbaren Lasersensoren, die bei der kleinsten Berührung einen Riesenalarm und ein Mordsdrama auslösen konnten.

Wie aber jedes Teenagermädchen bestätigen kann, gibt es heutzutage keine burschikosen Mädchen mehr. Stattdessen stößt man auf eine endlose Litanei sexueller und geschlechtsspezifischer Identitäten – öffentlich, starr und einengend. Wie mir die 16-jährige Riley, eine junge Frau, die sich seit ihrem 13. Lebensjahr als Junge identifizierte, sagte: »Ein burschikoses Mädchen zu sein ist heutzutage schwer. Es gibt sie einfach nicht mehr. Sie entscheiden sich stattdessen für eine Transition.« Eine Transition zu einem Jungen.

Jahre nach meinem Highschoolabschluss haben sich einige von uns, die mit den süßesten Jungs ausgegangen waren, als Lesben geoutet. Bei anderen, die wir im Stillen verdächtigt hatten, es ebenfalls zu sein, stellte sich heraus, dass dies nicht stimmte. Keiner von uns fühlte sich damals sicher, irgendwelche Identitätsentscheidungen zu treffen, die wir nicht einfach so zurücknehmen konnten.

Heutzutage werden Teenager und junge Leute förmlich dazu gedrängt, sich innerhalb eines Genderspektrums und einer sexuellen Klassifizierung einzuordnen – lange bevor sie ihre sexuelle Entwicklung abgeschlossen haben, die früher einmal eine Abenteuer- und Entdeckungsreise auf dem Weg zu sich selbst war, und lange bevor sie überhaupt romantische oder sexuelle Erfahrungen gemacht hatten. Junge Frauen, die nicht feminin genug sind, werden von Gleichaltrigen automatisch gefragt: »Bist du trans?«

Früher hätten sich viele der Mädchen, die heute zu einer Transidentität gedrängt werden, vielleicht als lesbisch geoutet. »Wir leben in einer Zeit, in der junge Lesben unter Druck gesetzt werden, wenn sie sich nicht dieser neuen Vorstellung davon unterwerfen, was Lesbischsein bedeutet«, sagte mir die renommierte lesbische Autorin Julia D. Robertson. Diese »neue Auffassung« besagt, dass es keine Lesben gibt und Mädchen mit männlichen Verhaltensmustern »in Wirklichkeit« Jungen sind.

Zwar gibt es heute immer noch Jugendliche, die sich als Lesben outen, doch diese Identität ist unbestreitbar weniger angesagt, als transgender zu sein. An ihrem englischen Mädcheninternat mit 500 Schülerinnen hätten sich fünfzehn Mädchen als transgender geoutet, sagte mir Riley. »Und wie viele als Lesben?«, fragte ich. Riley dachte einen Augenblick lang nach und wunderte sich dann selbst über die Antwort: »Gar keine.«

»Sally«

Wenn sie in einem früheren Jahrgang geboren worden wäre, hätte man Sally als »Wildfang« bezeichnet – sie war erstaunlich athletisch und körperlich draufgängerisch. »Sie war immer die Erste, die vom 10-Meter-Brett sprang«, erzählte ihre Mutter. »Ich denke, wenn es um ihren Körper ging, war sie einfach sehr selbstbewusst. Als jüngstes von drei Geschwistern musste sie als Kind immer darum kämpfen, mit ihren beiden älteren Brüdern mitzuhalten.«

»Mit 4 oder 5 hatte sie eine kurze Phase, in der sie ein Junge sein wollte. Wir glaubten, das liege eher daran, dass sie zwei ältere Brüder hat. Und wissen Sie, sie hat sich mit einer Schere die Haare abgeschnitten.«

Ihre Eltern dachten sich also nichts dabei. Ihre beiden großen Brüder waren ihre ganze Welt. Ihr Wunsch, ein Junge zu sein, war weder besonders ausgeprägt noch lang andauernd, sondern eine »kurze Phase«, die so schnell wieder vorbei war, wie sie gekommen war. In der wissenschaftlichen Literatur wird die Auffassung vertreten, dass es nicht ungewöhnlich ist, wenn sich kleine Kinder phasenweise mit dem anderen Geschlecht identifizieren.[38]

»So haben wir uns nur gesagt«, fügte ihre Mutter Mary in einem für den amerikanischen Mittelwesten typischen Akzent hinzu, »na ja, vielleicht wird sie halt eine Lesbe«.

Ihrer Mutter zufolge war Sally eine Traumtochter: fröhlich und gehorsam, bei anderen Kindern beliebt, ein Selbstläufer. »Sie war auf jeden Fall mein pflegeleichtestes Kind«, erklärte sie. »Sie hat zwei ältere Brüder, denn ich hatte innerhalb von 5 Jahren drei Kinder bekommen. Es herrschte immer Chaos, ein absoluter Affenzirkus. Aber Sally machte einfach ihr eigenes Ding. Das war, bevor Computer so eine große Sache wurden. Damals gründeten Kinder einen Klub oder machten eine Zeitung.«

Sallys enormes sportliches Talent kristallisierte sich immer mehr heraus. Mit 11 Jahren bekam sie von ihren Eltern ein Einrad geschenkt und brachte sich das Einradfahren selbst bei. Sie übte in der Einfahrt und hielt sich an der Familienkutsche fest. »Oh, mein Gott, sie ist mindestens eine Million Mal hingefallen«, sagte mir ihre Mutter. Aber irgendwann konnte sie mit dem Ding durch die Stadt fahren, und die Leute starrten sie an und riefen: »Guck dir das mal an!«

Bereits in der Mittelstufe stach sie als Schwimmerin heraus und wurde in der neunten Klasse in die Schwimmmannschaft aufgenommen. Sie war 3 Jahre hintereinander Landesmeisterin in ihrem Bundesstaat und stellte immer wieder neue Schulrekorde im Kraulen und Delfin auf. Aber es war die Persönlichkeit des Mädchens, das in der Lokalzeitung zu ihren Rekordleistungen interviewt wurde, die ihre Mutter am stolzesten machte: Mit einem strahlend weißen Lächeln bedankte sie sich artig bei ihren Trainern und lobte ihre Mitschüler. Sie schien ehrlich überzeugt, dass sie es ohne sie nie so weit geschafft hätte. »Ich war so stolz auf sie«, sagte ihre Mutter. »Sie war einfach so ein fröhliches, glückliches Mädchen.«

In der Elften ging Sally mit einem Jungen in ihrer Klasse aus, der hieß Jordan. »Wir mochten ihn sehr. Sie hat ihm eine Chance gegeben. Ich glaube, sie hat es versucht, dann aber irgendwann eingesehen: ›Ich bin einfach nicht verliebt. Er ist ein lieber Kerl, ein super Junge, und hat mir noch nie etwas Böses getan, aber ich habe einfach keine Gefühle für ihn.‹« Mary und ihr Ehemann akzeptierten, was sie schon lange vermutet hatten: Sally war wahrscheinlich lesbisch.

Und so versuchten Mary und Dave, Sally die Möglichkeit zu geben, falls sie es wollte, sich ihnen gegenüber zu outen. Politisch schon immer eher links eingestellt, war Mary ein führendes Mitglied der Organisation PFLAG (Parents, Families and Friends of Lesbians and Gays, zu Deutsch: »Eltern, Familien und Freunde von Lesben und Schwulen«) und unterstützte die Homo-Ehe, lange bevor sie legal wurde. Mary sah aus der Ferne zu, wie sich ihre Tochter in andere Mädchen verliebte, und es gab ihr einen Stich ins Herz, zu sehen, dass Sallys Liebe oft unbeantwortet blieb.

Trotzdem war die Oberstufe für Sally eine Zeit grandioser Erfolge. So wurde sie in der zwölften Klasse auch noch Finalistin für das Bundesbegabtenstipendium National Merit Scholarship und alsdann in die Schwimmmannschaft der Eliteuniversität ihrer Wahl aufgenommen. Mary war überglücklich. »Auf eine gewisse Weise fühlte es sich für mich an wie ein wahr gewordener Traum, das wunderschöne Schulgelände, die Wohnheime und die historischen Gebäude zu sehen und zu wissen, dass meine Tochter all dies erleben durfte.«

Die Eliteuni kostete Mary und Dave eine Menge; sie mussten sich mit 100 000 Dollar verschulden, um die Studiengebühren zu bezahlen. »Ich war so stolz, dass ich das gerne bezahlt habe«, erinnerte sich Mary. »Wir haben unser Haus beliehen, und das mit Freude getan.«

In Sallys erstem Jahr an der Uni outete sie sich ihren Mitschülern und Eltern gegenüber als Lesbe. Mary und Dave waren erleichtert. »Wir dachten, das ist doch schön, und haben sie unterstützt. Wir mochten ihre Freundinnen. Sie kamen zu Besuch und blieben über Nacht.«

Mary war zu diesem Zeitpunkt etwas abgelenkt. Ihr ältester Sohn Henry, der genauso wie Sally ein erfolgreicher Sportler an der Uni war, wurde einige Jahre nach seinem Abschluss in einen Autounfall verwickelt. Im Rahmen seiner Therapie bekam er heftige Opiate verschrieben und wurde süchtig. In Sallys drittem Uni-Jahr setzten seine Ärzte dann die Opiate, auf deren Wolke Henry seit Jahren geschwebt hatte, plötzlich ab. Auf der Suche nach Erleichterung wandte er sich schließlich dem Heroin zu.

Dann machte Sallys langjährige Freundin, in die sie unsterblich verliebt war, Schluss mit ihr und brach ihr das Herz. »Was es besonders schwer machte, war, dass die große Beliebtheit dieses Mädchens dazu führte, dass die meisten ihrer Freunde zu ihr und nicht zu Sally hielten. Plötzlich stand meine Tochter im letzten Jahr an der Uni ohne Freundin und Freunde da. Das war äußerst hart für sie.« Manche Mädchen posteten auf dem größten Onlineforum der Uni fiese Sachen über Sally. Sie machten sich über ihr Aussehen lustig und nahmen ihre körperlichen Mängel genau aufs Korn. Sie hatte es verdient, abserviert zu werden meinten sie.

Sally erlitt einen emotionalen Zusammenbruch. Sie hatte Heulattacken, die sich bis tief in die Nacht hinzogen. Zum ersten Mal seit Langem machte sich Mary ernsthafte Sorgen um ihre Tochter. Sally wusste nicht, was sie tun sollte, und wandte sich an eine Psychologin an der Universität. »Wir glauben, dass dort zum ersten Mal das Thema Transgender aufkam«, so Mary. »Vielleicht war das aber nur eine logische Folgerung für die Therapeutin, denn Sally kam mit Anzug und Krawatte an und hatte ganz kurze Haare.«

Bis zu dem Zeitpunkt, als ihre Therapeutin das Thema aufbrachte, hatte Sally nie darüber nachgedacht, dass sie transgender sein könnte, sondern sich immer nur als Lesbe gesehen. Sie kleidete sich gerne maskulin, aber das war für sie immer nur Teil ihrer Identität als homosexuelle Frau. Ihr Körper oder ihre Brüste störten sie nicht. Sie hatte nie behauptet, »in Wahrheit« ein Junge zu sein. Doch nun begann sie zum ersten Mal solche Begriffe zu verwenden.

Als sie in den Frühlingsferien nach Hause kam, ließ Sally ihre Facebook-Seite offen, und Mary, die verzweifelt verstehen wollte, was los war, las die Chats ihrer Tochter. »Sie stand in Kontakt mit einem Mädchen, das eine Mastektomie hatte durchführen lassen und meine Tochter coachte, wie man sich seinen Eltern gegenüber outet und sie wissen lässt, dass man trans ist.«

Sally »outete sich« ihren Eltern gegenüber erneut, diesmal als »trans«, und kündigte an, dass sie eine Hormontherapie machen wolle, damit ihr Körper diese Identität auch widerspiegele. Doch das ging Mary zu weit. Sie sagte Sally: »Ich finde, du solltest nicht zu medizinischen Mitteln greifen. Ich glaube, das wäre ein Riesenfehler, denn du bist meiner Meinung nach kein Junge, und ich glaube auch nicht, dass du jemals ein Junge sein wirst.«

Diese Botschaft schien eine Weile lang zu wirken. Sally erwähnte das Thema Transitionieren nicht mehr, und Mary fiel ein Stein vom Herzen. Sally machte ihren Abschluss, zog nach New York und begann ein Praktikum bei einem gemeinnützigen Verein. Während Sally versuchte, als Praktikantin in Vollzeit übernommen zu werden, zahlten Mary und Dave ihr die Miete und Kaution fürs erste Jahr. Ihren Eltern gegenüber erwähnte Sally nichts von ihren Plänen zur Geschlechtsumwandlung, aber die Freunde, die sie in New York fand, schienen alle transgender zu sein. Sally ging zu einem Gendertherapeuten. »Sie hat sich voll und ganz auf die Transsache eingelassen.«

Als Sally zu Besuch kam, fiel Mary auf, dass sie rauchte und ihre Brüste abband. Sie merkte auch, dass sich ihre Instagram-Seite fast nur noch um Marihuana und ihre Transgenderidentität drehte. »Wir haben zusammen einen kleinen Urlaub gemacht, und Sally bekam Atemnot. Sie musste zweimal in die Notaufnahme, weil sie keine Luft bekam … Da sagte ich zu ihr, ›es ist kein Wunder, dass du keine Luft kriegst, wenn du so viel rauchst und dir die Brust abbindest.‹« Sally fand diese Bemerkung nicht nur verletzend, wie sie ihrer Mutter später sagte, sondern fühlte sich dadurch auch »verunsichert«.

Dave brachte das Fass dann zum Überlaufen. Sally suchte gerade einen Job bei einer Anwaltskanzlei in New York, bisher jedoch ohne Erfolg. Eines Tages traf sich Sally mit ihrem Vater zum Mittagessen in der Stadt, und Dave gab ihr einen seiner Meinung nach vernünftigen Rat: »Versuch doch mal, dich ein bisschen weniger ausgefallen zu kleiden, wenn du zum Vorstellungsgespräch gehst. Wenn du einen Job bekommen willst, solltest du vielleicht ein bisschen dezenter auftreten.«

Schließlich fand Sally den Job, nach dem sie gesucht hatte, und verdiente genug, um ihre Miete in New York selbst bezahlen zu können. Eine Woche später schrieb Sally ihren Eltern eine E-Mail und erklärte sie für »toxisch«, sie fühle sich nicht »wohl« mit ihnen und werde den Kontakt abbrechen. Mary bemühte sich um Verständnis bei ihrer Tochter. Sie mache sich Sorgen, dass sich Sally auf einem Irrweg befinde, doch Sally hörte gar nicht mehr zu.

»Wir haben zu 100 Prozent ihre Studiengebühren und ihre Wohnung in New York bezahlt. Wir haben die ersten 6 Monate ihres Lebens in New York finanziert, während sie ihr unbezahltes Praktikum machte, in der Hoffnung, danach einen Job zu bekommen. In der Woche, bevor sie den Kontakt abgebrochen hat, hat sie sich noch schnell

2000 Dollar geliehen. Noch lange nachdem sie aufgehört hatte, auf die elterlichen Anrufe oder E-Mails zu reagieren, bezahlten Mary und Dave ihr Handyrechnung und Krankenkasse. »Wir sind vielleicht toxisch, aber unser Geld ist es nicht.«

Durch die Hölle der Pubertät

Die Pubertät macht jedem zu schaffen, ganz besonders aber wohl jungen Mädchen. Krämpfe, Schwellungen und Pickel machen deutlich: Dein Körper hasst dich einfach. Warum sollte er denn sonst ein derartiges Feuerwerk inszenieren, das so offensichtlich darauf abzielt, zu verwirren und zu erschrecken – die stechenden Schmerzen und die plötzlichen Blutungen? Und diese sind bei den Neulingen am heftigsten.

Die Mädchen, die diese gravierenden Veränderungen durchmachen, waren noch nie so jung wie heute. Das Durchschnittsalter, in dem amerikanische Mädchen derzeit ihre erste Periode bekommen, liegt laut dem *Scientific American*[39] bei 12 Jahren – vor einem Jahrhundert noch bei 14 Jahren. Und die Brustbildung beginn jetzt schon mit 9 oder 10.

Das allein wäre schon schlimm genug, wenn die Pubertät eine Privatangelegenheit wäre. Ist sie aber nicht. Keine körperliche Veränderung lenkt die Aufmerksamkeit von Jungs und Männern so sehr auf sich wie ein wachsender Busen. Jedes junge Mädchen, das einen Busen bekommt, findet sich plötzlich im Rampenlicht der Aufmerksamkeit von Männern im Alter ihres Vaters wieder. Wenn ihre Brüste zu wachsen beginnen, haben Mädchen oft noch keine sexuellen Gefühle und sind, psychologisch gesehen, auf sexuelle Avancen gar nicht vorbereitet. Die Aufmerksamkeit der Männer aber ist ihnen sicher, und das noch nie in einem so zarten Alter wie heute.

Die Pubertät ist auch genau der Zeitpunkt, in dem der aktuelle Transgenderwahn bei Mädchen einsetzt. Denn dann fühlen sie sich häufig einem Körper entfremdet, der von innen her auf sie einhämmert. Der

Stress, den die Pubertät mit sich bringt, ist uralt, neu hingegen ist die relative Unfähigkeit der Jugendlichen von heute, ihn zu ertragen – und die ständige Präsenz von scheinbaren Alternativen.

Hinzu kommt die Vorliebe unserer Zeit für schnelle Lösungen, die von der Überzeugung geprägt ist, niemand solle jemals irgendeine Art von Unbehagen aushalten müssen. So haben wir Ritalin gegen Unaufmerksamkeit, Opiate gegen Schmerzen, Xanax gegen Angstzustände, Cipralex gegen Depressionen – und Testosteron gegen weibliche Pubertät.

Die Adoleszenz ist ein langer Weg, und die bildschirmbegeisterten Teenager von heute sind ungeduldig. Man könnte ihnen also verzeihen, wenn sie sich das gängige Credo zu eigen machen: *Dafür muss es eine Pille geben.*

»Gayatri«

Gayatri war schon immer »sehr mädchenhaft«, beteuerte ihr Vater, der von Beruf Arzt ist und als Einwanderer aus Indien in die USA kam. Als Kind liebte sie die Zeichentrickfigur Dora, die die Welt entdeckt, und Disney-Prinzessinnen. Sie liebte es, sich zu verkleiden, und spielte mit anderen Mädchen. Anzeichen von Genderdysphorie waren keine zu erkennen.

Was nicht heißen soll, dass ihr Körper es ihr immer leicht gemacht hat. Denn Gayatri hatte eine angeborene leichte neurologische Störung, durch die ihre Feinmotorik ein wenig, die Grobmotorik aber gelegentlich so sehr gestört war, dass es ihr peinlich war. Wenn sie ein Wasserglas hielt, zitterten ihre Hände, und wenn sie rannte, stürzte sie manchmal.

Zwar war sie eine gute Schülerin, jedoch kein Überflieger wie ihr Bruder; ihre Schrift war oft unleserlich. Schaute man ihr als kleines Kind beim Spielen zu, übersah man ihre Tapsigkeit leicht, in der Pubertät wurde diese allerdings immer offensichtlicher, und sie konnte ihren Körper nicht mit den Erwartungen damenhafter, geschmeidiger Bewegungen in Einklang bringen. Ihr Gang war schlurfend, ihre Haltung schief.

In der achten Klasse »transitionierte« eine ihrer Mitschülerinnen. Sie band sich die Brüste ab, verkündete, dass sie einen neuen Namen habe, und verlangte, dass man sie mit den männlichen Pronomina anredete. Da Gayatris Eltern ziemlich progressiv waren, dachten sie sich nicht viel dabei, und für ihre Tochter schien es auch nicht so wichtig zu sein.

Doch im folgenden Jahr, in der neunten Klasse, kauften ihre Eltern Gayatri einen Laptop und – nach langem Betteln – ein Smartphone. Daraufhin verbrachte das Mädchen ziemlich viel Zeit auf Tumblr und DeviantArt, der bereits erwähnten Kunstwebseite mit breitem Transgenderpublikum, und begann sich mit ihrer Mutter über Genderidentität zu unterhalten. Da diese Unterhaltungen eher locker und theoretischer Natur waren, kamen ihre Eltern nicht auf die Idee, dass sie mit den Onlineaktivitäten ihrer Tochter in Zusammenhang standen.

Vielleicht hätten sich ihre Eltern mehr Sorgen machen sollen, aber ihre Mutter war Softwareingenieurin, die Familie kannte sich aus mit Technologie und akzeptierte das Internet als wichtigen Bestandteil des modernen Lebens. Überdies war Gayatri ein sehr braves Mädchen, und sie vertrauten ihr.

Im Herbst schnitt sie sich die Haare kurz und trat dem Genderklub der Schule bei. Sie informierte ihre Mutter über ihren neuen Namen und ihre neuen Pronomina. Doch ihre Mutter, die erleichtert war, dass sie endlich Freunde hatte, verbuchte die Sache mit dem Geschlecht als eine vorübergehende Phase. Nach Jahren sozialer Verunsicherung hatte Gayatri nun etwas gefunden, das sie mit Gleichaltrigen verband. Etwas verwundert machten ihre Eltern bei diesem neuen Spleen mit, verwendeten allerdings nie ihren neuen Namen oder die neuen Pronomina.

Sie wohnten in einer linksliberalen Küstenstadt, in der man als Teenager eben tut, was alle tun. »Wir kannten an ihrer Schule insgesamt vier Mädchen, inklusive meiner Tochter, die dies durchmachten. Für mich sah es wie eine Art Epidemie aus«, sagte ihr Vater. »Vor allem, weil sie in ihrer gesamten Kindheit noch nie irgendein Unwohlsein mit ihrem Dasein als Mädchen kundgetan hatte.«

In der zweiten Hälfte der neunten Klasse wählte eine Lehrkraft Gayatri für eine Tagungswoche für gesellschaftlich engagierte Schüler aus, und ihre Eltern willigten begeistert ein, die Gebühr zu zahlen. »Ich hatte immer große Achtung vor den demokratischen Institutionen der USA, der Regierung, dem bundesstaatlichen System mit seinen unabhängigen Schulbezirken und so weiter«, sagte mir ihr Vater. Er las das Faltblatt für das Schulcamp und dachte, seiner Tochter werde eine besondere Ehre zuteil. In dem Faltblatt ging es auch »nur um positive Dinge« wie gesellschaftliches Engagement und soziale Gerechtigkeit, und das klang in seinen Ohren gut. »Ich habe der Schule vertraut.«

Am Ende des einwöchigen Schullagers führten die Schüler für ihre Eltern ein Stück auf. »Darin ging es ausschließlich um Sexualität und Gender«, berichtete Gayatris Mutter. »Es ging nur um depressive Kinder, die auf nichts Bock haben.«

Jeder Schüler stand auf und stellte sich mit irgendeiner angeblichen Opferidentität vor: »Ich bin depressiv.« »Ich bin homosexuell.« Dann erhob sich Gayatri und sagte: »Ich bin transgender, und nenne mich »xier/xien«.[40] »Wir waren den Tränen nahe und wussten nicht, was wir sagen sollten«, so ihre Mutter. Nach dem Schulcamp warf Gayatri ihre ganzen Mädchenklamotten weg und richtete sich einen Instagram-Account mit Jungennamen ein.

Eines Tages, als sie mit ihren Eltern zusammen den Hund ausführte, sprach Gayatri darüber, Testosteron nehmen und eine Brust-OP durchführen lassen zu wollen. Ihre Eltern waren entsetzt.

Inzwischen hatten sie erfahren, dass Gayatri ohne ihr Wissen in der Schule bereits ihren »neuen Namen« und ihre neuen Pronomina verwendete (allerdings nie im offiziellen Schriftverkehr mit ihren Eltern). Gayatri war jetzt kein ulkiger Klassenclown mehr, sondern ein trendiger Transschüler. Die Likes und Emojis auf ihrem Instagram-Account sprachen Bände, ihre neue Identität war ein Gewinn. Gayatri gewann als »Transjunge« neue Freunde, und zwar sehr viele.

Teenager brauchen Orientierung

Ich muss zugeben, dass Amanda – die Hohepriesterin in meiner Mittelschule, was sexuelle Begegnungen anbelangte – nicht gerade die ideale Ratgeberin war. Keiner von uns kannte die Jungs, mit denen sie angeblich ihre sexuellen Erfahrungen gemacht hatte (und die praktischerweise alle in einer anderen Stadt zur Schule gingen). Großzügig wies sie uns vom richtigen Zungenkuss (sie hatte mit einer Mitschülerin geübt) bis hin zum richtigen Runterholen in alles Mögliche ein, und wir nahmen das ehrfürchtig an. (In ihrer Beschreibung hörte sich Letzteres wie Bananenschälen an, was leicht verstörend auf uns wirkte.)

Sie verherrlichte frivole sexuelle Begegnungen und ermutigte viele zu sexuellen Experimenten, bevor wir so weit waren. Von Kondomen riet sie ab, denn Jungs würden diese nicht mögen. Sie bestand darauf, dass Sex »keine große Sache« sei, und erwähnte nie den emotionalen Tribut, den ein Mädchen so oft für eine zufällige sexuelle Begegnung zahlt – das ungute Gefühl, dass ihr ein schützendes Amulett entglitten und für immer verloren gegangen ist.

Mädchen im Teenageralter sind heute in gewisser Weise weltoffener und verlassen sich bei ihrer Sexualerziehung weniger auf einen einzigen Gleichaltrigen. Schon in der siebten Klasse können sie jede Schattierung der sexuellen Identität benennen – von »pansexuell« (früher als »bi« bekannt) bis hin zu »queer« und »demisexuell«. Sie kennen jede Variante der Geschlechtsidentität, von »nicht-binär« und »geschlechtlich fließend« bis hin zu »zweigeschlechtlich« und »transgender« – vielleicht haben sie diese Begriffe sogar in der Schule von einem Lehrer gelernt. Was ihnen fehlt, ist der persönliche Kontakt miteinander.

»Die Kids von heute fühlen sich sehr unsicher, was persönliche Inter-
aktionen angeht«, sagte mir Sasha Ayad. Sogar etwas so Banales wie
das Flirten sei für diese Kids »eine unglaubliche Herausforderung ...
Wenn es einen sicheren Weg gibt, mit jemandem Kontakt aufzunehmen, ohne persönlich von Angesicht zu Angesicht anwesend zu sein«,
würden sie diesen Weg bevorzugen.

Die heutigen Jugendlichen verbringen bis zu 9 Stunden am Tag alleine in einem personalisierten, virtuellen Kerker. Sie surfen auf glamourösen Seiten mit schöngefärbten Versionen des Lebens von
Freunden, Influencern und Prominenten und wühlen sich durch You-
Tube, TikTok, Instagram, Reddit und Tumblr, um sich dort Ratschläge für ihr eigenes Leben zu holen.

»Wenn sie zum Beispiel Fragen bezüglich ihrer Sexualität haben«, so
Ayad weiter, gehen die Mitglieder der Generation Z ins Internet, »anstatt abzuwarten und sich zu fragen: ›Zu wem fühle ich mich hingezogen? Will ich mit diesem Mädchen Händchenhalten?‹« Zahllose
Fremde liefern Gratistipps zu sexueller Identität. »Das ist nicht unbedingt der beste Weg, sein eigenes Erleben zu verstehen.«

Durch die intensive tägliche Internetnutzung kommen sie zwanglos
mit jeder Art von sexuellem Fetisch in Berührung. Sie wissen, was ein
»Furry« ist und haben Bondage-Pornos gesehen. Sie sind bestens mit
den auf PornHub so beliebten »Lesbenpornos« vertraut. Das Durchschnittsalter, in dem sie zum ersten Mal Pornografie gesehen haben,
liegt bei 11 Jahren.[41]

Wahrscheinlich haben die Jugendlichen von heute viel weniger *tatsächlichen* Sex als die Mädchen und Frauen meiner Generation und
folgen auch kaum den traditionellen Vorstufen. Wie Kate Julian im
Atlantic schreibt, sind wir gerade Zeuge einer Sexrezession – vor allem unter Angehörigen der Generation Z. Im Jahr 1994 hatten 74 Prozent der 17-jährigen Frauen in den letzten 18 Monaten eine »besondere romantische Beziehung«. »Als das Pew Research Center im Jahr
2014 17-Jährige befragte, ob sie jemals ein Date, Rendezvous oder

eine romantische Beziehung mit einem anderen Menschen gehabt hätten – eine offensichtlich weiter gefasste Kategorie als 20 Jahre zuvor – antworteten nur 46 Prozent mit Ja.«[42]

Viele junge Frauen, die sich als Transgender identifizieren, haben je weder eine richtige romantische oder intime Begegnung gehabt noch einen Jungen oder ein Mädchen geküsst. Was ihnen an realer Erfahrung fehlt, kompensieren sie mit sexuell aufgeladener Rhetorik und progressiver Gendertheorie. Tief in den dunkelsten Ecken des Internets wartet eine ganze Armee von Experten mit einer Fülle von hilfreichen Tipps – Gendergurus, die viel schlimmer sind als Amanda.

Während diese Transepidemie fast ein Jahrzehnt lang um sich griff, schien keiner der Experten für Geschlechtsdysphorie davon Notiz zu nehmen. Vielleicht haben sie auch – wie so viele Mediziner, die mich vertraulich kontaktierten – ihre Beobachtungen und Bedenken für sich behalten. Heranwachsende Mädchen überfluteten die Genderkliniken und verlangten nach Testosteron. Die Behandler verschrieben ihnen bereitwillig Pubertätsblocker und Testosterontherapien – nach dem Motto: Bitte weitergehen, hier gibt es nichts zu sehen.

Die Reizüberflutung durch soziale Medien, Angst und Depression trafen aufeinander wie trockener Zunder und Anzündholz. Zuerst stieg Rauch auf, dann folgten die Flammen. Doch es bedurfte einer Frau, die außerhalb der psychologischen Gemeinschaft stand, um die Reißleine zu ziehen und den Feueralarm auszulösen.

Kapitel 2

Das Puzzle

Im Jahr 2016 scrollte die Gynäkologin, Gesundheitsexpertin und zweifache Mutter Dr. Lisa Littman durch die sozialen Medien, als ihr eine statistische Abnormalität auffiel: Eine ganze Reihe von Jugendlichen, überwiegend Mädchen aus ihrer Kleinstadt in Rhode Island, hatten sich als Transgender geoutet – und zwar alle aus derselben Clique. »Bei den ersten beiden Ankündigungen dachte ich mir: ›Wow, das ist ja toll!‹«, erzählt Dr. Littman mit ihrem leichten New-Jersey-Akzent. Dann entdeckte sie die Ankündigungen Nummer drei, vier und fünf.

Zu diesem Zeitpunkt wusste Dr. Littman so gut wie nichts über Genderdysphorie, denn ihr bisheriges Forschungsgebiet beschränkte sich auf die Reproduktionsmedizin: Stigmatisierung von Abtreibung sowie Verhütung. Aber sie konnte unschwer erkennen, dass diese Zahlen viel höher waren, als die bekannten Daten vermuten ließen. »Ich habe Epidemiologie studiert … und wenn man Fallzahlen sieht, die die Erwartungen bei Weitem übertreffen, sollte man nach den Gründen fragen. Vielleicht liegt es ja an der Zählweise. Es könnte viele Erklärungen geben. Auf jeden Fall waren diese Zahlen wirklich hoch.«

Wie sich herausstellte, waren sie sogar einzigartig. In den USA und der ganzen westlichen Welt war unter den Jugendlichen ein plötzlicher und steiler Anstieg der Genderdysphorie zu konstatieren – jene medizinische Diagnose, die landläufig als »transgender« bekannt ist. Zwischen 2016 und 2017 vervierfachte sich die Zahl der Geschlechtsumwandlungen unter als Frauen geborenen US-Bürgern, wobei biologische Frauen plötzlich 70 Prozent aller Geschlechts-OPs ausmachten.[43] 2018 vermeldete das Vereinigte Königreich, dass sich im vorangegangenen Jahrzehnt 4400 Prozent mehr Teenagermädchen eine Genderbehandlung wünschten.[44] In Kanada, Schweden, Finnland und dem UK berichteten Therapeuten und Genderspezialisten von einer plötzlichen dramatischen Verschiebung der Demografie unter den Genderdysphorie-Patienten von ursprünglich überwiegend Jungs im Vorschulalter hin zu überwiegend Teenagermädchen.[45]

Posts in den sozialen Medien weckten Dr. Littmans Neugierde. Warum sollte ein psychologisches Phänomen, das bisher fast ausschließlich Jungs im Vorschulalter betroffen hatte, plötzlich bei Teenagermädchen auftreten? Und warum sollte Genderdysphorie in Freundescliquen so viel höher sein?

Vielleicht hatte sie etwas übersehen. Sie machte sich also mit der wissenschaftlichen Literatur zur Genderdysphorie vertraut, um das Wesen, die Rezeption und die landläufigen Behandlungsarten dieser Krankheit zu verstehen.

Alsdann begann Dr. Littman mit einer eigenen Studie und sammelte Daten von Jugendlichen mit einer Vorgeschichte ohne Genderdysphorie, die sich mittlerweile als transgender bezeichnen. Ausschlaggebend war dabei die fehlende kindliche Genderdysphorie, denn wie wir gesehen haben, setzte die klassische Genderdysphorie ja in der frühen Kindheit ein; und dies hatte vor allem auf die extrem kleine Zahl der Mädchen zugetroffen, die sich früher als transgender identifiziert hatten.[46] Dr. Littman wollte wissen, ob das neue Phänomen eine Variante der früheren Erkrankung oder etwas völlig Neues war. Sie sammelte 256 ausführliche Elternberichte und analysierte die Daten. Die Ergebnisse waren frappierend.

Es zeichneten sich zwei Muster ab: Erstens war es die Tatsache, dass bei einer deutlichen Mehrheit (65 Prozent) jener pubertierenden Mädchen, die erst als Jugendliche »aus dem Nichts heraus« eine Transgenderidentität festgestellt hatten,[47] eine ausgedehnte Beschäftigung mit sozialen Medien vorangegangen war. Zweitens war die Häufigkeit der Transgenderidentifikation innerhalb mancher Freundesgruppen dieser Mädchen mehr als 70-mal höher als erwartet.[48] Weshalb?

Dr. Littman wusste, dass es mehrere Erklärungen für den plötzlichen Anstieg der Transgenderidentifikation unter Teenagermädchen geben könnte. Die zunehmende gesellschaftliche Akzeptanz von LGBTQ-Mitgliedern könnte beispielsweise dazu geführt haben, dass sich Jugendliche outen, die früher gezögert hätten. Aber das erklärt nicht, weshalb die Transgenderidentifikation so konzentriert innerhalb von Freundesgruppen auftritt. Vielleicht fühlen sich genderdysphorische Menschen ganz natürlich zueinander hingezogen?

Doch warum waren die Fallzahlen so in die Höhe geschnellt, warum war das Auftreten vom Vorschulalter zur Pubertät angestiegen, warum hatte sich das Geschlechterverhältnis umgedreht? Das ungewöhnliche Wesen dieser Dysphorie, die bei Jugendlichen ohne kindliche Vorgeschichte auftrat, führte Dr. Littman zu einer Hypothese, die niemand vor ihr gewagt hatte: soziale Ansteckung. Dr. Littman gab diesem neuen Phänomen den Namen »Rapid Onset Gender Dysphoria« (ROGD), »plötzlich einsetzende Genderdysphorie«.

Viele der Teenagermädchen, die sich auf einmal als transgender bezeichneten, schienen einem Wahn verfallen zu sein, einer Modeerscheinung, die sich wie eine ansteckende Krankheit verbreitet. »Wahn« ist ein wertfreier soziologischer Begriff, und in diesem Sinne verwende ich ihn auch. (Dr. Littman verwendet ihn übrigens gar nicht.) Darunter fallen Hula-Hoop-Reifen, Pokémon und alle möglichen Trends.

Der Psychiater Lionel Penrose prägte diesen Begriff Anfang des 20. Jahrhunderts. Nach Penrose ist eine Idee, die sich rasch in einer

Gesellschaft ausbreitet, »nicht unbedingt schädlich oder unvernünftig, nur weil sie ansteckend ist«.[49] Was einen »Wahn« auszeichnet und daraus eine »Massenpsychose« macht, ist die Tatsache, dass »ungewöhnlich viel Energie in einer Richtung angewendet wird, und deswegen möglicherweise dringendere Bedürfnisse der Gruppe vernachlässigt werden«.[50]

Wenn die plötzliche Zunahme der Transgenderidentifikation unter Teenagermädchen aber auf eine Ansteckung unter Gleichaltrigen zurückzuführen ist, wie Dr. Littman annahm, dann bekommen die Mädchen, die unbedingt »transitionieren« wollen, nicht die Art von Behandlung, die sie wirklich brauchen. Anstatt sofort dem Wunsch eines jeden Teenagers nach chirurgischen Eingriffen und Hormontherapien nachzukommen, sollten die Ärzte zuerst versuchen herauszufinden, was das eigentliche Problem ist. Im besten Fall sind die Behandlungen der Ärzte unwirksam, im schlimmsten Fall führen die Ärzte unnötige Hormonbehandlungen und irreversible Operationen an Patienten durch, die sie wahrscheinlich bereuen werden. Die Theorie von Dr. Littman war überzeugend genug, um einen Nerv zu treffen.

Aktivisten belagerten die Webseite des angesehenen wissenschaftlichen Journals *PLoS One*, das Littmans Studie veröffentlicht hatte, und warfen ihr »Transfeindlichkeit« vor. Sie behaupteten, Littman hätte absichtlich Berichte von konservativen, transfeindlichen Elterngruppen benutzt. (Tatsächlich waren 85 Prozent der befragten Eltern Unterstützer von LGBT-Rechten.)

Journalisten rochen einen Skandal, stürzten sich auf die Story und gossen Öl ins Feuer. Ein Doktorand von Littmans eigener Brown University, der sich als »Transgenderaktivist« beschrieb, griff sie in der Presse an, nannte ihre Forschungsarbeit schlampig und »unwissenschaftlich« und behauptete, Littmans Studie sei von Ressentiments angetrieben.[51] Andere Transgenderaktivisten warfen Littman sogar vor, Menschen mit ihrer Studie Schaden zugefügt zu haben.[52] Sie behaupteten, ihre Arbeit sei »gefährlich« und könne bei Transgenderjugendlichen zu psychischen Problemen führen.[53]

Die Brown University nahm die eigene Presseerklärung zu Littmans Studie von ihrer Webseite und postete stattdessen eine Entschuldigung der Gesundheitsdirektorin der Uni, die bedauerte, »die Schlussfolgerungen dieser Studie könnten dazu benutzt werden, Unterstützungsbemühungen für Transgenderjugendliche zu diskreditieren«.[54] Der Chefredakteur von *PLoS One* verfasste ebenfalls eine Entschuldigung mit dem Argument, der Studie habe »der Kontext gefehlt«, und gelobte eine Untersuchung der »methodischen Fehler«, die der Arbeit angeblich anzulasten seien.[55]

Dabei hatte die Studie von Dr. Littman bereits ein Peer-Review von zwei unabhängigen Wissenschaftlern und einem wissenschaftlichen Redakteur durchlaufen. Aber die Brown University und *PLoS One* wussten, was ein wütender Mob ist, und beschlossen, sich lieber nicht zu wehren, sondern genau das zu tun, was von ihnen verlangt wurde.

Die renommierte Kindergenderpsychologin Diane Ehrensaft sagte dem *Economist*, Littmans Verwendung von Zeugenaussagen der Eltern sei so etwas »wie sich auf Berichte vom Ku-Klux-Klan oder rechtsextremen Webseiten zu berufen, um zu beweisen, dass Schwarze eine minderwertige Rasse sind«.[56] Ehrensaft selbst hatte aber scheinbar kein Problem damit, die Aussagen von ganz normalen Eltern zu ihren Kindern mit dem Ku-Klux-Klan zu vergleichen. Es war völlig egal, dass von diesen Eltern keinerlei transfeindliche Äußerungen vorlagen, sondern sie sich nur darüber gewundert hatten, dass ihre Töchter »aus dem Nichts heraus« und ohne die leiseste Vorgeschichte von Genderdysphorie plötzlich diese Identität angenommen hatten – und dass sich der psychische Zustand ihrer Töchter nach diesem Schritt nicht zu bessern, sondern eher zu verschlechtern schien.

Bei keiner dieser Attacken wurde zur Kenntnis genommen, dass es in der Forschung zur geistigen Gesundheit von Kindern und Jugendlichen natürlich völlig normal ist, Elternberichte zu verwenden. Wie sollte man denn ohne elterliche Zeugnisse die psychologische Vorgeschichte eines Kindes beurteilen können? Keiner der Kritiker erwähnte, dass sich die wissenschaftliche Forschung, die der »sozialen

Transition« (Änderung von Namen und Pronomina in der Schule und unter Freunden) für genderdysphorische Kinder zugrunde liegt, ebenfalls auf Elternbefragungen beruft.[57] *PLoS One* veröffentlichte eine »Richtigstellung«, Dr. Littmans Methoden seien nicht ausreichend klargemacht worden, dabei fällt der Begriff »Elternberichte« sogar im Titel ihrer Studie.

Dr. Littmans Arbeit wurde eine der am meisten diskutierten wissenschaftlichen Artikel des Jahres 2018.[58] Einige der weltweit renommiertesten Experten in Sachen Genderdysphorie lobten ihre Analyse und Schlussfolgerungen.[59] Dutzende Eltern schrieben ihr und bedankten sich dafür, dass sie dem Phänomen, das sie bei ihren heranwachsenden Kindern beobachteten, einen Namen gegeben hatte.

Aber sie wurde auch weiterhin als Fanatikerin und Mobberin verurteilt. Und das, obwohl sie weder die Sicherheit einer Festanstellung noch den Beistand eines Co-Autoren aus der Fakultät hatte.[60] Sie war weder rechtsextrem noch transfeindlich, hatte mehrere Jahre nebenbei für die Schwangerschaftsberatung Planned Parenthood gearbeitet und mit ihrem Ehemann mehrere Artikel für die *Huffington Post* geschrieben, in denen sie unter anderem die Gesundheitspolitik der Republikaner kritisierte.[61] Die Wahrheit schien nicht mehr von Bedeutung zu sein.

Die führende Fachzeitschrift *Psychology Today* veröffentlichte einen offenen Brief von »Transgenderidentifizierten und Cisgender-Verbündeten mit enormer Erfahrung mit den Themen Gender und Sexualität«, der vorgab, Dr. Littmans Studie zu »widerlegen«. Der offene Brief kritisierte ihre Arbeit als »methodisch falsch« (da sie sich auf die Eltern verlies) und ihre Schlussfolgerungen als »unethisch«. Sie beschuldigten Dr. Littman, »offenkundige ideologische Scheuklappen« aufzuhaben (da sie überhaupt gewagt hatte, die Ursachen für Transidentifizierung zu untersuchen).[62]

Genderaktivisten verfolgten Dr. Littman bis in ihre Arbeit beim Gesundheitsministerium des Staates Rhode Island, wo sie in Teilzeit als ärztliche Beraterin an Projekten mit schwangeren Frauen und Frühchen tätig war. Ihre Arbeit dort hatte nichts mit Transgenderjugendlichen zu tun, geschweige denn mit Kindern oder Jugendlichen. Ihr Interesse an Frühchen stammte aus ihrer Zeit als Geburtshelferin. Seitdem sie selbst ein Frühchen mit knapp einem halben Kilo zur Welt gebracht hatte, war die Frühchen-Fürsorge für sie zu einer Herzensangelegenheit geworden.

Die Aktivisten denunzierten Littman bei ihrem Arbeitgeber, dem Gesundheitsministerium, mit der Behauptung, ihre Arbeit sei »schädlich« für Transgenderjugendliche, und verlangten ihre sofortige Entlassung. Mit einem Hauch von Erpressung forderten sie außerdem, das Gesundheitsministerium könne ja auch eine »genderneutrale Toilette« einrichten, um der Transgendergemeinde zu signalisieren, »dass das Gesundheitsministerium trans- und genderdiverse Menschen wertschätzt«.

Die Aktivisten wollten ihren Kopf rollen sehen. Das Gesundheitsministerium knickte ein. Dr. Littman verlor ihren Job.

Ich traf Lisa Littman in einem familiären italienischen Restaurant an der Route 1 in der Nähe von Boston. Von einem anstrengenden Arbeitstag und dem Verkehrsstress, der sie aufgehalten hatte, war ihr schulterlanges dunkelbraunes Haar leicht zerzaust. Als sie zu unserem Tisch geeilt kam, ihren Handtaschenriemen umklammernd, sah sie aus wie eine typische Vorstadtmutter. Sie bemühte sich eifrig, sich für ihre Verspätung zu entschuldigen, und hoffte, dass ich nicht zu lange hatte warten müssen.

Sie hat große braune Augen, eine Hornbrille sowie ein breites, gewinnendes Lächeln und lachte ein wenig nervös. Wie sie mehrmals wiederholte, hasst sie es, interviewt zu werden. Anhand ihrer zahlreichen Nachfragen, wie ich denn die Richtigkeit meiner Angaben sicherstellen würde, war klar, dass sie die Wahrheit sagte.

Und sobald ich sie dazu bringen wollte, über die ihr vorliegenden Daten hinaus Spekulationen vorzunehmen, weigerte sie sich. Beispielsweise lehnt sie es ab, Vermutungen darüber anzustellen, was in unserer Kultur amerikanische Teenager dazu ermutigt haben könnte, diesen Weg einzuschlagen. Ich lud Dr. Littman ein, über die wachsende Beliebtheit von Pride-Events nachzudenken, über den Schock, den ehemaligen US-Olympioniken Bruce Jenner jetzt, die Kamera anschmachtend und einen BH tragend, unter dem Namen Caitlyn auf dem Titel der *Vanity Fair* zu sehen. Ich fragte mich laut, ob die aufgeblähten Statistiken über sexuelle Übergriffe an Colleges heranwachsende Mädchen nicht völlig vom Frausein abgeschreckt haben und ob die Identifizierung von Transgendern nicht durch unsere unglückliche Tendenz, uns mithilfe von Dingen, die wir im Internet lesen, selbst zu diagnostizieren, einen Auftrieb erhalten hat.

Ich stellte mir auch Fragen, die ich nicht laut aussprach: Ob dieser Transgenderwahn nicht teilweise das Ergebnis von überbehüteten, verwöhnten Kindern ist, die verzweifelt versuchen, ihr Revier abzustecken und zu rebellieren. Ob es womöglich kein Zufall ist, dass so viele dieser Kinder aus weißen Familien der oberen Mittelschicht stammen und in einer Minderheitenidentität Schutz suchen? Oder ist es die Tatsache, dass sie überwiegend aus fortschrittlichen Familien stammen, also mit wenigen Barrieren aufgewachsen sind und deshalb nach welchen suchen, die sie niederreißen können? Und dann ist da noch unsere moderne Besessenheit von psychischer Gesundheit, die jeden auf ein optimales Glücksniveau trimmt, als wären wir alle nur Reifen, die aufgefüllt werden müssen. Mithilfe von Bataillonen von Therapeuten hat es sich die obere Mittelschicht zur Gewohnheit gemacht, alle Ängste, Depressionen und sogar gelegentlichen Enttäuschungen auszurotten. Vielleicht haben wir den Heranwachsenden beigebracht, Glück als einen natürlichen und ständig erreichbaren Zustand zu betrachten. Vielleicht sind sie zu der Überzeugung gelangt, dass momentane Traurigkeit eine Krise ist – ja eine Katastrophe, die es zu beheben gilt, anstatt eine Phase, durch die man einfach durchmuss.

Dr. Littman will keinem zu nahe treten, aber es scheint für sie ein echtes Rätsel zu sein, dass irgendjemand so leichtsinnig zu Spekulationen greift und sich dabei wohlfühlt, Diagnosen ohne wissenschaftliche Grundlagen zu stellen.

»Tja, keine Ahnung«, sagt sie schulterzuckend.

Im März 1985, als sie in ihrem zweiten Studienjahr an der Rutgers University war, traf Littmans Familie eine Tragödie wie ein Blitz aus heiterem Himmel. Ihr kleiner Bruder Mark, der in seinem letzten Jahr an der Highschool war, stattete der renommierten Südstaaten-Uni, an der er aufgenommen worden war, einen Besuch ab. »Er hat nie Ärger gemacht«, gab sie zu bedenken, »sondern war ein Vorzeigeschüler, schrieb Gedichte und betrieb gerne Sport.« Während er also dort war, rief er zu Hause an und informierte seinen Eltern, dass er das Zimmer wechseln müsse. Später am Abend rief er eine Freundin der Familie an der Uni an und bat darum, bei ihr auf dem Boden schlafen zu dürfen, was diese verneinte. Erst später verstand die Familie, dass Mark verzweifelt versucht hatte, einem Trinkspiel mit Mobbingcharakter zu entkommen. Er starb in dieser Nacht an einer Alkoholvergiftung.

»Teenager sind soziale Wesen«, sagte mir Dr. Littman 34 Jahre nach diesem Unglück. »Gleichaltrige haben einen großen Einfluss auf sie, das gehört zu ihrer Entwicklung.« Doch dazu gehört leider auch, dass sie sich gegenseitig in Gefahr bringen.

Dr. Littman verfasste wissenschaftliche Studien über Verhütung, Reproduktionsmedizin und das Thema Abtreibung, deren Risiken und Stigmatisierung. Sie befasste sich mit Frauen in gebärfähigem Alter und befragte sie, welche Entscheidungen sie in Bezug auf ihren Körper trafen und warum. Als ihre eigenen Kinder dann ins Teenageralter kamen, begann sie sich dafür zu interessieren, wie es dieser Generation erging.

Die neueste Ausgabe des psychologischen Standardwerks *Diagnostic and Statistical Manual* (*DSM-5*) verzeichnet eine erwartungsgemäße Häufigkeit von Genderdysphorie von 0,005–0,014 Prozent bei männlich Geborenen und weitaus weniger – nämlich 0,002–0,003 Prozent – bei weiblich geborenen Menschen, basierend auf den Zahlen derjenigen, die vor einem Jahrzehnt medizinische Hilfe in Anspruch genommen hatten.[63] Das bedeutet weniger als einen Fall pro 10 000 Menschen.

Dr. Littman stellte fest, dass die jugendliche Genderdysphorie im Westen schlagartig zugenommen hatte, in den USA sogar um 1000 Prozent.[64] Nach einer 2017 erstellten Studie der amerikanischen Seuchenschutzbehörde Centers für Desease Control and Prevention (CDC) identifizieren sich inzwischen 2 Prozent aller Highschoolschüler als »transgender«.[65] In Großbritannien liegt der Zuwachs sogar bei 4000 Prozent,[66] wobei drei Viertel der zur Behandlung überwiesenen Personen Mädchen sind.[67]

Eine derart radikale Veränderung – von mehrheitlich Jungs mit einer Vorgeschichte von Genderdysphorie in der Kindheit zu mehrheitlich Teenagermädchen ohne eine solche Vorgeschichte – hätte vielen Forschern auffallen sollen. Doch dem war nicht so. Als Dr. Littman sich auf die Suche nach wissenschaftlichen Studien oder populärwissenschaftlichen Artikeln über die plötzliche Zunahme der Fälle von Genderdysphorie begab, fand sie nichts.

Während Dr. Littman im nächsten Jahr an ihrer Studie arbeitete, die Daten auswertete und den Text verfasste, bekamen Therapeuten in der ganzen westlichen Welt immer mehr Teenagermädchen zu sehen, die an Genderdysphorie litten.[68] Kliniken in Schweden,[69] Toronto und Amsterdam meldeten eine Umkehr der Geschlechterverhältnisse bei Genderdysphorie von überwiegend männlich Geborenen vor 2006 zu überwiegend weiblich Geborenen in den Jahren 2006–2013.[70] 2018 berichteten Wissenschaftler in Europa über einen im Vergleich zum vorangegangenen Jahrzehnt dramatischen Anstieg von Jugendlichen mit Geschlechtsdysphorie, der größtenteils »auf einen Anstieg von weiblich geborenen Personen zurückzuführen ist, die sich melden«.[71]

Im Jahr 2016 waren 46 Prozent aller Geschlechtsumwandlungspatienten weiblich geboren, ein Jahr später waren es 70 Prozent.[72]

Irgendwann stieß Dr. Littman auf Websites, auf denen Eltern das beschrieben, was für sie bald ein bekanntes Muster werden sollte: Eine Tochter mit sozialen Ängsten und Problemen, aber keinerlei Vorgeschichte von Genderdysphorie, kommt auf die Highschool. Sie findet dort eine Gruppe von Freunden, von denen sich einige als transgender outen, und kündigt Ähnliches an; dann verschlechtert sich ihre psychische Gesundheit. Diese Mädchen fanden keineswegs »zu ihrem ›wahren Selbst‹ und blühten auch nicht auf«, erinnerte sich Dr. Littman an Elternberichte. Die Töchter »wurden wütender, mürrischer und feindseliger gegenüber den Eltern«. Je mehr sie unter ihrer Dysphorie litten, desto weiter entfernten sie sich von den Menschen, die ihnen hätten helfen können.

Beeindruckt von dem sozialen Aspekt ihrer Geschlechtsdysphorie, der ihr angesichts der Häufigkeit von Transidentität in Freundescliquen in die Augen stach, begann Dr. Littman, alles über eine andere Ansteckung durch Gleichaltrige zu lesen: Anorexia nervosa. Genauso wie die neue Generation der Transgenderteenager litten magersüchtige Mädchen an einer obsessiven Fixierung auf vermeintliche körperliche Mängel und stilisierten die Bereitschaft zur Selbstverletzung zur Heldentat. Dr. Littman suchte die »Pro-Ana«- und »Pro-Mia«-(pro-Bulimie-)Websites auf, auf denen sich Teenager gegenseitig Tipps geben, wie sie am besten abmagern und ihre Eltern dabei hinters Licht führen können.

»Die Pro-Anorexie-Websites erklären die Magersucht zu einer Heldentat, einem Streben nach körperlicher Perfektion. Sie drehen das Ganze um und stellen Magersucht als positiven und disziplinierten Lebensstil dar und tauschen Tipps und Tricks aus, wie man Gewicht verliert.«

Welche Art von »Tipps« sind das? »Wenn du einen Apfel in acht Schnitze schneidest und alle paar Stunden einen davon isst, fühlst du dich satt, obwohl du nur einen Apfel gegessen hast.«

Ein anderes Beispiel: »Wenn deine Eltern weg sind, bereite dir eine Schüssel Müsli mit den normalen Zutaten zu: Gieß Milch ein, nimm den Löffel raus und kipp alles in die Toilette. Dann stellst du die Schüssel mit dem Löffel wieder hin und kannst ihnen erzählen, du hättest Müsli gegessen.«

Die Pro-Anorexie-Websites erinnerten Dr. Littman an eine Kategorie von Videos, die immer häufiger im Internet auftauchten: Die sozialen Medienkanäle von Transinfluencern, auf denen weiblich Geborene, die sich als Transgenderjungen oder Transgendermänner identifizieren, davon schwärmen, wie sehr sich ihr Leben verbessert habe, seitdem sie eine Hormontherapie bekommen hätten. Der Kick, den sie dadurch bekamen; ihre Freude über den »Glück verheißenden Hauch« dunkler Haare auf ihrem Bauch; das Verschwinden – wie sie behaupten – aller sozialen Ängste.

Transgenderinfluencer geben anderen Jugendlichen Tipps, wie sie einen skeptischen Arzt dazu bringen können, ihnen Testosteron zu verschreiben.[73] Sie raten Teenagern, die *DSM*-Diagnosekriterien in Bezug auf Genderdysphorie zu studieren und eine Geschichte zu erfinden, nach der sie »schon immer gewusst hätten«, dass sie trans sind. Sie empfehlen dir, zu behaupten, du würdest dich schon sehr lange so fühlen. Sie betonen, wie dringend die Umwandlung ist – nach dem Motto: Wenn man es jetzt nicht macht, ist der Zug abgefahren. Und dann begeht man vielleicht Suizid.[74]

Dr. Littman bemerkte, dass sowohl die Magersuchts- als auch die Transgenderwebsites Menschen stark in ein »Wir-gegen-die-anderen« aufteilten. Letztere verhöhnen »Cis«-Menschen, schildern Genderdysphorie als heldenhaftes Unterfangen und die Uneingeweihten als hoffnungslos rückständig und dumm. Dieses Verhalten erinnerte sie an ihre Erfahrung mit ambulanten und stationären Essstörungspatienten, für die mager synonym mit mutig und extrem synonym mit tugendhaft war. »Es gibt oft eine Subkultur, in der die dünnsten Patienten und die mit den meisten Leiden im Zusammenhang mit ihrer Essstörung als ›wahre Helden‹ gefeiert werden und ihnen nachgeeifert wird. Diejenigen, die auf die Ärzte hören oder die vielleicht noch nicht dünn genug sind, gelten als Außenseiter und sind womöglich nicht magersüchtig genug, um dazuzugehören.« Diese Pro-Anorexie-Websites verklären im Endeffekt eine psychische Störung zu einem Heldentum, dem sich die Betroffenen durch immer größere Selbstverletzung verschreiben.

Ihre Gegner beschuldigen Dr. Littman oft, »rechts«[75] oder eine übereifrige Christin zu sein. Doch beide Anschuldigungen sind so falsch, dass es fast absurd anmutet: Dr. Littman hat noch nie einen Republikaner gewählt. Sie und ihr Mann Michael gehörten jahrelang einer progressiv-humanistischen jüdischen Gemeinde an, wobei ihr eigentlicher Glaube der Familie gilt, denn die ist ihnen am allerwichtigsten.

»Hat es Ihnen Spaß gemacht, Mutter zu sein?«, fragte ich sie.

»O Gott, ja. Es hat mir alles bedeutet«, war ihre Antwort.

Der Hang zur Entfremdung von der Familie, wie er auf den Transgenderwebsites und in den Elternberichten sichtbar wurde, machte Dr. Littman Sorgen und schürte ihr Interesse an diesem Thema. Und trotz des ganzen Hasses, der ihr entgegenschlug, der Attacken auf ihren Ruf und des Verlusts des Jobs, den sie liebte, treibt sie die Sorge um das Familienwohl weiterhin an, an der diesbezüglichen Forschung dranzubleiben. »Zu sehen, wie sich die Kinder von ihren Eltern abwenden, bricht mir das Herz«, gestand sie, »das ist mein schlimmster Albtraum«.

Psychologen, die den Einfluss von Peergroups studieren, fragen sich, warum gerade junge Mädchen für soziale Ansteckung so empfänglich sind und so erfolgreich für ihre Verbreitung sorgen. Manche glauben, dies hänge damit zusammen, wie Mädchen sich zu sozialisieren pflegen.[76] »Wenn wir hören, wie Jungen und Mädchen miteinander sprechen, stellen wir fest, dass Mädchen viel eher mit bestätigenden und unterstützenden Aussagen als mit Fragen antworten«, erklärte mir Amanda Rose, Professorin für Psychologie an der University of Missouri. »Sie sind bereit, die Realität auszublenden, um sich besser in die Welt ihrer Freunde hineinzuversetzen. Aus diesem Grund ist es auch wahrscheinlicher, dass heranwachsende Mädchen beispielsweise die Depressionen ihrer Freunde aufgreifen und selbst depressiv werden.«

Diese weibliche Tendenz, seine Freunde dort abzuholen, wo sie sind, und ihren Schmerz zu teilen, kann eine produktive und wertvolle soziale Fähigkeit sein. Co-Rumination (das exzessive Besprechen einer Notlage) »stärkt die Beziehung zwischen Mädchen«, erfuhr ich von Professor Rose.

Aber es führt auch dazu, dass Freundinnen die Leiden anderer auf sich nehmen. Mädchen im Teenageralter verbreiten psychische Krankheiten aufgrund von natürlichen Zügen ihrer Art von Freundschaft: Co-Rumination, die exzessive Suche nach Bestätigung sowie die Suche nach negativem Feedback, bei der man das Gefühl der Kontrolle aufrechterhält, indem man sich von anderen die Bestätigung seines geringen Selbstwertgefühls holt.[77] Es ist nicht schwer zu verstehen, warum die Foren sozialer Medien, die rund um die Uhr am Laufen sind, die genannten Phänomene verbreiten und verstärken. Dr. Littman entwickelte eine Umfrage, um ihrer Vermutung nachzugehen, dass Geschlechtsdysphorie ein weiteres ansteckendes Phänomen unter gleichaltrigen Mädchen sein könnte.

Nach dem Diagnosehandbuch *DSM-5* wird die Genderdysphorie nach dem Auftreten von mindestens sechs der folgenden Symptome definiert:

1. dem ausgeprägten Wunsch beziehungsweise der Überzeugung, dem anderen Geschlecht anzugehören
2. dem ausgeprägten Bedürfnis, sich wie das andere Geschlecht zu kleiden

3. dem ausgeprägten Bedürfnis, bei Fantasiespielen das andere Geschlecht darzustellen
4. der ausgeprägten Bevorzugung von Spielen, Spielzeugen oder Beschäftigungen, die üblicherweise mit dem anderen Geschlecht identifiziert werden
5. dem ausgeprägten Bedürfnis, mit Kindern des anderen Geschlechts zu spielen
6. der ausgeprägten Ablehnung von Spielen, Spielzeugen und Beschäftigungen, die üblicherweise mit dem angeborenen Geschlecht identifiziert werden
7. der ausgeprägten Ablehnung der eigenen Geschlechtsorgane
8. dem ausgeprägten Bedürfnis, die primären und sekundären Geschlechtsorgane des gewünschten Geschlechts anzunehmen

Dies sind keine Dinge, die ein kleines Kind leicht vor seinen Eltern verbergen kann; fünf Punkte sind leicht zu beobachtende Verhaltensweisen und Vorlieben.

Dr. Littman erstellte einen Katalog von neunzig Fragen, die aus Multiple-Choice-Fragen vom Likert-Typ (basierend auf einer Zustimmungsskala) sowie offenen Fragen bestand. Die Daten wurden anonym von 256 Eltern erhoben, die die Kriterien der Umfrage erfüllten, das heißt, deren Kinder sich im Jugendalter plötzlich als transgender identifiziert hatten, obwohl sie in ihrer Kindheit keine Geschlechtsdysphorie gezeigt hatten. Zu den Ergebnissen von Dr. Littman gehören (in ihren eigenen, leicht bearbeiteten Worten):

- Über 80 Prozent der Betroffenen mit einem Durchschnittsalter von 16,4 Jahren waren als Mädchen geboren worden.
- Die meisten lebten zum Zeitpunkt der Bekanntgabe ihrer Transgenderidentität noch bei ihren Eltern.
- Bei der überwiegenden Mehrheit gab es in der Kindheit *keinerlei* Anzeichen für eine Geschlechtsdysphorie (überdies erfüllte sie die sechs Kriterien für eine Geschlechtsdysphorie im Kindesalter durchweg nicht).

- Fast ein Drittel der Jugendlichen schien nach Aussage der Eltern überhaupt keine Anzeichen von Genderdysphorie aufgewiesen zu haben, bevor die Jugendlichen ihre Transgenderidentität bekannt gaben.
- Bei der Mehrheit waren eine oder mehrere psychiatrische Diagnosen gestellt worden, und fast die Hälfte der Jugendlichen hatte vor dem Auftreten der Geschlechtsdysphorie Selbstverletzungen begangen.
- 41 Prozent hatten vor ihrer Transgenderidentifikation eine nicht-heterosexuelle Orientierung zum Ausdruck gebracht.
- Fast die Hälfte (47,4 Prozent) war offiziell als akademisch begabt eingestuft worden.
- Fast 70 Prozent der Jugendlichen gehörten zu einer Gruppe von Gleichaltrigen, in der sich mindestens ein Freund ebenfalls als Transgender geoutet hatte. In einigen Gruppen war dies bei der Mehrheit der Freunde der Fall.
- Über 65 Prozent der Jugendlichen hatten unmittelbar vor der Bekanntgabe ihrer Transgenderidentität vermehrt ihre Zeit auf sozialen Medien verbracht.
- Von den Eltern, die den sozialen Status ihrer Kinder kannten, gaben über 60 Prozent an, dass die Bekanntgabe ihren Kindern einen Popularitätsschub gebracht habe.
- Über 90 Prozent der erfassten Eltern waren weiß.
- Über 70 Prozent der Eltern waren Akademiker.
- Über 85 Prozent der Eltern setzten sich für die Ehe homosexueller Paare ein.
- Fast 64 Prozent der Eltern wurden von ihren Kindern als »transphob« oder »intolerant« bezeichnet, weil sie mit dem Kind nicht darin übereinstimmten, was die Selbsteinschätzung des Kindes betraf, transgender zu sein; weil sie dem Kind empfahlen, sich mehr Zeit zu nehmen, um herauszufinden, ob seine Gefühle der Geschlechtsdysphorie Bestand hätten; weil sie ihr Kind mit den falschen Bezeichnungen ansprachen; weil sie ihrem Kind sagten, dass Hormone oder Operationen wahrscheinlich nicht helfen würden; weil sie ihr Kind mit seinem Geburtsnamen ansprachen; oder weil

sie dem Kind empfahlen, vor einer medizinischen Umwandlung zunächst an anderen zugrunde liegenden psychischen Problemen zu arbeiten.

- Weniger als 13 Prozent der Eltern glaubten, dass sich die psychische Gesundheit ihrer Heranwachsenden nach der Transgenderidentifizierung verbessert hatte. Über 47 Prozent gaben an, dass sich diese im Gegenteil verschlechtert habe.

Dr. Littman hat nie suggeriert, Genderdysphorie würde nicht existieren oder die betroffenen Mädchen würden nicht daran leiden, sondern die Hypothese aufgestellt, dass die Genderdysphorie dieser Teenager eine untypische Ätiologie, also andere Ursachen aufweist als bisher bekannt. Anders als die herkömmliche Genderdysphorie schien diese stark durch Freunde und soziale Medien angefeuert und unterstützt worden zu sein.

Was genau war daran ansteckend? Laut Dr. Littmans Hypothese sind es drei Faktoren (auch hier habe ich ihre Worte leicht bearbeitet):

1. die Überzeugung, dass unspezifische Symptome als Geschlechtsdysphorie wahrgenommen werden sollten und dass ihr Vorhandensein ein Beweis dafür ist, dass man transgender ist
2. die Überzeugung, dass eine Transition der einzige Weg zum Glück ist
3. die Überzeugung, dass jeder, der mit der Selbsteinschätzung, transgender zu sein, nicht einverstanden ist oder sich dem Plan für die Transition widersetzt, transphob und beleidigend ist und ausgeschaltet werden sollte

Dr. Littman stellte die Theorie auf, der Drang zum Transitionieren sei ein »fehlgeleiteter Bewältigungsmechanismus« im Umgang mit echten Stressfaktoren und starken Gefühlen. Sie erwog die Möglichkeit, dass diese ungewöhnliche neue Form von Genderdysphorie eine Art Selbstverletzung darstellen könnte.

Dabei stellte sie ausdrücklich fest, dass sie keineswegs suggerieren wolle, es gebe keine Teenager, denen eine Transition helfen würde. Sie kam nur zu dem Schluss, dass »nicht alle Teenager, die sich in diesem empfindlichen Alter als transgender präsentieren, mit ihrer Selbstdiagnose recht haben müssen«.

Noch nie zuvor hatten sich Menschen, die unter Geschlechtsdysphorie litten, aufgrund der Ermunterung von Freunden oder nach einer Selbstdarstellung in den sozialen Medien als transgender »geoutet«. Und noch nie zuvor war die Identifizierung als »transgender« der eigentlichen Erfahrung der Geschlechtsdysphorie vorausgegangen.

2 Wochen nach der Veröffentlichung von Dr. Littmans Studie kündigte *PLoS One* als Reaktion auf den Aufschrei von Aktivisten an, dass sie in Kürze ein Postpublikationsgutachten ihrer Studie erstellen und eine »Richtigstellung« vornehmen würden. Dr. Littman hatte sich einer ganzen Reihe von Überprüfungen zu unterziehen. »Auf dem Weg dorthin gab es eine Menge Eiscreme von Ben & Jerry«, erzählte sie mir. »Es war ganz schön stressig.« Im März 2019, 7 Monate nach der Erstveröffentlichung, brachte *PLoS One* die »Korrektur« von Littmans Studie.

Keines ihrer Ergebnisse hatte sich geändert.

Kapitel 3

Die Influencer

E he er zu einer YouTube-Sensation wurde, verkaufte Chase Ross Turnschuhe, und man nimmt ihm gerne ab, dass er darin groß- artig war. Denn mit seinen großen blauen Augen strahlt er Charisma aus. Er steckt voller Wissen, teilt es gerne und beherrscht wie viele Weltklasseverkäufer die Kunst der sanften Verführung.

Seine YouTube-Sendung beginnt mit vier flotten Akkorden und ei- nem Elektroschlagzeug, das mir sofort in die Glieder fuhr. »Hallo ihr da draußen, hier ist euer Chaseypoo!«, kräht er und grinst spöttisch- hysterisch in die Kamera.[78] Seine Begeisterung für alles, was transgen- der ist, steckt an. Man kann ihn sich auch vorstellen, wie er mit Bom- mel und Cheerleader-Uniform Jubelchöre anführt. Aber statt »Noch ein Tor!« ruft diese Generation lieber: »Das ist weniger nervig als alles andere!«

Seit 2006 hat der überaus erfolgreiche weiblich-zu-männliche YouTube-Kanal UppercaseChase1 des 28-jährigen Kanadiers an die 30 Millionen Views bekommen und regelmäßig mehr als 170 000 Abonnenten. Mit selbstironischem Humor und sehr persön- lichen Geständnissen bietet Chase Ratschläge und Ermutigungen für gender-verwirrte (und anderweitig verunsicherte) Jugendliche.

Chase ist witzig und cool. Er hat ein Septum- und ein Lippenpiercing, mehrere Katzentattoos und – nach einem Jahrzehnt auf Testosteron – einen beeindruckenden dunklen Bart und breite Schultern. Furcht davor, sich bloßzustellen, scheint er absolut keine zu haben. Seine Periode bekommt er (so gut wie) nicht mehr. Wenn man sich in die Haut eines ängstlichen Teenagermädchens versetzt, das unter sozialen Schwierigkeiten und Menstruationskrämpfen leidet, kann man sich angesichts einer Person wie Chase sehr wohl vorstellen, dass man zu der Überzeugung kommt: »So will ich auch sein.«

Für neugierige Jugendliche ist es ebenso aufregend wie verunsichernd, im Internet Transgurus zu entdecken – ein bisschen wie Pornos, für die sie noch nicht wirklich alt genug sind. Eine junge Frau, mit der ich gesprochen habe, erzählte mir, wie sie sich in der Highschool in den Influencer Wes Tucker verknallte, der aussieht wie ein Boy-Band-Star. Als sie erfuhr, dass Wes biologisch weiblich war, stellte das ihre Welt auf den Kopf, und sie schloss daraus, dass sie ebenfalls »trans« sein musste.

Chase Ross ist einer der gemäßigteren und offensichtlich reiferen Influencer im Internet. Nachdem mir eine andere weiblich-zu-männliche Jugendliche erzählt hatte, dass die Videos von Chase die Ursache für ihre Transgenderoffenbarung gewesen seien, bat ich Chase um ein Interview. Er freute sich, dass er eine andere Person inspiriert hatte, antwortete auf meine E-Mail und lud mich zu einem Gespräch ein.

Doch zuerst sah ich mir alle seine Videos an. Stunden um Stunden. Seine physische Verwandlung ist beeindruckend. Er hat eine ausgeprägte Gesichts- und Körperbehaarung, eine verbreiterte Nase, einen kantigen Kiefer, eine tiefere Stimme – kurzum, sein männliches Aussehen überzeugt. All das dank Testosteron. Mit seinem Daumen zeigt er sogar die Größe seines »Peens« an, also seiner testosteronvergrößerten Klitoris.

Obwohl er durchaus als kleiner Mann durchgehen könnte, wenn er wollte, scheint er etwas anderes im Sinn zu haben. Seine Ohrringe und Katzentattoos, sein Haarschopf, der bunt wie ein Papagei gefärbt ist, und sein Nagellack deuten auf das Geschlecht seiner Geburt hin. Andere aus dem Gleichgewicht zu bringen scheint einen Teil des Spaßes auszumachen – und vielleicht ist dies genau der Punkt.

Chase ist überzeugt davon, dass er Transjugendlichen wirklich hilft, sein Engagement wirkt ernsthaft. (Anders als manche Influencer, die ich getroffen habe, bittet er mich zum Beispiel nicht, Leser aufzufordern, seine GoFundMe-Seite zu besuchen, damit er seine Arztkosten finanzieren kann.) Er verschenkt Brustabbinder und bewertet Transgendersexspielzeug, was für einen Teil seiner Zielgruppe vermutlich hilfreich ist. Jenen Zuhörern, die sich nicht an seiner mangelnden medizinischen Qualifikation stören, bietet er auch Überlegungen zu seiner eigenen medizinischen Transition an.

Chase wirkt ein bisschen wie einer der Lost Boys von Peter Pan. Er hat persönlich viel durchgemacht. Seine Mutter verließ die Familie, als Chase ein Jahr alt war, sodass er als Mädchen in den Vorstädten von Montreal bei seinem Vater aufwuchs, den er seinen »besten Freund« nennt. Chases Vater ist Flohmarkthändler und hatte noch nie einen festen Job.

Wie viele liebevolle Väter, die finanziell zu kämpfen haben, ermutigte sein Vater ihn, einen regulären Beruf zu erlernen. Chase wollte jedoch wie sein Vater sein. Er begann 2006 – also ein Jahr nach der Gründung von YouTube – YouTube-Videos zu drehen, denn der selbst gemachte, hemdsärmelige Charakter der Plattform sagte ihm zu. »Sobald ich begriffen hatte, dass ich trans war, wollte ich auch darüber sprechen. Da ich mir keine Therapie leisten konnte, dachte ich mir, dann rede ich eben auf YouTube mit mir selbst darüber.«

Tatsächlich hat YouTube Chase zu seiner eigenen Transoffenbarung verholfen. »Ich wusste schon immer, dass irgendetwas mit mir nicht stimmt«, sagt er. »Nicht, dass Transsein etwas Ungewöhnliches wäre, aber ich fühlte mich einfach anders als andere Menschen und hatte das Gefühl, dass ich nicht dazugehörte. Als ich 15 war, schaute ich mir auf YouTube Katzenvideos an und stolperte über eine transsexuelle Person.«

Chase war fasziniert von den Transvideos. »Ich sagte mir: ›Was ist denn das? Ich versteh das nicht. Wer ist diese Person?‹ Ich sah mir ein paar dieser Videos an, und dann beschlich mich plötzlich das Gefühl: ›O mein Gott, jetzt ergibt alles in meinem Leben einen Sinn!‹« Nachdem er sich in einer Art Orgie diese Videos angeschaut hatte, beschloss Chase mit 15 Jahren, dass er transgender sei.

Doch dann kamen ihm Zweifel. Sein Weg zur Transidentifikation war keine lineare Angelegenheit, sondern eine mit vielen Unbekannten. »Ein paar Jahre lang schwankte ich zwischen: ›Ja, ich bin's‹. ›Nein, ich bin es nicht‹ und ›O mein Gott, das ist ja ekelhaft‹. Und als ich dann 18 war, setzte ich mich hin und sagte mir, so kann das nicht weitergehen. Ich bin wirklich trans.«

Etliche Transinfluencer erleben so ein Hin und Her. Folgt man der Darstellung vieler Transgurus wie Chase, so ist die Transidentität eher wie ein rätselhafter Fremder, den man lieben lernt, als ein Stalker, dem man zu entkommen sucht.

Der Instagram-Frau-zu-Mann-Transguru Emre Kaya sagte mir, er habe sein erstes Transvideo in der neunten Klasse gesehen, als er noch eine Lesbe war: »Ich zeigte es meiner Lehrerin und bat sie, es der Klasse zu zeigen. Das tat sie auch, aber meine Klassenkameraden fanden es eklig und haben mich damit aufgezogen.« Das war 2012. Emre war seiner Zeit voraus.[79]

Es gibt heute Dutzende von Onlineforen und sozialen Medien, die einem die Transidentität nahebringen. YouTube, Instagram, Tumblr, Reddit, Twitter, Facebook, DeviantArt und TikTok sind allesamt beliebte Foren, auf denen man seine körperliche Transformation dokumentieren und teilen oder die Transphobie beklagen kann. Dort werden die Superkräfte bewundert, die Testosteron verleiht, Tipps gegeben, wie man an Rezepte herankommt, und man kann sich dort gegenseitig bemitleiden, wie schwer es ist, heutzutage trans zu sein.

Transinfluencer haben ein paar klassische Mantras. Zu ihren gängigen Ratschlägen zählen:

Die Ratschläge von Transinfluencern

1. Wenn du glaubst, du könntest trans sein, dann bist du es auch

»Trans« ist ein Geisteszustand. Angeboren, dauerhaft und unbestreitbar. *Cogito ergo sum transgender.*

So wie der Frau-zu-Mann-Transguru Ty Turner mit seinen beiden Lippenpiercings seinem treuen Publikum zuflüstert: »Wenn du dir die Frage stellst, ›Bin ich trans?‹, lautet die Antwort wahrscheinlich ›Ja‹.«[80]

Onlinegurus wie Ty Turner gehen davon aus, dass »trans« eine wichtige soziale Identität ist, die nicht nur über die psychiatrische Erkrankung hinausgeht, von der man einst annahm, dass sie ihr zugrunde liegt, sondern auch ohne diese existiert. Transpropheten loben die Transidentität als Lebensstil, der gefeiert werden muss, anstatt sie als das Ergebnis eines Leidens zu betrachten, für das sie sich Heilung erhoffen. Die Genderdysphorie ist nicht mehr der Motor der Transgenderidentität, sondern wird zu einem Begleitwaggon, der wie ein Stück nutzloses Eisen mitgeschleppt oder aber abgehängt und freigesetzt wird. So verstanden ist trans etwas, das man auch dann vielleicht werden möchte, wenn man nicht unter Geschlechtsdysphorie leidet. Andererseits ist die Definition von »Dysphorie« bei vielen Influencern so weit gefasst, dass fast jeder Teenager davon betroffen zu sein scheint.

Trans-YouTuber Jake Edwards pfeift auf das psychologische Diagnosehandbuch *DSM-5* oder kennt es gar nicht, denn seiner Meinung nach braucht man nicht an herkömmlicher Genderdysphorie zu leiden, sondern könnte auch eine der »anderen Formen von Dysphorie« haben. So gebe es »beispielsweise auch eine soziale Dysphorie«, zu der alles gehört, was bei dir in einer sozialen Situation negative Selbstgefühle auslöst«.[81]

Allen unter uns, die an sozialen Ängsten leiden, sei offiziell gesagt: Wir sind wahrscheinlich »trans«.

Nachdem sie die Geschlechtsdysphorie beiseitegeschoben haben, beschreiben Transinfluencer Symptome, die vage und allgegenwärtig sind und die praktisch jeder kennt: *das Gefühl, anders zu sein, nicht wirklich dazuzugehören und sich nicht weiblich oder männlich genug zu fühlen.* Und ganz besonders: *sich in seinem Körper nicht wohlzufühlen.* (Spoileralarm: Dies gilt vermutlich für jede Frau in der westlichen Hemisphäre.)

»Vielleicht denkst du dir jetzt, ›Tja, das kommt mir bekannt vor‹«, wendet sich Ty Turner hilfsbereit an sein dankbares Publikum. »›Ich identifiziere mich nicht mit meinem angeborenen Geschlecht. Aber woher weiß ich, wo innerhalb des Gesamtspektrums ich mich befinde, ob ich komplett transitionieren oder einfach irgendwas dazwischen sein will?‹«[82]

Chase Ross bekannte mir gegenüber, er fühle sich derzeit »zu 60 Prozent männlich«. Und die restlichen 40 Prozent? »Da schlingere ich herum«, sagt er.[83] Klingt nach Verwirrung? Genau das könnte der Punkt sein.

Influencer behaupten in der Regel, dass Transsein genauso sei wie Schwulsein: angeboren, unveränderlich und biologisch vorherbestimmt. Aber stimmt das auch? Psychologen, die sich mit Sexualität beschäftigen, messen beobachtbare physiologische Reaktionen der männlichen und weiblichen Geschlechtsorgane auf bestimmte visuelle Reize. Zeigt man einem Mann entsprechende Bilder, wird dessen Körper, lange bevor er den Mund aufmachen kann, genau signalisieren, was er davon hält.

Anders verhält es sich mit dem Transsein, denn dafür gibt es keine wissenschaftlichen Anhaltspunkte, es hängt genauso wie wiedererlangte Erinnerungen vollständig von der Aussage einer Person ab. Und selbst dann kann sich die neue Geschlechtsidentität einer Person immer wieder ändern.[84] Dies stellt eine metaphysische und biologische Herausforderung für das Konzept des Transseins dar.

Viele Influencer werden mit der queeren Influencerin Ashley Wylde einer Meinung sein: »Zweifel zu haben, was deine Genderidentität angeht, ist absolut normal.«[85] Angesichts der Wankelmütigkeit derartiger Gendergefühle würde man vielleicht denken, dass Vorsicht geboten sei, ehe man zur Transition rät. Doch das Gegenteil ist der Fall: Du solltest dich *niemals* von deinen Zweifeln aufhalten lassen. (Soweit ich sehen kann, von gar nichts.)

Im Juni 2011, als er 19 Jahre alt war und seit fast einem Jahr Testosteron bekam, schien Chase Ross kurzzeitig Zweifel gehabt zu haben.[86] Er setzte das Testosteron ab. Chase, der mit seinem zu der Zeit weichen Gesicht und seinen unbehaarten Wangen eher weiblich wirkt, erklärte, auch wenn er sich als trans betrachtet habe, sei er damals noch nicht bereit gewesen, als »Transkerl« eingeordnet zu werden, sondern wollte lieber, dass man ihn für eine Lesbe halte. »Ich wollte nicht mein schwules Aussehen verlieren und in der Heterowelt als Hetero sichtbar sein.«

»Lange Zeit war ich wirklich sehr verwirrt«, gestand er. »Und es ging eine ganze Weile hin und her: ›Ja, ich bin trans.‹ ›Nein, ich bin es nicht.‹« Er kaufte sich einen Abbinder und warf ihn wieder weg. Seine Genderdysphorie war so wenig überzeugend, dass ihn eine kanadische Genderklinik, bei der er eine Testosterontherapie beantragt hatte, ablehnte.

Die Mann-zu-Frau-Instagram-Influencerin Kaylee Korol gab mir gegenüber ebenfalls zu, lange Zeit nicht sicher gewesen zu sein, ob sie wirklich trans sei. »Vor der Hormontherapie war es für mich ein Wechselbad der Gefühle. An einem Tag war ich mir super sicher, und am nächsten fragte ich mich, warum ich überhaupt an so etwas gedacht hatte. Erst nachdem ich eine Weile lang die Hormone genommen hatte, bekam ich Klarheit und konnte sagen: ›Das ist super, ich will nie wieder zurück.‹[87]

2. Trans ausprobieren?
Abbinder sind ein großartiger Anfang

Nahezu jeder Frau-zu-Mann-Guru beginnt seine Umwandlung mit einem Brustabbinder – eine Art Kompressionsbekleidung, die meist aus Polyester und Elastan besteht und die man unter der Kleidung trägt, um den Busen zu kaschieren. Transinfluencer führen verschiedene Modelle vor und vergleichen, wie effektiv diese einen männlichen Körperbau vortäuschen, beklagen sich aber auch gerne darüber, so etwas tragen zu »müssen«.

»Das ist bei Weitem einer der aufregendsten Augenblicke meines Lebens. Guck dir das an!«, freut sich die offensichtlich noch weibliche, aber transidentifizierende YouTuberin Elliott James.[88] Elliott reißt den PET-Umschlag auf und holt den Abbinder aus der Plastikverpackung heraus. Sie hüpft umher, kreischt und streckt die Zunge heraus. (Ihr Busen mag für sie ein schmerzhaftes Zeichen ihres Geburtsgeschlechts sein, Kreischen aber offenbar nicht.)

Elliott hält das Kleidungsstück hoch, schnuppert daran und tanzt erneut – und das alles in einem Raum, der wie eine Mitarbeitertoilette aussieht (die Industrieregale hinter ihr sind mit Pappkartons gefüllt). »O Mann, o Mann, ich bin so aufgeregt. Ich muss das Ding unbedingt anziehen!«

Und da das Internet keine Schamgrenze kennt, zieht Elliot den Abbinder für uns an. Sie flucht und kämpft mit dem straffen Elastan. Sie hat Rosen auf ihre Oberarme tätowiert. »Aua, das tut weh«, freut sich Elliott und strahlt vor Stolz. Elliott wendet sich zur Seite und zeigt uns ihren flachen Körperbau – eine glattgebügelte Version des weiblichen Körpers. »O mein Gott! Ich bin ein Junge! Wow!« Den Freudentränen nahe, vergräbt Elliot das Gesicht in ihren Händen.

Selten erwähnen solche Transvideos die gefährlichen medizinischen Nebenwirkungen. Es tut Brüsten – die aus Drüsengewebe, Fettgewebe, Lymphgefäßen, Lymphdrüsen, Läppchen, Blutgefäßen, Bindegewebe und Bändern bestehen – nämlich nicht gut, den ganzen Tag über plattgedrückt zu werden.[89] Zu den Nebenwirkungen gehören Rippenbrüche oder -prellungen, punktierte oder kollabierte Lungen, Kurzatmigkeit, Rückenschmerzen und die Verformung des Brustgewebes.

Aber versuchen Sie mal, einer Jugendlichen beizubringen, dass etwas, was sie unbedingt tun möchte, gefährlich sein könnte. Dass sie ihr Brustgewebe vielleicht schonen sollte; dass sie eines Tages vielleicht Kinder haben und diese auch stillen wollen würde. Man könnte einem Teenager ebenso gut sagen, dass die Sonne in 5 Milliarden Jahren verglühen wird.

3. Testosteron oder ›T‹ ist wunderbar und wird all deine Probleme lösen

Alex Bertie ist mit seinen über 300 000 Abonnenten einer der erfolgreichsten Frau-zu-Mann-YouTuber. Über sein erstes Jahr auf Testosteron sagt der jungenhaft sympathische Brite mit Flaum am Kinn: »Ich habe nicht geglaubt, dass dieser Tag einmal kommen würde. Ich bin jetzt offiziell seit einem Jahr auf Testosteron. Vor den Hormonen hatte ich mit Selbsthass und Eifersucht zu kämpfen und wollte mich nur vor allen abschirmen … Nach einem Jahr Hormontherapie könnte ich nicht glücklicher sein. Die Veränderungen durch das Testosteron haben meine Lebensqualität merklich erhöht und meine Zukunftsperspektive verbessert.«

Seine Stimme ist tiefer geworden. Er hat Körperbehaarung und einen Bart bekommen. Seine Schultern sind breiter, seine Arme kräftiger, sein Kinn ist kantiger. Sein Körperfett hat sich verlagert (weniger an den Hüften und Oberschenkeln). Am aufregendsten aber ist, dass die Periode ausgesetzt hat. »Nach 2 Monaten Testosteron hat meine Periode zum Glück komplett aufgehört. Im vergangenen Jahr wurde ich auch obenrum operiert. Doch das ist ein eigenes Thema. Ich könnte eine Million Videos darüber machen, wie sehr mir die Obenrum-OP geholfen hat. Mithilfe der Hormontherapie ist meine Dysphorie komplett verschwunden. Testosteron ist einfach der Hammer.«[90]

Angesichts des flüchtigen und subjektiven Wesens der Transidentität streitet man sich natürlich darüber, wer *wirklich* trans ist – oder trans genug. Die Hormontherapie trennt hierbei auf eine gewisse Weise die Spreu vom Weizen. In seiner Videoserie »Trans 101« sagt Chase Ross, Testosteron »verleiht deiner Transition Legitimität«.[91] Doch dann beeilt er sich, sicherheitshalber hinzuzufügen: »Aber nur *du selbst* definierst die Legitimität deiner Transition.«

Nicht alle Trans-YouTuber sind so moderat wie Chase. Mann-zu-Frau-Instagram-Guru Kaylee Koroll, die mit ihren blauen Augen und blauen Haaren wie ein ganz normales Teenagermädchen wirkt, gibt den folgenden »Transtipp«: »Du musst nicht 100-prozentig sicher sein, dass du trans bist, um Hormone auszuprobieren, du kannst es einfach 3 Monate lang versuchen. Danach sind die Auswirkungen der Hormone von Dauer, aber davor kann man einfach mal schauen, wie es einem dabei geht. So einfach ist das. Es ist toll. Hormone sind gar nicht so furchterregend, wie alle behaupten.«[92]

Um mit einer Hormontherapie zu beginnen, muss man also noch keine Gewissheit haben, dass man transgender ist. Tatsächlich ist laut Kaylee eine Hormontherapie »wahrscheinlich der beste Weg, um herauszufinden, ob du wirklich trans bist.«[93]

Die meisten Menschen wissen, dass Testosteron mit heftigen Nebenwirkungen verbunden ist, aber davon ist hier keine Rede. Bei den YouTube- und Instagram-Gurus steht der Spaß im Vordergrund, nicht die erhöhte Krebsgefahr und eine mögliche prophylaktische Gebärmutterentfernung. Die häufigste Nebenwirkung, die die Influencer thematisieren, sind die Schmerzen, die werden aber regelrecht gefeiert, weil sie ein Zeichen für die Opferbereitschaft sind. Sie zeugen davon, dass man es ernst meint und bereit ist, barfuß über heiße Kohlen zu laufen. Wenn man die Schmerzen einer intramuskulären Injektion erträgt, zeigt dies, dass deine Transidentität keine Spinnerei ist.

»Ich setzte mich also auf diesen Stuhl, wo der Hintern heraushängt«,[94] sagte der noch sehr weiblich aussehende 17-jährige Alex Bertie in einem Video über seine erste Testosteroninjektion. Eine Krankenschwester »stach mir die Nadel rein, und ich so: ›Aua! Das tut ein bisschen mehr weh, als ich erwartet habe.‹ Es fühlte sich wie ein Stachel an. Und während sie das Zeug injizierte, wurden die Schmerzen immer stärker.« Alex Bertie hat den Test bestanden: »Ich sage euch die Wahrheit. Es hat verdammt wehgetan.«[95] Man kann jedoch einer Kirche nicht beitreten, ohne getauft zu werden, oder Blutsbrüder werden, ohne ein bisschen Blut zu vergießen. Das Verabreichen von Testosteron ist die Feuertaufe der Transgemeinde, und diese wird mit Freuden gefeiert. Dein Schmerz zeigt, dass du es ernst meinst. »Die Schmerzen sind es total wert und gut auszuhalten«, versichert Alex Bertie seinen Zuhörern. Dann ruft er freudig: »Und ja! Ich bin auf Testosteron … endlich ist es so weit!« Es ist, als würde er seiner Fangemeinde sagen: *Heute bin ich zum Mann geworden!*

4. Wenn deine Eltern dich wirklich liebten, würden sie deine Transidentität unterstützen

Jett Taylor ist genauso heiß wie sein Name. Er hat den Boy-Band-Look eines jungen Justin Bieber: volle Lippen, weiche Barthaare, große braune Augen und ein ebenmäßiges freundliches Gesicht. Die Anflüge von Akne sind das Resultat seiner Hormontherapie – der »Schmiss« der Transsekte.

Doch Jett Taylor ist mehr als nur ein hübsches Gesicht. Er hat eine Botschaft: »Wahre Liebe kennt keine Grenzen. Liebe ist bedingungslos. Wenn du jemanden nicht so akzeptieren kannst, wie er ist, dann liebst du ihn nicht wirklich.«[96]

Achtung: Alle Eltern, deren Kinder sich plötzlich als trans bezeichnen, sollten aufpassen, denn ihr seid gemeint. Wenn du das plötzliche Beharren deiner Tochter, sie sei »transgender«, infrage stellst, liebst du deine Tochter nicht wirklich. Mehr noch: Du bist überflüssig und ersetzbar. »Diejenigen, die dich wirklich bedingungslos lieben, werden immer in deinem Leben bleiben«, sagt Jett Taylor zu seinem Publikum. »Ich habe jetzt einen super Freundeskreis, und das ist das Allerwichtigste. Diejenigen, die mich lieben, sind immer für mich da, bei jedem Schritt auf meinem Weg.«

Für die Transgurus ist nichts schlimmer, nichts »toxischer« als ihre Eltern, die nicht jeden Schritt der Gendertransition ihres Kindes feiern und jeden Aspekt der Genderideologie bedingungslos akzeptieren. »Wenn du es mit solchen Familienmitgliedern zu tun hast«, bemitleidet Jett seine Zuhörer, »dann tut es mit echt leid für dich. Ich liebe dich so wie du bist. Wenn du jetzt traurig bist, dann schicke ich dir eine dicke Umarmung, die dickste Umarmung, die du dir vorstellen kannst.« Deine Miete und dein Studium wird er dir aber leider nicht finanzieren.

Jett ist nicht der Einzige, der solche Versprechungen macht. Am Muttertag 2017 ermutigte die Mann-zu-Frau-Rennradweltmeisterin Rachel McKinnon (die gegen biologische Frauen gewonnen hat) Transjugendliche, ihre Mütter aus ihrem Leben zu verstoßen. »Leider gibt es viele Jugendliche, deren Eltern sie nicht genug unterstützen. Das passiert traurigerweise sehr häufig. Ich möchte euch aber etwas Hoffnung machen: Ich möchte, dass ihr wisst, dass es in Ordnung ist, Eltern zu verlassen, die nicht hilfsbereit, respektlos oder gar missbräuchlich sind.«[97]

Das ist ein ziemlich heftiges Muttertagsgeschenk. McKinnon bat aber unter dem Namen »Hoffnung« auch noch etwas anderes zu bieten: »Ich möchte dir die Hoffnung geben, dass du das findest, was wir deine ›Glitzerfamilie‹ nennen, deine ›Queerfamilie‹. Wir sind für dich da, und die Beziehungen in unseren Glitzerfamilien sind genauso echt, genauso bedeutend wie in unseren Geburtsfamilien.«

Hast du die Grippe? Hast du einen Autounfall gehabt? Hat dir deine große Liebe einen Korb gegeben? Keine Sorge, Rachel McKinnon ist gleich da.

5. Wenn du in deiner Transidentität nicht unterstützt wirst, wirst du dich wahrscheinlich umbringen

Die Frau-zu-Mann-Transgender Skylar Kergil erinnert an den süßen Jungen in deinem Studentenwohnheim mit seinen wuscheligen rotblonden Haaren, leicht knittrigen Hemden und spärlichen Bartstoppeln. »Nach dem Selbstmord von Leelah Alcorn sollte man genauer hinsehen, welche Rolle die Eltern für das Glück, die Sicherheit und Gesundheit von Transgenderjugendlichen spielen.«[98]

Leelah Alcorn war ein schwer depressiver 17-jähriger Mann-zu-Frau-Transgender in Ohio, der sich vor ein Auto warf, nachdem ihn seine Eltern zu einer christlichen Konversionstherapie gezwungen hatten. In dem Abschiedsbrief, den er auf seinem Tumblr-Blog hinterließ, gab er seinen Eltern ausdrücklich die Schuld an seinem Selbstmord, weil sie seine Transgenderidentität nicht akzeptierten.

Tatsächlich sind die Selbstmordraten unter Transgendern alarmierend hoch.[99] Beinahe jeder Transinfluencer ist daher der Meinung, dass jede Art elterlicher Strenge – wie etwa das Verbot, ins Internet zu gehen, oder der Zwang, den Geburtsnamen zu verwenden – eine unzumutbare Grausamkeit darstellt. Wie kann man das jemandem antun, der so zu kämpfen hat? Wisst ihr überhaupt, wie schwer das für uns ist?

Zweifellos ist hier etwas Wahres dran: Diese Mädchen leiden ganz offensichtlich. Ihre Seelenqualen haben das Mitgefühl der Erwachsenen verdient. Und das sollte vonseiten der Eltern kommen. Aber Verständnis und Empathie aufzubringen ist nicht dasselbe, wie zu allem Ja und Amen zu sagen – vor allem dann nicht, wenn es der Meinung der Eltern nach nicht im besten Interesse des Kindes ist.

Aber was wissen Eltern schon? Nach Skylars Einschätzung nicht viel. »Wenn dein Kind bekannt gibt, dass es transsexuell ist«, erklärt Skylar geduldig, »ist es nicht deine Aufgabe, das Kind infrage zu stellen, sondern ihm zu folgen. Wenn man sagt: ›Nein, das bist du nicht, du irrst dich, oder das ist nur eine Phase‹, fühlt sich das Kind nicht unterstützt, denn in Wirklichkeit wird es sich nicht ändern, weil es nichts zu ›reparieren‹ gibt.«[100]

Diese Botschaft richtet sich angeblich an die Eltern. Doch wie viele Eltern suchen auf YouTube nach Erziehungstipps von Teenagern? In Wahrheit richten sich solche ›Tipps‹ an Teenager, um ihnen dabei zu helfen, Erwachsene abzuwimmeln, die sie sonst zum Aufhören überreden könnten.

6. Wenn es dir zur Transition verhilft, ist es in Ordnung, deine Eltern und Ärzte zu täuschen

Wenn es darum geht, geschlechtsverändernde Hormone zu beschaffen, ist Transinfluencern fast jedes Mittel recht. Tu oder sage, was immer du tun oder sagen musst. Dein Leben hängt davon ab. »Finde heraus, was sie hören wollen, damit sie dir Testosteron geben, und sage es ihnen«, empfiehlt ein Transberater in den sozialen Medien. »Es geht darum, eine Behandlung zu bekommen, nicht darum, den Menschen um dich herum treu zu sein. Es geht sie nichts an, und oft vermasseln die Ärzte alles für dich. Es geht nicht darum, die Wahrheit zu sagen, sondern die Behandlung zu bekommen, die du brauchst. Das geht sie nichts an. Und die meisten Ärzte irren sich sowieso.«[101]

»Leg dir eine Geschichte zurecht«, suggeriert ein anderer, »und bleib so nah wie möglich bei der Wahrheit. Lüge nur, wenn es um Dinge geht, die sich nicht überprüfen lassen. Beispielsweise wie du dich gefühlt hast, dass du aber zu viel Angst hattest, es irgendjemandem zu sagen, auch innerhalb der Familie.«[102]

Um renitente Eltern nicht zu alarmieren, werden Brustabbinder üblicherweise in einer sehr diskreten Verpackung verkauft. Sogar Chase Ross war bereit, einem Jugendlichen einen Abbinder an die Adresse eines Bekannten zu schicken, damit die Eltern nichts merken. »Jemand hat mir mal geschrieben und gesagt: ›Mein Vater hat meinen Abbinder gefunden und vor meinen Augen zerschnitten. Das hat mir das Herz gebrochen.‹ Weil ich das so furchtbar fand, habe ich ihm einen neuen an eine andere Adresse geschickt. Du willst einen Abbinder anziehen, und dein Vater schneidet ihn kurz und klein? Das ist doch schrecklich.«

7. Um trans zu sein, musst du dich nicht mit dem anderen Geschlecht identifizieren

Während Chase Ross zu den sympathischsten Influencern gehört, hat mich Ash Hardell am meisten verwirrt. Ash ist eine gebürtige Frau mit einer piepsigen Stimme und einem starken Akzent aus dem Mittleren Westen und wirkt so gesund, als hätte sie gerade ein großes Glas Milch getrunken. Ihre elfenhafte Ausstrahlung lässt sie wie 12 aussehen (sie ist Ende 20), und sie identifiziert sich als »nonbinär« oder »genderqueer«, also weder männlich noch weiblich. Ihre Pronomina sind »xier/xien«.

Ihre Videos sind besonders gut produziert. Sie haben lustige Soundeffekte, sind flott geschnitten und zählen dank Ashs Schlagfertigkeit zu den unterhaltsamsten von allen. Ihr Publikum dankt ihr das mit 650 000 Abonnenten. Sie ist permanent spritzig, quirlig und gut gelaunt – eine bemerkenswerte Leistung für jemanden mit einem Nasenpiercing. Und sie ist bereit, dir absolut alles zu erzählen.

So werden wir Zeuge, wie sie ihrer Mutter zum ersten Mal von ihrem Transsein berichtet. Wir begleiten sie auf ihre Reise zur Brust-OP – von den ersten medizinischen Beratungen bis hin zum fertigen Ergebnis. Im Gegensatz zu vielen Transgenderjugendlichen nimmt sie kein Testosteron. Ash sagt von sich, sie wolle »ein bisschen von beidem« sein. Sie ist der Inbegriff dessen, was viele Jugendlich heute sein wollen: »anders«.

Bei Ash sieht das Transsein fast gesund und positiv aus – vielleicht, weil sie so putzig, süß und mädchenhaft ist. Sie zeigt uns ihren Oberkörper nach der Brust-OP, der ohne Testosteron in etwa so aussieht wie der Körper eines 8-jährigen Jungen. (Auch ihr Ehepartner Grayson[103] hat eine Brust-OP hinter sich, von deren Ergebnis uns Ash in allen Einzelheiten berichtet.)

Zwar verwenden manche nonbinären und genderlosen Influencer ebenfalls Testosteron – aber sie wollen einen »Weder-noch«-Zustand erreichen. Ashs genderloser Freund Chandler erklärt uns: »Es gibt im Grunde zwei Wege der Testosterontherapie für Nonbinäre. Entweder sie nehmen für kurze Zeit eine normale Dosis Testosteron ein (das habe ich vor) oder über einen längeren Zeitraum eine geringere Dosis. Vielleicht entscheide ich mich auch für Letzteres.« Ein Erwachsener könnte sich – so wie ich – die Frage stellen, welcher Arzt denn ein solches Hexenwerk der Trial-and-Error-Verabreichung von Hormonen mit unbestimmten und wechselnden Zielen überhaupt beaufsichtigt? Was wäre wohl die hippokratische Rechtfertigung dafür, einer gebärfähigen Frau die Brüste zu entfernen, um ihr das Aussehen eines »Weder-noch« zu geben?

Was Chandler am meisten stört, ist, dass man sie ständig »weiblich gelesen« habe. Das ist auch der Grund für ihre Hormontherapie. Sie wollte ein »Weder-noch«-Gefühl erreichen und *nur manchmal* als Frau identifiziert werden.[104] Sie will mit »xier/xien« angesprochen, aber eigentlich als geschlechtsneutral betrachtet werden. Nonbinäre Teenager scheinen sich oft dagegen zu wehren, deine Sprache zu sprechen oder »dein Spiel mitzuspielen«. Sie wollen das Spielbrett umschmeißen, die Spielfiguren wegschleudern und alle Spielregeln umschreiben oder ganz verwerfen. Sie wollen nicht als irgendetwas »durchgehen« und lehnen deine Kategorien ab. Sie sind »genderfluid« – und nehmen sich das Recht, ihre Meinung auch wieder zu ändern.

Dabei muss man feststellen, dass die nonbinäre Identität die ganze Logik der Geschlechtsumwandlung in Zweifel zieht. Denn bisher war die übliche Rechtfertigung für eine Geschlechtsumwandlung die Diagnose Genderdysphorie – das Gefühl im falschen Körper geboren zu sein. Wenn es aber keine Geschlechter mehr gibt, wie kann man dann im »falschen Körper« geboren sein?

Ist das Ziel aber ein nonbinärer oder asexueller Körper – also etwas, das nicht existiert und auch noch nie existiert hat –, woher weiß man dann, wann man ihn erreicht hat? Ist die Wahrscheinlichkeit nicht viel größer, dass man ihn nie erreichen wird? So wie die perfekte Nase von Michael Jackson könnte er immer nur eine weitere OP entfernt sein – geradezu unerreichbar.

Bevor ich mir diese Videos angeschaut und einige von ihren Produzenten interviewt hatte, hatte ich nicht erwartet, Transinfluencer zu mögen. Vielen Eltern, mit denen ich gesprochen habe, erscheinen sie wie Sektenführer oder Drogendealer. Ich mochte sie aber. Von Piercings geschunden und durch Tattoos entstellt, von Depressionen gebeutelt, die, wild und ohne Vorwarnung, zuschlagen wie ein plötzliches Sommergewitter, von ihren Körpern und deren Veränderungen besessen: Zwar missionieren diese Influencer unermüdlich für eine gefährliche Sache, doch sie brauchen auch alle Liebe und Zuneigung der Welt.

Sie sind die Drogen- und OP-Prediger der Transwelt – in Testosterongeschwängerter Ekstase und voller Mitleid für alle, die es noch nicht sind, weil ihre strengen »Türsteher-Eltern« es ihnen verwehren wollen. Viele von ihnen verteilen Desinformationen, medizinische Unwahrheiten und schlechte Ratschläge. Sie preisen die Vorzüge von Testosteron an, als ob es nur ein Proteinshake wäre und keine nach dem Arzneimittelgesetz eingestufte Substanz. Sie begeistern sich für komplette Brustentfernungen wie für eine neue Frisur, tun besorgte Eltern als »toxisch« ab und ermutigen ihre Fangemeinde, in ihre »Glitzerfamilie« zu kommen.[105]

Sie bringen dir bei, wie man seinen Arzt belügt, indem man eine kindliche Dysphorie-Vorgeschichte erfindet oder seine psychischen Probleme verschweigt.[106] Sie suggerieren einem Selbstmordgedanken, die aber durch eine Geschlechtsumwandlung rasch und ein für alle Mal zu besiegen seien. Besser, du machst es *genau jetzt*, bevor deine Dysphoriedämonen dich besiegen.

Sie sind alle noch so jung und doch schon so hartgesotten. Für die Kamera tun sie mehr als alles – auch Dinge, die sie eines Tages vielleicht bereuen werden. Ihre Kämpfe sind psychischer Natur, aber ihre

Narben sind echt – glänzende rosa Narben, die ihre Oberkörper halbmondförmig entstellen, knapp unterhalb jener Stelle, an der sich einst ihr Busen befand.

Sie wirken wie der listige Dodger, der prahlerische Taschendieb aus *Oliver Twist*. Dodger ist kein Musterbürger, aber das ist ja auch nicht wirklich seine Schuld.

Glaubt man den Transinfluencern, so geht es ihnen blendend. Sie strahlen echte Begeisterung für die Transgenderidentität aus, scheinen ihrem Körper jedoch mehr Zeit zu widmen als ein durchschnittliches Topmodel. Auch Kosten und Mühen scheuen sie keine, denn eine Testosterontherapie kann monatlich mehrere Hundert Dollar kosten, und für die Brust-OP muss man in der Regel 10 000 Dollar hinlegen. Sie sind ständig auf der Hut, ja nicht an ihr Geburtsgeschlecht erinnert zu werden, denn mit dem Geburtsnamen oder den falschen Pronomina angesprochen (misgegendert) zu werden ist eine herbe Verletzung. Sie werden von unangenehmen körperlichen Ereignissen heimgesucht, die sie oft wieder in die Krise stürzen: So bekommt Chase Ross auch nach jahrzehntelanger Testosterontherapie gelegentlich noch seine Periode.

Man kann nicht wirklich sagen, dass sie als das andere Geschlecht »durchgehen«. Es ist daher schwer vorstellbar, dass sie sich in einer Welt, die nicht überwiegend transgender ist, je wohlfühlen werden. Sie sind viel kleiner als normale Männer, haben zarte Hände und schlankere Gesichter und scheinen nahezu prädestiniert zu sein, Blicke von anderen auf sich zu ziehen, ob sie das nun wollen oder nicht. Da die allerwenigsten bis hin zu einer Phalloplastik (Penisaufbau) gehen, ohne die sie nie das primäre Geschlechtsmerkmal eines Mannes erreichen werden, wird die männliche Identität der mit Abstand meisten vermutlich immer fragil bleiben. Ein kurzer Gang zum Pissoir – und das Kartenhaus gerät ins Wanken.

Hinzu kommt die Fangemeinde der Influencer – alles Teenager, ein bekanntlich wankelmütiges und launisches Völkchen. Heute schenken sie ihnen ihre volle Aufmerksamkeit, könnten morgen aber schon wieder das Interesse verloren haben. Die Gurus wollen einen Glauben machen, dass sie ein erfülltes, glückliches Leben führen und nicht nur damit beschäftigt sind, trans zu sein – doch daran bestehen erhebliche Zweifel.

Wie der Frau-zu-Mann-Teenieschwarm Wes Tucker entschuldigen sie sich manchmal bei ihren Fans, dass sie depressionsbedingt eine Weile lang keine Videos machen konnten,[107] und teilen jede private Krise mit Hunderttausenden von Zuschauern. Die Schutzräume, die sie sich im Internet geschaffen haben, scheinen auf Sand gebaut zu sein und sind stets in Gefahr, von den Gezeiten des öffentlichen Interesses oder der nächsten psychischen Krise weggespült zu werden.

Sie scheinen sich tatsächlich gegenseitig zu unterstützen und zu ermutigen, haben einen echten Sinn für Gemeinschaft und predigen Liebe und Akzeptanz. Wie Glitzerstaub verleihen sie dem Leben Freude und Spaß, ohne die Mühsal einer echten Beziehung einzugehen.

Ihre Bekenntnisvideos werden im Schulunterricht vorgeführt, angeblich um Toleranz für LGBTQ-Themen zu fördern, und YouTube setzt sie automatisch auf die Vorschlagsliste, wenn der Google-Algorithmus es so will.

Hast du dich jemals anders gefühlt, unwohl oder ängstlich – so, als gehörtest du nicht dazu? »Betrachte dich als zu Hause / Betrachte dich als Teil der Familie / Wir haben dich aufgenommen / Es ist klar, dass wir miteinander auskommen werden.«

Die Schulen

Im Juni 2019 traf sich die politische Führung des kalifornischen Lehrerverbands CTA im Westin Bonaventure Hotel in Los Angeles.[108] Auf der Tagesordnung der vierteljährlichen Sitzung standen mehrere Routinepunkte wie die Wahl der Ausschussmitglieder und die Bemühungen der städtischen Lehrer, die konkurrierenden Privatschulen im Auge zu behalten. Doch die Delegierten hatten noch über den neuen Artikel #6/19-12 abzustimmen, der »sofortiges Handeln« erforderte. Es handelte sich um einen Antrag, nach dem es minderjährigen Schülern, die sich als Transgender bezeichnen, gestattet sein sollte, während der Unterrichtszeit das Schulgelände zu verlassen, um sich ohne Einwilligung der Eltern einer Hormontherapie zu unterziehen.[109]

Die Gründe für diesen Antrag waren ganz einfach: Die Gesetze des Bundesstaates Kalifornien erlauben es bereits »Cis-Minderjährigen«, das Schulgelände zu verlassen, um »ohne Einwilligung der Eltern Hormone (sprich: die Antibabypille) zu erhalten«.[110] Daher sollten Transschüler ebenfalls das Recht haben, das Schulgelände zu verlassen, um *ihre* Hormone zu erhalten. Der Antrag wurde von einer Mehrheit des Ausschusses verabschiedet. Der CTA würde damit beginnen, eine Politik zu verfolgen, die es Schülern ab dem 12. Lebensjahr erlaubt, vor die Tür zu gehen, um in den Genuss einer Hormontherapie zur Geschlechtsumwandlung zu kommen.

Als wäre das nicht extrem genug, ging das Civil Rights in Education Subcommittee (Bürgerrechts-Erziehungsunterausschuss) des CTA im Januar 2020 noch einen Schritt weiter und beantragte die Einrichtung von Schulkliniken, die »cisgender, transgender und nonbinären Jugendlichen gleichen und *vertraulichen Zugang* zu einer Bandbreite physischer, psychischer und verhaltenstherapeutischer medizinischer Maßnahmen« bieten würden (Hervorhebung hinzugefügt).[111] Bevor diese Politik in Kraft treten kann, sind zwar noch weitere Abstimmungen erforderlich, doch mit etwas Glück werden die minderjährigen Schüler in Kalifornien, die sich geschlechtsverändernde Hormone wünschen, diese nicht nur ohne das Wissen oder die Erlaubnis der Eltern erhalten können, sondern auch ohne das Schulgelände zu verlassen.

Jetzt denken Sie vielleicht: »Das ist sicher nur das Werk einer außer Kontrolle geratenen Lehrergewerkschaft.« Oder sagen sich: »Typisch Kalifornien. Vor lauter Sonnenstich und Chablis machen kalifornische Lehrer vermutlich alles, damit sie nicht arbeiten müssen.« Das habe ich auch gedacht.

Doch je mehr ich mich mit der Genderindoktrinierung, der Radikalisierung der Lehrerverbände und deren engen Verbindungen zu radikalen Aktivisten an unseren Schulen beschäftigte, desto mehr wurde mir klar, dass diese Entwicklung unvermeidlich ist. Sie ist die logische Fortsetzung aller Gesetze, Vorschriften und radikalen Lehrpläne, die in Kalifornien bereits gelten und sich von dort aus im ganzen Land ausbreiten.

Erzieher, Aktivisten und Gesetzgeber nehmen Kalifornien zum Vorbild. Staatliche Schulen in New York, New Jersey, Colorado, Illinois, Nord-Virginia und Oregon haben ähnlich radikale Genderbestimmungen und -lehrpläne verabschiedet. Ganz zu schweigen von den elitären Privatschulen, die sich ja einer avantgardistischen Pädagogik verschrieben haben.

Die Lehrer

In Sachen Genderidentität und sexueller Orientierung bietet Kalifornien die umfassendste Erziehung in allen US-Bundesstaaten. Sie ist für alle Schüler von der ersten bis zur zwölften Klasse ohne Mitspracherecht der Eltern verpflichtend.[112] Dies wurde durch einen geschickten Kniff ermöglicht. Zwar erlaubt das Gesetz in Kalifornien Eltern ausdrücklich, ihre Kinder von der Sexualkundeerziehung zu befreien,[113] doch das kalifornische Parlament hat alle Materialien zu »Genderidentität und Genderausdruck« sowie »sexueller Orientierung« vom Befreiungsrecht der Eltern ausgenommen. Solche Unterrichtsthemen seien unverzichtbar, behaupten die Lehrer, um Diskriminierung, Belästigung und Mobbing vorzubeugen.[114] Das heißt, um homosexuelle und transgender Jugendliche vor Diskriminierung zu schützen, sei es nötig, dass die gesamte Schülerschaft eine Aufklärung in Sachen Transgender und sexueller Orientierung erhalte.

Judy Chiasson weiß alles über moderne Genderaufklärung. Sie ist als Direktorin für »Menschenrechte, Vielfalt und Gleichstellung« im Schulbezirk Los Angeles – mit 600 000 Schülern in 1200 Schulen der zweitgrößte in den USA – für alle Erziehungsmaßnahmen hinsichtlich Genderidentität und sexueller Orientierung zuständig.

Als sie mir auf eine Anfrage antwortete, verriet mir die Anrede sofort, dass ich es hier mit einer eingefleischten Genderideologin zu tun hatte: »Sehr geehrtx Herr/Frau Shrier« begann sie nämlich ihre E-Mail.

Ich musste zweimal hinsehen, doch das »x« blieb unverändert. Es war kein Tippfehler. Gemäß ihrer E-Mail-Signatur sind ihre eigenen Pronomina »sie/ihr«.

»Die Rolle der Schulen hat sich geändert«, sagte sie mir am Telefon. »Theoretisch sind wir eine Bildungseinrichtung, klar? Lesen, schreiben und rechnen. Das ist streng genommen unsere Aufgabe.« Das klang zunächst beruhigend. »Aber Schulen sind heute viel mehr als das. Sie sind zu einer Drehscheibe für soziale Dienste geworden, wo man sich ganzheitlicher mit den emotionalen Problemen der Kinder befasst«, fuhr sie fort. »Wir sehen die Schulen als Motor der sozialen Gerechtigkeit. Unsere Rolle expandiert immer weiter. Unser Engagement wird immer größer.«

Die Bandbreite an Dienstleistungen und Unterstützung, die Schulen in Kalifornien bieten, ist in der Tat beeindruckend: drei Mahlzeiten am Tag, Rucksäcke voller Kleidung, kostenlose ärztliche und zahnärztliche Versorgung auf dem Schulgelände. Es ist nachvollziehbar, dass staatliche Schulen, die sich solche Aufgaben anmaßen, sich für Erziehungsberechtigte halten, selbst in Bezug auf Angelegenheiten, die den Wünschen und Werten der biologischen Eltern zuwiderlaufen.

»Ich glaube, die Gesellschaft erwartet, dass Schulen viele dieser sozialen Themen angehen, weil sie Zugang zu den Kindern haben«, führte Judy Chiasson weiter aus und nannte Schulgewalt und Amokläufe als zwei Beispiele. »Zwar wollen wir die Familien nicht ersetzen, doch die Schulen übernehmen bewusst immer mehr Aufgaben, die früher den Familien oder der Gesellschaft vorbehalten waren.«

Viele Erzieher halten die Erziehung, die Kindern von ihren Eltern in den Bereichen Gender und sexuelle Orientierung zuteil wird, für hoffnungslos unzulänglich. Deshalb wollen sie die Lücke schließen und diese Familien ins 21. Jahrhundert zerren. LGBTQ-Schüler müssen »Lehrer und Eltern haben, die kein Problem haben mit dem – ja, sprich es aus: Schwulsein. Brüll es raus: ›Ich bin schwul!‹ Auf eine positive Weise, wissen Sie«, sagte Dr. Chiasson. »Sie müssen über Transgenderthemen reden können, über Gendervielfalt. Über ihren Transgenderonkel. Das muss einfach zu unseren täglichen Gesprächen gehören. Genau das brauchen sie. Und dazu gehört auch, dass, wenn dies geschieht, Eltern die Schule anrufen und sich bedanken.«

Allzu oft würden Lehrer zögern, Kinder über sexuelle Orientierung und Genderidentität aufzuklären, weil sie Angst vor dem Protest der Eltern haben, so Dr. Chiasson. Das ist für sie ein Problem. »Viele Lehrer haben Vorbehalte, LGBTQ-Themen im Unterricht anzusprechen, weil sie Angst vor den Einwänden der Eltern haben. Und tatsächlich beschweren sich viele Eltern, damit Schwierigkeiten haben«, so Chiasson. »Ja es stimmt, wir stehen im Dienst der Gesellschaft, aber genau deshalb müssen wir bei manchen Themen eine Vorreiterrolle übernehmen.«

Der Unterricht

Es gab schon immer Frauen, die Barrieren überwanden und männliche Domänen erobert haben und die heute vermutlich als »genderunangepasst« gelten würden: Jeanne d'Arc, Katharina die Große, George Eliot, George Sand, Sally Ride. Doch keine dieser Frauen empfand sich weniger als Frau, nur weil sie traditionelle Männerrollen übernommen hatte. Keine von ihnen behauptete, eigentlich ein Mann zu sein.

Diese Frauen wären erstaunt, wenn sie erführen, dass heutigen Schulkindern beigebracht wird, sie genau so zu sehen: vielleicht weiblich, aber eben nicht so *ganz*.[115] Ein bisschen mehr auf der männlichen Seite. Oder irgendwo dazwischen.

LGBTQ-Geschichtsunterricht ist in Kalifornien, New Jersey, Colorado und Illinois bereits eine Gesetzespflicht. In der Praxis bedeutet dies, dass Geschichtsbücher und Lehrpläne umgeschrieben und Menschen wie die Astronautin Sally Ride geoutet werden, die die Tatsache geheim hielt, dass sie lesbisch war – vielleicht, weil sie nicht so in Erinnerung bleiben wollte. Sie scheint es für wichtiger gehalten zu haben, die erste Frau im Weltraum zu sein. Doch nicht nur sie, andere Geschichtsikonen riskieren ebenfalls, einer »Totentaufe« unterzogen zu werden – mit der Chance, als nonbinär, genderqueer oder trans wiederaufzutauchen.

Während vordergründig so die sexuelle Identitätspolitik gefeiert wird, werden hinterrücks Frauen ihrer besonderen Leistungen beraubt. Denn je außergewöhnlicher eine Frau war, je mehr unsichtbare Hürden sie überwunden hatte, desto mehr wird sie als »genderunangepasst« dargestellt. In diesem perversen Schema zählt eine Frau per Definition umso weniger als Frau, je beeindruckender sie ist.

In Kindergärten in ganz Amerika wird den Vorschülern beigebracht, dass das biologische Geschlecht und die sexuelle Identität oft nicht miteinander übereinstimmen und dass das eine mit dem anderen nichts zu tun hat. Bei manchen Leuten deckt sich die sexuelle Identität mit dem Geschlecht, das ihnen bei der Geburt zugewiesen wurde: Man nennt sie »cisgender«, was »diesseits des Geschlechts« bedeutet und das definitorische Gegenteil von »transgender« – »jenseits des Geschlechts« – ist.[116] Angesichts des reichhaltigen Buffets an Genderidentitäten, aus dem man wählen kann, ist es schwer vorstellbar, dass nicht jeder zumindest irgendetwas ein bisschen ist.

Mädchen, die gerne Mathe oder Sport machen oder sehr logisch denken, Jungs, die gerne singen, malen oder schauspielern, gelten heute alle als »gender-nonkonform«. Sie mögen als »Mädchen mit mathematischer Begabung« oder als »Junge mit Gesangstalent« in die Schule gekommen sein, verlassen sie aber als »Person, deren Verhalten oder Genderausdruck nicht dem entspricht, was allgemein als typisch für das ihr bei der Geburt zugewiesene Geschlecht betrachtet wird.«[117]

Jemand, der »mit den kulturell allgemein üblichen und zu erwartenden Genderdefinitionen bricht, unter anderem bezüglich des Verhaltens, der Identität oder anderer wahrgenommener Gendernormen«, ist heute keine Feministin oder Rebellin mehr, sondern »genderqueer« oder »genderexpansiv«.[118] Indem eine Schülerin sich in Mathematik, Sport oder Physik hervortut, stellt sie zwangsläufig die Geschlechtertrennung infrage.[119] Vielleicht ist sie sogar »genderkritisch«. Aber auf gar keinen Fall ist sie einfach nur »weiblich«.

Die zivilgesellschaftlichen Organisationen ACLU (American Civil Liberties Union, amerikanische Bürgerrechtsunion), Planned Parenthood (Geplante Elternschaft) und das schwul-lesbische Lehrernetzwerk GLSEN liefern in den USA Lehrmaterialien (in Deutschland sind das Bundesfamilienministerium, der Bundesverband Trans sowie die Kultusministerien dafür zuständig, Anm. d. Übers.). Ihre Vertreter besuchen oft Schulen, um dort Vorträge über sexuelle Orientierung und Gender zu halten. Sie bieten Lehrerfortbildungen an, stellen Videos zur Verfügung und betreuen sogar die Gay-Straight Alliance (GSA), eine beliebte außerschulische Schülergruppe.[120]

Denn so wird mittlerweile in Schulen Genderideologie unterrichtet: mit Materialien, Lehrplänen, Rednern und einer Lehrerausbildung der Genderaktivisten.[121] Die Kindergartenkinder lernen mit der »Genderbread Person«[122] und dem Gendereinhorn.[123] Kindergärtner und Kindergärtnerinnen lesen ihnen aus Büchern wie I Am Jazz vor, damit sie lernen, dass sie vielleicht »das Gehirn eines Mädchens im Körper eines Jungen« haben oder umgekehrt.[124]

Schulen, die so etwas unterrichten, geben nie offen zu, dass dies wissenschaftlicher Unsinn ist. Aus biologischer Sicht ergibt es überhaupt keinen Sinn, zu sagen, dass das Gehirn eines Mädchens, von dem jede Zelle XX-Chromosomen in sich trägt, im Körper eines Jungen stecken könnte. Sie erwähnen nie, dass es keine medizinischen oder empirischen Kriterien gibt, um ein biologisches Mädchen als »eigentlichen Junge« zu bezeichnen. Dennoch wird dieser Unsinn genauso bierernst und pedantisch unterrichtet wie die Fakten über die menschliche Fortpflanzung oder Geschlechtskrankheiten.

Stellen Sie sich vor, Impfgegner – die ebenfalls eine Position vertreten, die meilenweit außerhalb des wissenschaftlichen Mainstreams liegt – dürften in Schulen auftreten, den Biologieunterricht mitgestalten, ihre alternative Sicht der Wissenschaft darlegen und bekämen eine Plattform für die Verbindung zwischen Autismus und Impfung geboten. Man kann sich gut vorstellen, dass daraufhin immer mehr geimpfte Schüler an sich selbst und anderen Symptome des Autismus feststellen würden: mangelnde Empathie, Fixierung auf bestimmte Themen, Fehldeutung menschlicher Zwischentöne, repetitive Bewegungsmuster und einen Hang zur Selbstverletzung. Man würde sich nicht wundern, wenn solche Schüler die Impfkritik als »Wissenschaft«

akzeptieren würden und der vermeintlichen Verschwörung der Schulmedizin immer feindlicher gegenüberstehen würden.

Es gibt Unmengen Genderliteratur. Ich liste hier ein paar Beispiele aus allen Jahrgangsstufen auf. Sie steckt voller ideologischer Indoktrinierung und leiser Verführung: Wo siehst *du* dich innerhalb des Genderspektrums? Woher weißt du das? Bist du dir *sicher*?

Kindergarten und Grundschule

Was bringt man Kindergartenkindern über Genderidentität bei? Beginnen Sie damit, Vorschulkinder mit Geschlechterstereotypen vertraut zu machen. »Wir diskutieren das Thema Gender mit Kindergartenkindern«, so die kalifornische Schulbehörde, »indem wir Stereotypen erkunden und offene Fragen stellen wie etwa ›Was sind die Lieblingsbeschäftigungen, -farben, -spielzeuge von Jungen und Mädchen?‹«[125]

Es kann gut sein, dass ein kleines Mädchen im Kindergarten zum ersten Mal davon hört. Vielleicht haben ihr ihre Generation-X-Eltern nie erzählt, dass früher mal ausschließlich Jungs Sport gemacht haben, oder dass die bildende Kunst, die jahrhundertelang Männern vorbehalten war, irgendwann einmal eine Mädchendomäne wurde. Doch Genderideologen werden sie wissen lassen, dass Dinge wie Mathe und Sport für Jungen sind. Sie müssen diese Genderstereotypen lernen, denn ohne diese ergibt das ganze Gerede von »Genderidentität« keinen Sinn. Wenn ein Junge feststellt, dass er genauso gerne tanzt und malt, wie es Mädchen tun, wird er feststellen, dass er »kein wirklicher« Junge ist.

Die kalifornische Schuldbehörde stellt in ihrer virtuellen Bibliothek ein Buch zur Verfügung, das Kindergärtnerinnen ihren Schützlingen vorlesen können: *Who Are You? The Kids' Guide to Gender Identity* (»Wer bist du? Kinderhandbuch der Genderidentitäten«) von Brook Pessin-Whedbee.[126] Die Autorin beginnt mit einer bekannten Hintergrundgeschichte: »Babys können nicht reden. Deshalb gucken Erwachsene ihre Körper an und erraten ihr Geschlecht. So wird dir bei Geburt ein Geschlecht zugewiesen: Junge oder Mädchen.«[127]

Brook Pessin-Whedbee umfasst die ganze Bandbreite typischer Gendererziehung im Kindergarten. *Who are you?* bietet Kindern eine Fülle an Genderidentitäten (»Hier sind nur ein Paar Namen, die die Menschen benutzen: trans, genderqueer, nonbinär, genderfluid, transgender, genderneutral, genderlos, neutral, zweigeschlechtlich, drittes Geschlecht, Two-Spirit …«). So wie Kinder früher gelernt haben, Bundesstaaten und ihre Hauptstädte herunterzurattern, hören sie die Gendertaxonomie heute so oft, dass sie diese schließlich auswendig kennen. Während die Genderideologen darauf bestehen, nur eine objektive Übersicht der Genderidentitäten zu geben, kann man schwerlich ihre insgeheime Hoffnung übersehen, dass sich die Kinder eine spannende »genderkreative«[128] Identität aussuchen werden.

Die Lehrerin Lindsay Amer identifiziert sich als »queer« – also außerhalb des traditionellen binären Genderspektrums. Amer besucht oft Schulen, spielt dann Ukulele und singt ein Lied, das sie für die Kindergartenkinder geschrieben hat: »Es ist okay, schwul zu sein. Wir sind alle unterschiedlich, auf vielfache Weise. Ob du ein Junge, ein Mädchen oder irgendetwas dazwischen bist. Wir gehören alle zu einer großen Familie. ›Schwul‹ bedeutet glücklich.«

Ihrer Ansicht nach müssen Kinder im Vorschulalter über Gender unterrichtet werden, weil sie in dieser Phase ihre Identität entwickeln. Sie beobachten die Welt um sich herum und verarbeiten und verinnerlichen diese Informationen.[129] Kinder brauchen also den richtigen Wortschatz, der es ihnen erlaubt, ihren Platz im Genderspektrum zu finden.

»Schools in Transition« (Schulen im Übergang) ist vielleicht die am häufigsten genutzte Erziehungsrichtlinie für den Umgang mit Transgenderkindern in öffentlichen Schulen: »Wir müssen unbedingt zur Kenntnis nehmen, dass Transgenderschüler nicht die Einzigen sind, die in der Schule vom Genderthema tangiert sind. In der schulischen

Umgebung werden Genderstereotypen auf mannigfaltige Weise unterstrichen und hindern alle Jugendlichen daran, ihr volles Potenzial zu erreichen.«[130] Niemand scheint zu bemerken, dass zumindest einer der Gründe, warum Geschlechterstereotypen in der Schule verstärkt werden, darin liegt, dass Pädagogen sie aktiv vermitteln.

Letztlich predigt *Who are you?* den Grundsatz der Genderideologie, dass die Gefühle eines Kindes ein untrüglicher Beweis für dessen Genderidentität sind:»Du bist, was du sein willst. DU weißt es am besten«, säuselt das Buch. Es ist wirklich eine tolle Sache, kleinen Kindern zu sagen, dass sie es am besten wissen. Eltern müssen auf ihre Kinder *hören*, heißt es in dem Buch, aber in Wirklichkeit scheint es zu bedeuten, dass die Eltern ihnen *zustimmen* müssen.

In einem TED-Talk erklärt Amer:»Ich mache queere Medien für Kinder, denn ich wünschte, ich hätte so was in ihrem Alter gehabt. Ich mache sie, damit andere nicht das Gleiche durchmachen müssen wie ich: Ich habe meine Identität nicht verstanden, weil ich nicht erfahren habe, wer ich sein könnte.«

Die Mittelstufe

Positive Prevention PLUS liefert die renommiertesten Gesundheitslehrpläne für Schulen mit Genderidentitätsunterricht. Der Mittelstufenlehrplan empfiehlt den Lehrern, ihre Schüler dazu anzuregen, sich »eine andere geschlechtsspezifische Aktivität vorzustellen«.[131] Sie bekommen die Anweisung:»Lassen Sie die Schüler aufstehen, sich zweimal umdrehen und wieder hinsetzen. Sagen Sie ihnen dann:›Stellt euch vor, ihr hättet ein anderes Geschlecht.‹ Wenn die Schüler nicht darauf eingehen, soll der Lehrer nachhaken:»Stellen Sie die Frage:›Was wäre in deinem Leben anders, wenn du ein anderes Geschlecht hättest?‹ Schreiben Sie die Antworten an die Tafel und fragen dann:›Wie würde es sich anfühlen, ein anderes Geschlecht zu haben? Was würde dir daran gefallen? Was würde sich in deinem Leben nicht ändern, wenn du ein anderes Geschlecht hättest?‹«[132]

Die Betonung liegt immer wieder darauf, sich die Schuhe einer genderkritischen Person anzuziehen. Bist du *wirklich* ein Mädchen? Bist du *ganz* sicher?

Wie das Schulvideo *Trans für Anfänger* sagt: »Ein Teenager zu sein kann schwer sein. Das stimmt. Es ist noch schwerer, wenn du kein mädchenhaftes Mädchen bist. Oder eine Sportskanone. Oder so ziemlich alles, was aus der Reihe fällt. Stell dir also vor, du wärst ein Junge, dem alle sagen, dass er ein Mädchen ist. Oder dass du weder noch bist. Oder ein bisschen von beidem.«

Die einzige Regel scheint zu sein, Sexualdimorphismus grundsätzlich abzulehnen. Lehrer stellen den Schülern eine Reihe von Optionen für das Geschlecht und sexuelle Identität vor und scheinen sich zu freuen, wenn ein Kind eine kluge Entscheidung trifft (das heißt alles außer Cis-Gender). Die Einzigen, die außen vor bleiben, sind die Eltern.

C. Scott Miller ist Lehrer in der fünften Jahrgangsstufe und LGBTQ-Vertreter im Kalifornischen Lehrerverband. »Natürlich wollen die Eltern ein Mitspracherecht haben«, erklärte er mir, »aber wichtiger ist, dass sie sich an dem Prozess beteiligen. Je mehr sie sich mit ihren Kindern beschäftigen, desto mehr wissen sie, was mit ihnen los ist. Es ist nicht Aufgabe der Schule, bei den Eltern anzurufen und ein Kind zu outen. Daheim ist die Gay Pride Parade wahrscheinlich nicht gerade angesagt, und das häusliche Umfeld kann sehr unsicher sein, voller Fehlinformation und Wut. Das ist einfach kein sicherer Ort für so ein Kind.«

Die Oberstufe

Die Oberstufenversionen der drei renommiertesten Gesundheitslehrpläne[133] zu den Themen Gender, Identität und sexuelle Orientierung sind derart obszön, provokant und radikal, dass ich mich fragen musste, ob sie die Teenager zum Orgasmus bringen wollten oder völlig vom Sex abbringen. Der Analsex wird hier derart häufig propagiert, dass man meinen könnte, die Autoren hätten ihn erfunden. In den Begleitmaterialien werden auch Fisting und orale Analstimulation behandelt – und dabei wird um den heißen Brei nicht herumgeredet. Keine Körperöffnung wird ausgelassen.

Was ist die kumulative Wirkung dieser ganzen LGBTQ-Aufklärung? »Ich glaube, es normalisiert uns«, so Dr. Chiasson, die sich offenbar dazurechnet. Vermutlich hat sie recht. Vermutlich werden homosexuelle Schüler heute seltener ihrer sexuellen Orientierung wegen gemobbt oder ausgegrenzt.

Aber diese Dauerbeschallung mit sexueller Aufklärung hat auch noch einen weiteren Effekt, nämlich den, dass Jugendliche ermuntert werden, sich obsessiv mit ihren Genderidentitäten und sexuellen Orientierungen zu beschäftigen. Schüler werden ermutigt, ständig vor verräterischen Gefühlen oder Impulsen auf der Hut zu sein, die vielleicht darauf hindeuten könnten, dass sie »gender-fluid«, »genderqueer«, »asexuell« oder »nonbinär« sein könnten. Es führt zu einer Lagerbildung »wir gegen die«, einer imaginären Unterteilung in all jene, die vollkommen an eingebildete, übertriebene Genderstereotypen angepasst sind, und all die anderen. In die aufgeklärte, unerschrockene Jugend – die unterschiedliche Genderidentitäten und sexuelle Orientierungen feiert und akzeptiert – und die engstirnigen, voreingenommen Alten, die das angeblich nicht tun.

Die Programme so vieler Schulen betonen, dass LGBTQ-Schüler nicht nur fair und gerecht behandelt werden, sondern für ihren außergewöhnlichen Mut gefeiert und verehrt werden müssen. Diese ganzjährige Gay Pride Parade beginnt im Oktober mit dem »Coming-Out-Tag«, dem »International Pronouns Day« (dem Internationalen Tag der Pronomina) und dem »LGBTQ History Month« (LGBTQ-Geschichtsmonat).

Im November folgt die »Transgender Awareness Week« (Transgender-Bewusstseinswoche), die mit dem »Transgender Day of Remembrance« (Transgender-Gedenktag) endet, einem Trauertag für Transgenderpersonen, die aufgrund ihrer Identität umgebracht wurden.

Der März ist der »Transgender Visibility Month« (Transgender-Sicht-barkeitsmonat). Im April gibt es den »Day of Silence/Day of Action« (Schweigetag/Aktionstag), um für Mobbing und Belästigung von LGBTQ-Schülern zu sensibilisieren. Im Mai folgt der »Harvey Milk Day«, der nach dem prominenten kalifornischen Schwulenaktivisten benannt wurde. Und Juni ist natürlich »Pride Month«: 30 Tage, die LGBTQ-Feierlichkeiten und dem Anprangern von LGBTQ-Feind-lichkeit gewidmet sind.

Ich habe mich mit einer Mutter namens Faith unterhalten, deren sehr kluge Tochter in der siebten Klasse Schwierigkeiten hatte, sich anzu-passen. Der »Pride Month« war eine intensive und verwirrende Zeit für ihre Tochter. »Sie geht in die Schule, und da gibt es den ganzen Juni über diese fantastischen Gay-Pride-Feierlichkeiten. Es ist toll, das macht Spaß ... doch als man begann, alle Lehrer auszuschließen, die keinen Regenbogensticker trugen, wurde es ein bisschen seltsam.«

Zuerst fand Faith die Feierlichkeiten toll. Sie war selbst oft bei Gay-Pride-Veranstaltungen gewesen. Doch dann fiel ihr auf, dass ihre Tochter sich auf übertriebene Weise in den Regenbogenrausch warf. »Es gab ein Fest, und an einem Stand haben sie alle mit Regenbogen-fahnen bemalt.« In der siebten Klasse lief also ihre Tochter einen gan-zen Tag lang mit einer Regenbogenfahne auf dem Körper herum.

Am Ende der siebten Klasse kam ihre Tochter zu dem Schluss, sie sei »asexuell« und dann »trans«. Sie hatte noch nie einen Jungen geküsst oder ihre Tage gehabt. Die neue Identität gab ihr jedoch einen Sinn und eine Clique, zu der sie gehören konnte. »Ihre Freunde sind alle bisexuell«, sagte mir ihre Mutter ein Jahr nach diesem Outing. »In ihrer gesamten Clique gibt es nur ein heterosexuelles Mädchen. Alle andern sind lesbisch oder bisexuell. Und meine Tochter musste noch eine Schippe drauflegen und beschloss, ›trans‹ zu sein.«

Eine andere Mutter namens Angela, die ihre Tochter in Nord Virginia auf die öffentliche Schule schickt, erzählte mir genau dasselbe. Alle Freunde ihrer Tochter identifizierten sich als transgender, lesbisch, schwul oder bisexuell. »Ich glaube, es ist meiner Tochter und vielen anderen dieser Jugendlichen sehr wichtig, Teil dieser LGBTQ-Blase zu sein. Dabei ist es wohl nicht einmal wichtig, was man genau ist, sondern entscheidend ist, Teil der Blase zu sein. Es geht um die Gruppenzugehörigkeit, und darauf sind sie stolz.«

Sie wollen dazugehören und zur Party eingeladen werden. Sie wollen die rebellischen Teenager in *Footloose* sein und keine Prediger mit erhobenem Zeigefinger. Sie wollen coole Rebellen wie in dem Film *The Breakfast Club* sein und nicht der spießige Direktor, der es einfach nicht checkt. Sie wollen ein Verbündeter sein, kein Feind.

Die Auswirkung dieser Erziehung zur Geschlechtsidentität auf Jugendliche

Ich möchte klarstellen, dass ich nicht glaube, dass Gendererziehung in den Schulen der primäre und ursächliche Antrieb der jugendlichen Transgenderidentifikation ist. Allen Vertretern meiner Generation und Älteren gegenüber, die vielleicht denken, kein Jugendlicher würde sich freiwillig ein Transgenderleben aussuchen, wenn er nicht ernsthaft und akut an Genderdysphorie leiden, möchte ich einschränkend sagen: kein Jugendlicher *unserer* Generation.

Wir sind anders aufgewachsen. Wir haben nicht die schmerzhafte Isolation heutiger Teenager erlebt. Wir haben unsere Netzhaut nicht während einer verwirrenden Lebensphase mit YouTube-Transgenderpropaganda durchtränkt. Und wir sind nicht auf die heutigen Schulen gegangen, die teilweise von der ersten bis zur zwölften Klasse eine Genderindoktrinierung anbieten, die so radikal und allgegenwärtig ist, dass es kaum verwundert, dass so viele Kinder Teil der LGBTQ-Blase sein wollen.

Die Schulen zwingen die Kinder zwar nicht, sich als Transgender zu identifizieren, aber sie machen es ihnen so leicht wie möglich. Der LGBTQ-Schutzraum, den sie ihnen anbieten, ist hipp und trendy, automatisch moralisch überlegen und durch einen Kokon aus Freiheitsrechten geschützt. Lehrer, die Genderideologie unterrichten, verwandeln die Kinder nicht in Transgender, füllen aber deren Köpfe mit Genderoptionen und -ideologie. Wenn die Jugendlichen dann in eine Krise geraten, fällt ihnen sofort die heroische Lösung ein.

Die Rechtfertigung: Anti-Mobbing

Wie ist es Pädagogen und Aktivisten gelungen, eine so radikale Sichtweise auf das Genderthema in den Schulen zu etablieren? Wie so viele erfolgreiche Verkäufe wurde auch dieser durch eine unwiderstehliche Aufmachung begünstigt: Anti-Mobbing. Der Appell an einen moralischen Imperativ und zugleich an die extreme Sorge der Generation-X-Eltern um die körperliche Sicherheit ihrer Kinder war kaum zu überhören. All diese Aufklärung über die sexuelle Orientierung und Geschlechtsidentität war notwendig, behaupten die Pädagogen, um Mobbing, Belästigung und akutes psychologisches Leid von LGBTQ-Kindern zu verhindern.

»Stereotype Gendererwartungen bereits im Kindergarten zu entkräften ist das Fundament einer toleranten, inklusiven, mobbingfreien Schulumgebung«,[134] beteuert der kalifornische Lehrerverband. »Beim Mobbing stehen oft unangepasste Genderrollen und -erscheinungsbilder im Fokus. Wenn die Schüler früh lernen, die Unterschiede und Besonderheiten anderer zu akzeptieren, lernen sie auch, Mobbing zu erkennen und zu verhindern.«[135]

Erzieher wissen heute alles über die schrecklichen Fälle von Mobbing gegen LGBTQ-Schüler und wie die Schulen früher darin versagt haben, diese zu schützen. Einer der bekanntesten und skandalösesten Fälle war der des Mittelschülers Jamie Nabozny in Ashland, Wisconsin, 1996.[136]

Nabozny wurde in der Mittel- und Oberstufe gnadenlos gehänselt, gemobbt und von »Schwuchtel« bis »Schwanzlutscher« mit so ziemlich jeder schwulenfeindlichen Beleidigung bedacht, die man sich vorstellen kann. Man hat ihn verprügelt, erniedrigt und auf ihn uriniert, nur weil er homosexuell war. Wie die anderen Schüler ihn behandelt haben, war schrecklich, tragisch und gnadenlos. Seine Peergroup scheint sich einvernehmlich in eine Art »Gemeinschaftsfaust« verwandelt zu haben, die nur dazu da war, ihn zu verprügeln.

Noch schlimmer als die Grausamkeit seiner Mitschüler aber war die borniert Gleichgültigkeit der Lehrer und der Schulleitung, die er vergeblich um Hilfe angefleht hatte. Mit jedem Jahr verschlimmerte sich seine Folter, und mit jedem Jahr versagte die Schulverwaltung erneut. Einmal drückten ihn männliche Mitschüler zu Boden und stellten eine Vergewaltigung nach, während sich alle anderen Umstehenden kaputtlachten. Nabozny meldete den Vorfall dem Schuldirektor. Die Antwort: Wenn er so offen homosexuell sein müsse, dann müsse er eben auch mit einer solchen Behandlung seitens seiner Mitschüler rechnen. Am Ende der achten Klasse dann versuchte Nabozny, sich umzubringen.

Als er das Erwachsenenalter erreicht hatte, verklagte Nabozny seinen Schulbezirk wegen unterlassener Hilfeleistung. In der zweiten Instanz entschied das Gericht, die Untätigkeit des Schulbezirks angesichts Naboznys wiederholter Hilferufe sei ein Verstoß gegen sein verfassungsmäßiges Recht auf Gleichbehandlung unter dem 14. Verfassungszusatz gewesen.

Man muss jedoch nicht den Fall Jamie Nabozny bemühen, um zu verstehen, dass LGBTQ-Schüler ohne ein tolerantes und wachsames schulisches Umfeld Hänseleien und Mobbing ausgesetzt sein können. Transgenderschüler sind zweifellos eine ganz besonders vulnerable Gruppe, die unter höheren Selbstmord- und Depressionsraten leidet und öfters gemobbt wird als Jugendliche, die nichts trans sind. Ein Bericht der amerikanischen Gesundheitsbehörde CDC aus dem Jahr 2019 bestätigt die naheliegende Vermutung, dass Transgender-Oberstufenschüler häufiger unter Gewalt und Selbstverletzung leiden.[137] Studien von Aktivistengruppen wie GLSEN kommen zum demselben Ergebnis.[138]

Ich bin überzeugt, dass die Gesetzgeber, die die Anti-Mobbing-Gesetze verabschieden, sowie die Erzieher und Schulverwalter, die die

Genderidentitätserziehung und Sexualaufklärung in der Schule verordnen, sich ernsthafte Sorgen um das Wohl von LGBTQ Schülern machen – so wie jeder anständige Mensch auch. Wenn jedoch eine Problemlösung so weit über das Ziel hinausschießt, deutet dies darauf hin, dass es dem Problemlöser vielleicht nicht nur um die Lösung des Problems geht.

In diesem Sinne ist der Großteil des Unterrichts in Gender, Identität und sexueller Orientierung, der mit dem unermüdlichen Eifer eines Predigers vorgetragen wird, nur ein Vorwand für ein anderes Ziel. Es gibt einfach keinen guten Grund, Schüler dazu zu bringen, sich als homosexuell, transgender oder pansexuell vorzustellen. Es gibt keine überzeugenden Argumente dafür, weshalb Schüler sich vorstellen sollten, wie sich ein Junge im Körper eines Mädchens oder ein Mädchen im Körper eines Jungen fühlt. Es gibt keinerlei Veranlassung, Schülern beizubringen, wie einer der renommiertesten Unterrichtsleitfäden schreibt: »Der Ausdruck einer Transgenderidentität ist genauso wie jede andere Form genderexpansiven Verhaltens auch ein gesunder, angebrachter und normaler Aspekt der menschlichen Entwicklung.«[139]

Eigentlich hat man von Schülern nur zu erwarten, dass sie höflich, freundlich und anständig mit ihren Mitschülern umgehen. Haltet euch an die Goldene Regel. Bietet Mobbern die Stirn. Niemand sollte wegen physischer, religiöser, sexueller oder anderweitiger Andersartigkeit diskriminiert werden. Wer sich daran nicht hält, muss streng bestraft werden.

Der Maßstab, an den man sich halten sollte, ist ganz einfach die Frage, wie Mobbing in jedem anderen Kontext gehandhabt werden würde. Wenn zum Beispiel ein thailändisches Mädchen gemobbt würde, weil sie mit Panang und Pluderhose gekleidet in die Schule gekommen ist, würde die Schule vermutlich nicht alle Schüler zwingen, die traditionelle Wai-Begrüßung mit aneinandergelegten Händen zu lernen. Oder die Geschichte von König Rama IX. zu lesen. Oder den buddhistischen Glauben zu verinnerlichen, nach dem das Verlangen der Ursprung allen Leidens ist. Die Lehrerin würde einfach sagen: »Hör auf damit, so behandelt man seine Mitschüler nicht. Geh zum Direktor. Du bekommst einen Verweis.« Wenn ein solch beklagenswertes Verhalten dann, wie im Fall von Jamie Nabozny, in tätliche Angriffe ausartet, würde der Schüler vermutlich von der Schule fliegen und angezeigt werden.

Stattdessen wird »Mobbing« aber als Vorwand für die Indoktrinierung mit Genderideologie und das Beharren darauf benutzt, dass Transgenderschüler zur Vorbeugung psychischen Leids »anerkannt« werden müssen. »Die Folgen der Nichtbejahung der Geschlechtsidentität eines Kindes können schwerwiegend sein und seine Fähigkeit beeinträchtigen, gesunde zwischenmenschliche Beziehungen zu entwickeln und zu pflegen«, warnt der Lehrerverband NEA. »Je länger einem Transgenderjugendlichen die nötige Bestätigung verweigert wird, desto ausgeprägter und langwieriger sind die negativen Konsequenzen – unter anderem der Verlust des Interesses an der Schule, eine erhöhte Gefahr von Alkohol- und Drogenmissbrauch sowie eine angeschlagene psychische Gesundheit bis hin zur Selbstmordgefahr.«[140]

Die Bestätigung von transidentifizierten Schülern ist nach Ansicht dieser Pädagogen so wichtig für ihr Wohlergehen und ihre Sicherheit, dass es mittlerweile zur Politik des Lehrerverbandes NEA und vieler staatlicher Schulen (unter anderem in Kalifornien, New York und New Jersey) gehört, die Eltern *nicht* zu informieren, wenn ein Schüler sich in der Schule als trans outet.

Gibt ein Schüler an, dass seine Eltern ihn dabei nicht unterstützen, ist es gut möglich, dass Lehrer und Schulleitung heimlich seinen Namen und seine Pronomina auf allen Schulunterlagen ändern und dabei die Eltern bewusst im Dunkeln lassen.

»Privatsphäre und Vertraulichkeit sind für Transgenderschüler mit unterstützungsresistenten Familien sehr wichtig. Auch unbeabsichtigte Enthüllungen können solche Schüler zu Hause einer potenziellen Gefahr aussetzen. Daher ist es von Bedeutung, dass Schulen proaktiv Fehlern oder Ausrutschern vorbeugen«,[141] so der Lehrerverband National Education Association (NEA).

Der Lehrerverband empfiehlt Schulen die Verwendung eines vertraulichen »Transgender-Unterstützungsplans«, der von der Aktivistengruppe Gender Spectrum geschaffen wurde. Eine der Fragen auf diesem Fragebogen lautet: »Wissen die Erziehungsberechtigten von der Gendertransition ihres Kindes und unterstützen diese? Ja/nein.« Und: »Falls nein: Welche konkreten Schritte ergeben sich daraus für diesen Plan?«

Ich habe Dr. Chiasson gefragt, warum Schulen die Eltern von Kindern, die ihren Namen und ihre Pronomina in der Schule ändern wollen, nicht benachrichtigen sollten. Sie erklärte, dies verstoße gegen die Privatsphäre der Schüler, die im Falle von Schulunterlagen gesetzlich geschützt seien. Doch dann fügte sie hinzu: »Denken Sie nach: Wenn ich Judy statt Judith heißen will, muss ich doch auch nicht meine Eltern fragen.« Es geht die Eltern schlicht und einfach nichts an.

Es gibt Gründe, warum Eltern anders denken könnten. So kann die Bestätigung der »neuen« Geschlechtsidentität eines Kindes dazu führen, dass sich diese im Kopf des Kindes festsetzt. Bei Kindern, die ein Jahr lang mit einem Namen und Pronomen des anderen Geschlechtes angeredet werden, zu Toiletten des anderen Geschlechts Zugang haben und auf Schulreisen Zimmer des anderen Geschlechtes zugewiesen bekommen, nimmt die Verwirrung über ihre Identität möglicherweise zu, und es fällt ihnen schwerer, ihre Meinung eventuell wieder zu ändern.[142] Man sollte meinen, dass dies Aspekte im Leben eines Kindes sind, die die Eltern zu kennen das Recht haben.

C. Scott Miller, Lehrer einer fünften Klasse an einer staatlichen Schule, erklärte mir jedoch, dass die Eltern eben nicht immer bekämen, was sie wollen. »Manchmal kommen Eltern zu mir und sagen, ich möchte aber nicht, dass mein Kind so angeredet wird. Ich sage, das ist schön und gut, aber ihre Erziehungsrolle endet an der Türschwelle der

Schule.« Tatsächlich ergeht es den Eltern an den renommiertesten Privatschulen kaum besser.

Ich habe mit mehreren Eltern aus Manhattan gesprochen, die ihre Kinder auf die teuersten und exklusivsten Privatschulen Amerikas schicken. Ein Elternteil erzählte mir, dass es innerhalb eines Jahres vier Veranstaltungen mit Transgenderrednern in der Klasse ihrer Tochter gegeben habe. Als dann ihre Tochter und deren Freundinnen beschlossen, ebenfalls transgender zu sein, hatten diese Eltern keine Wahl. Sie vereinbarten einen Termin bei der Schulleitung. Der Direktor begrüßte sie mit dem leeren Blick eines niederen Bürokraten, der nur Befehle ausführt, über die er keine Entscheidungsgewalt hat, und sagte: »Unsere erste Pflicht ist es, die Schüler zu beschützen« – und nicht die Eltern.

Wer sind die Mobber?

Damit komme ich zum letzten Punkt, warum ich glaube, dass die Bemühungen gegen Mobbing nur ein Vorwand für Genderidentitätserziehung sind: die immer weiter gefasste Definition dessen, was »Mobbing« und »Sicherheit« der Schüler ausmacht.

Bei Mobbing scheint es inzwischen kaum mehr um physische Angriffe oder auch nur verbale Attacken zu gehen. In den Köpfen dieser Lehrer sind so harmlose Dinge wie die Verwendung der falschen Pronomina – zum Beispiel durch die Eltern, die dieses Kind mit diesem Geschlecht geboren haben – bereits eine »Gefahr für dessen Sicherheit«: »Wird die Genderidentität eines transidentifizierten Schülers im täglichen Leben nicht respektiert und bestätigt, kann ernsthafter psychischer Schaden die Folge sein«, liest man beim NEA.[143]

Am Ende unseres Gesprächs lud mich Dr. Chiasson auf die 2-tägige Fortbildung für Schulleiter zum Umgang mit Transgenderschülern ein, die sie leitete. Doch dann überlegte sie es sich anders und nahm die Einladung zurück. »Sie sind Journalistin, und ich möchte, dass das ein sicherer Raum ist«, sagte sie. Ein »sicherer Raum« für die Schulleiter? Offenbar könnte meine bloße Anwesenheit als Beobachterin ihrer Konferenz ausreichen, um einen Raum voller erwachsener Menschen zu bedrohen.

Laut den Genderideologen gibt es scheinbar endlos viele Arten der Misshandlung, ja, der kalifornische Schulverband spricht sogar von »spiritueller Misshandlung«: »der missbräuchlichen Verwendung von spirituellen oder religiösen Glaubensinhalten, um andere in festgefahrene Genderrollen zu zwingen.«[144] Vielleicht gibt es sogar Schüler, die so etwas sagen wie: »Ich bin Christ und glaube deshalb, dass du ein Junge und nicht ein Mädchen bist, wie du behauptest.« Man kann sich vorstellen, dass ein derart frommer und strenggläubiger Schüler unter den heutigen Bedingungen der Genderideologie wahrscheinlich nicht lange durchhalten würde.

Laut Dr. Chiasson sind LGBTQ-Identitäten für die meisten Schüler heute etwas ganz Normales. »Warum sprechen Sie nicht mit ein paar Hetero-Mittelschülern und -Oberstuflern? Für die meisten ist das gar nichts Besonderes mehr«, erklärte sie. »Ich kenne ein paar Highschoolschüler, die sagen, ›ach ja, das ist so und so. Sie sind transitioniert.‹ Und damit haben die überhaupt kein Problem.«

Und da dämmerte es mir, worum es bei dieser »Sicherheit« überhaupt ging. Warum sich Schulen zu »sicheren Zonen« für LGBTQ-Schülern erklären müssen. Warum Schulen gesonderte Formulare haben, um die neuen Namen und Pronomina von Transgenderschülern zu erfassen und diese vertraulich zu behandeln. Warum so viel Mühe aufgewendet wird, um das Mobbing von LGBTQ-Schülern zu verhindern. Warum Schulen so viele Unterrichtsstunden rund um das ganze Jahr dem Feiern von außergewöhnlichen Genderidentitäten und sexuellen Orientierungen opfern. Es liegt an der Überzeugung von Genderaktivisten und ihren Handlangern im Bildungssystem, dass Transschüler ständig von Mobbern bedroht sind. Allein schon mangelnde Bestätigung stellt für diese Aktivisten eine Form schlimmster Misshandlung dar – es genügt, dass sich Schüler oder Lehrer auf grausame Weise weigern, die neuen Namen dieser Transkinder zu verwenden, oder ihre neuen Identitäten vielleicht sogar ganz leugnen.

Diesen Rüpeln muss mit jeder neuen Waffe der LGBTQ-Politik und fieberhaftem Unterricht der Garaus gemacht werden. Es sind die Barbaren vor den Toren des Schulhofs, gegen die sich die Lehrer so inständig zur Wehr setzen. Denn nicht das Wohl der Kinder – wie es von den Aktivisten definiert wird – ist ihre Priorität. Diese Barbaren, die so gut wie nichts über Gender- oder Queertheorie wissen, mischen sich aufdringlich in die Schulpolitik und den Unterricht der Lehrer ein.

Sie schämen sich nicht einmal für ihre eigene Ahnungslosigkeit. Man sollte eigentlich überhaupt keine Rücksicht mehr auf sie nehmen, nur bestehen leider Amerikas rückständige Gesetze darauf, diese Einmischung zu erlauben.

Diese Barbaren heißen »Mama« und »Papa«.

Die Mütter und Väter

Katherine Cave wird oft als »transphob« beschimpft. In Wahrheit aber wären die letzten 7 Jahre ihres Lebens vermutlich einfacher verlaufen, wenn sie bei der Gendererforschung ihrer Tochter weniger Toleranz gezeigt hätte. Als sich ihre 12-jährige Tochter Maddie 2013 als transgender outete, hätte Katherine ihr sagen können, dass das lächerlich sei. Sie hätte sich weigern können, Maddies männlichen Namen oder ihre neuen Pronomina zu verwenden. Vielleicht hätte Katherine Cave von Anfang an streng sein sollen. Wäre Katherine nicht bereit gewesen, sich so ausführlich anzuhören, was Maddie zu sagen hatte – und hätte dabei so viele ihrer eigenen Zweifel beiseitegeschoben –, würde sie sich jetzt vielleicht nicht so verraten fühlen.

Doch Katherine verortete sich politisch links und arbeitete als progressive Anwältin und Lobbyistin. Sie unterstützte nachdrücklich die Homo-Ehe, lange bevor sie überall in den USA legal wurde, und sie war Trauzeugin bei der gleichgeschlechtlichen Hochzeit einer Cousine. Daher begegnete sie dem Outing ihrer Tochter mit erstaunlicher Offenheit. Katherine wusste nicht genau, wie sie mit dem neuen Selbstbild ihrer Tochter umgehen sollte. Die Diagnose »Genderdysphorie« schien nicht wirklich auf ihre Tochter zuzutreffen. Maddie war nie ein wildes Mädchen gewesen – sie machte nicht gerne Sport, weil man da schwitzt, und hatte nie eine Vorliebe für typisch männliche Tätigkeiten gezeigt.

Maddie war jedoch auf einer Schulveranstaltung gewesen, auf der eine 15-jährige Transgenderschülerin den anderen Schülern von ihrer Genderentwicklung erzählt hatte. Danach eröffnete Maddie ihrer Mutter, dass sie sich auch schon immer »anders« gefühlt habe. Auch sie hatte sich bei den anderen Mädchen nie wohl gefühlt. Trotz ihrer Schlagfertigkeit und ihrer guten Noten war Maddie sozial unbeholfen und oft sehr absolut in ihrem Denken, was ihre Mutter »Schwarz-Weiß-Denken« nannte. Katherine vermutete, dass man ihre Tochter irgendwo im Autismus-Spektrum verorten könnte. Tatsächlich wurde bei Maddie später »hochfunktionaler Autismus« diagnostiziert.[145]

Es ist schwer, sich in die Vergangenheit zu versetzen, aber 2013, als Maddie anfing, viel Zeit in den sozialen Medien zu verbringen, waren sich nur wenige der Gefahren des Internets bewusst. Katherine hat sich damals nicht viel dabei gedacht. Sie bemerkte jedoch, dass ihre Tochter sich auf diese neue Identität zu fixieren schien und zunehmend wütend darüber wurde, dass die Mutter ihre Selbstdiagnose nicht sofort akzeptiert hatte.

Aber Katherine hat es auch nicht einfach abgetan. Sie sprach mit zehn verschiedenen Therapeuten und erklärte jedem einzelnen die Situation: Ihre Tochter hatte keine Vorgeschichte mit Genderdysphorie. Erst nach besagter Schulveranstaltung war ihr dies in den Sinn gekommen. Alle Therapeuten »sagten mir dasselbe«, so Katherine. »In diesem Alter *wissen Kinder, wer sie sind.*« Wenn Maddie sich für transgender hielt, dann war sie das eben. So einfach war das.

Katherine war mit dieser Erklärung jedoch nicht zufrieden. Das Ganze fühlte sich nicht richtig an. Ihre Tochter wirkte einfach nicht wie ein Junge, der »im Körper eines Mädchen gefangen« ist, sondern wie ein Mädchen, das Probleme hatte, mit Gleichaltrigen klarzukommen, nun aber auf eine Begründung gestoßen war und an dieser festhielt.

Doch als ihre Tochter sich immer stärker auf diese Identität fixierte, zog ihre Mutter die Möglichkeit in Betracht, dass Maddie recht hatte.

Katherine durchforstete das Internet nach einer möglichen Erklärung für die plötzliche Transidentifizierung ihrer Tochter – irgendeine bessere Erklärung als die des Therapeutenchors, der ihr nahelegte, Maddie einfach wie einen Jungen zu behandeln. »Ich konnte nichts finden, das irgendwie hilfreich war. Ich traf im Internet, was dies Thema anbelangte, höchstens auf hasserfüllte Schwulenfeinde, doch auf nichts, was meine Bedenken zum Thema machte.«

Für Katherine waren diese transfeindlichen Websites nichts. Sie wünschte sich Hilfestellung von einem Experten und beschloss, mit ihrer Tochter einen Gendertherapeuten aufzusuchen. »Ich versuchte, offen zu sein und meine Zweifel beiseitezuschieben.«

In der Genderklinik trat Katherine einer Elterngruppe bei, deren Kinder ähnliche Erfahrungen gemacht hatten. Der Gendertherapeut versicherte Katherine, Maddies Verwendung von Jungennamen und -pronomina sei problemlos reversibel. Es schien keinen guten Grund zu geben, dies nicht zu bejahen. Und sein Urteil war unumstößlich: »Er sagte, meine Tochter wäre einer akuten Selbstmordgefahr ausgesetzt, wenn ich ihre Identität nicht ›bestätigte‹. Die Bejahung seitens der Eltern sei das Allerwichtigste, um einen möglichen Selbstmord zu verhindern. Da ist es mir kalt den Rücken heruntergelaufen.«

Durch die Warnung des Therapeuten alarmiert, gab Katherine klein bei und folgte seinem Rat. »Wir haben also die Pronomen- und Namensänderung mitgemacht. Ich habe ihr beim Kauf eines Brustabbinders geholfen«, erzählte Katherine voller Bedauern. »Er riet mir, den Abbinder online zu kaufen. Das sei sicherer. Wenn ich dies nicht täte, würde sie ihre Brüste mit Klebeband abkleben.«

Katherine brachte ihre Tochter nun regelmäßig in die Genderklinik und versuchte sich einzureden, dass ihre Tochter irgendwie ein Sohn war. Sie hoffte, dass sich die Genderdysphorie ihrer Tochter durch eine regelmäßige Therapie irgendwann legen würde. Sie hoffte, dass die Bestätigung die Ängste ihrer Tochter lindern würde und dass Maddie, wenn sie die Schlacht gewonnen hätte, den Krieg vielleicht aufgeben würde. Doch Maddies Genderdysphorie verschlimmerte sich nur.

»Wie ich feststellte, ging es bei dieser sogenannten Therapie eher darum, sie zum nächsten Schritt zu motivieren. Ich habe ein Therapiegespräch belauscht und gehört, dass es überhaupt nicht Thema war, Maddies Gefühle zu erforschen oder vielleicht zu hinterfragen, wie sie zu dieser Überzeugung gekommen sei. Stattdessen hieß es: Okay, was ist der nächste Schritt? Und meine Tochter übte immer mehr Druck aus.«

Der wachsende Druck, eine medizinische Geschlechtsumwandlung zu beginnen, machte Katherine nervös. Sie konnte nicht umhin, zu glauben, dass der ausschließliche Fokus des Therapeuten auf die Genderidentität ihrer Tochter als alleinige Wurzel von Maddies Problemen den breiteren Zusammenhang ihres schwierigen Innenlebens außer Acht ließ. Der Autismus ihrer Tochter – ihre soziale Unbeholfenheit und rigiden Denkmuster – spielte überhaupt keine Rolle.

Katherine brachte ihre Tochter in eine Genderklinik, die sich auf Autismus spezialisiert hatte. »Da haben sie mir erzählt, okay, wir müssen ihr jetzt Pubertätsblocker geben« – chemische Medikamente, die die Wechseljahre auslösen, um das Einsetzen der Pubertät aufzuhalten. Laut den Gendermedizinern waren die Pubertätsblocker ein Mittel, um sich »Zeit zu erkaufen« und die »Pubertät eine Weile aufzuschieben«, bis man sich entschieden habe, ob Maddie die Pubertät als Mädchen fortsetzen oder direkt mit einer geschlechtsverändernden Hormontherapie beginnen sollte, um ein »Mann« zu werden. Man versicherte Katherine, dass Pubertätsblocker wie beispielsweise Lupron »völlig ungefährlich« und »gut erforscht« seien.

Wieder wurde Katherine von Unsicherheit und Sorge geplagt. Sie konnte sich nicht vorstellen, dass ein Medikament, das stark genug ist, um eine chemische Menopause auszulösen, keine langfristigen Risiken für die Gesundheit ihrer Tochter mit sich bringen würde. Sie beschloss, erst einmal zu warten, bis sie mehr über die Funktionsweise von Pubertätsblockern und deren Auswirkungen wusste. Ihrer Ansicht nach war sie die Einzige unter den Eltern in der Genderklinik, die von sich aus eine Pause eingelegt hatte.

Katherine begann, alles über Lupron zu lesen, was sie finden konnte. Ursprünglich wurde dieses Medikament in der Krebstherapie und bei Kindern mit frühzeitiger Pubertät eingesetzt, aber nun wurde es ohne Zulassung verwendet, um den Beginn der Pubertät bei vorpubertären Kindern aufzuschieben, bevor man (nach etwa 2 Jahren) mit der geschlechtsverändernden Hormontherapie beginnt. Ziel ist, die Entwicklung von störenden sekundären Geschlechtsmerkmalen zu verhindern, falls man sich letztendlich für die medizinische Geschlechtsumwandlung entscheiden sollte.

Aber je mehr Katherine darüber las, desto verstörter wurde sie. Wurden in ihrer Lektüre medizinische Studien zitiert, las sie auch diese. »Folgt man den Studien, so gehen beinahe 100 Prozent der Kinder, die Pubertätsblocker bekommen, irgendwann zur Hormontherapie über.«

Das ist Fakt, auch wenn die Ursachen nicht ganz klar sind. Eine Möglichkeit wäre, dass ein junger Mensch nur dann Pubertätsblocker einnimmt, wenn er oder sie schon ziemlich sicher ist, ein Transgenderleben führen zu wollen. Eine andere Erklärung könnte sein, dass es mit sehr hohen gesellschaftlichen Kosten verbunden ist, diese Entscheidung zu revidieren, nachdem man sich jahrelang mit einem Geschlecht identifiziert hat. Wenn man so lange darauf beharrt hat, ist es schwer, seine Meinung zu ändern, auch wenn man es eigentlich gerne möchte.

Was Katherine aber wirklich schockierte, war folgende Entdeckung: »Wenn man die Pubertät mit Pubertätsblockern gestoppt hat und direkt auf geschlechtsbestätigende Hormone umsteigt, ist es absolut sicher, dass man unfruchtbar wird.« Als die Gendertherapeuten

Katherine drängten, ihrem pubertierenden Kind Hormonblocker zu verabreichen, schlugen sie ihr vor, Maddie in Richtung Unfruchtbarkeit zu schicken. Ihr Glaube an die Gendertherapeuten brach zusammen.

Für Katherine war es unbegreiflich, wie Psychologen dergleichen befeuern wie Ärzte dergleichen tolerieren konnten, oder warum die medizinischen Berufsstandards es zuließen, dass Eltern der Zerstörung einer so wichtigen menschlichen Ressource im Namen ihrer minderjährigen Kinder zustimmten. Doch ganz offensichtlich wurde dieses Verhalten von den Schulen gefördert, von den Eltern mitgetragen, von den Medien gefeiert, und alle taten so, als sei es völlig normal. Katherine hatte manchmal das Gefühl, den Verstand zu verlieren.

Und selbst wenn ihre Tochter keine Pubertätsblocker einnahm, stattdessen die Pubertät abwartete und erst dann mit geschlechtsbestätigenden Hormonen (Testosteron) begann, barg dies alle möglichen Risiken. Gebärmutterkrebs und Eierstockkrebs. Hysterektomie.

Katherine war außer sich. Entsetzt entschied sie, dass es ein Fehler gewesen war, ihre Tochter überhaupt diesen Weg gehen zu lassen. Sie erzählte ihrem Mann und ihrer Tochter, was sie erfahren hatte, und versuchte verzweifelt, alles rückgängig zu machen. Doch in vielerlei Hinsicht war es zu spät. »Wir wussten nicht, dass sie es längst in der Schule erzählt hatte, und die Schule hat uns auch nicht informiert.«

Ohne den Eltern Bescheid zu sagen, hatte sich Maddie zu Beginn der siebten Klasse als »Kyle« vorgestellt und ihren Klassenkameraden und Lehrern erklärt, dass sie jetzt ein Junge sei. Auf einem Schulausflug mit Übernachtung durfte Maddie sogar in einem Jungenzimmer schlafen. Niemand hatte Katherine informiert oder um ihre Erlaubnis gebeten.

Katherine war schockiert von all dem, was sie da losgetreten hatten, und begann nach jemandem zu suchen, der ihr helfen oder zumindest ihren Schmerz und ihr Entsetzen teilen könnte. Doch es war schwer,

Menschen zu finden, die sich trauten, sich öffentlich gegen die Transgenderideologie auszusprechen. Sogar in ihrem erweiterten Freundeskreis gab es niemanden. So begann sie das, was sie erfahren hatte, in Chatforen zum Thema Transgenderjugendliche zu posten, Eltern vor den gefährlichen Medikamenten zu warnen und ihre eigenen Erfahrungen zu teilen: Wie Maddie sich auf ihre Identität als Junge versteifte, nachdem sie »Bestätigung« erfahren hatte. Daraufhin wurden ihre Posts gelöscht, und sie wurde aus den Foren verbannt. Wenn sie in den Mainstreammedien einen Artikel fand, der das Transgenderphänomen unter Jugendlichen feierte, und sie ihre kritischen Beobachtungen in den Kommentaren postete, wurden diese Kommentare oft ebenfalls gelöscht.

Katherines Nachforschungen führten sie zu einer britischen Website namens TransgenderTrend und dem amerikanischen Pendant 4thWaveNow – Foren für Eltern, die die Transgenderidentifizierung ihrer Kinder kritisch betrachten. 4thWaveNow ist eine der größten Wissenssammlungen für all jene, die eine medizinische Geschlechtsumwandlung für die meisten Jugendlichen weder als heilsam noch als ratsam betrachten.

Brie Jontry, das öffentliche Gesicht von 4thWaveNow, gehört zu den wenigen Müttern, die bereit waren, unter ihrem Klarnamen mit mir zu reden – unter anderem deswegen, weil ihre Tochter, die eine Weile lang dem Transhype verfallen war, inzwischen davon Abstand genommen hatte. »Ich bin wohl verrückt genug, zu glauben, dass die Wahrheit den besten Schutz bietet, und ich nehme kein Blatt vor den Mund«, sagte Brie zu mir. »Ich hatte meinen Job als Lehrerin schon aufgegeben.« Doch das war längst nicht alles.

Genau wie Maddie hatte Bries Tochter nach ausgiebiger Internetnutzung plötzlich beschlossen, transgender zu sein. Wie Katherine hatte Brie für ihre Tochter Termine bei Gendertherapeuten vereinbart und sogar an einer Genderkonferenz mit Jazz Jennings teilgenommen. Nachdem man ihrer Tochter Pubertätsblocker empfohlen hatte, begann Brie genauso wie Katherine, auf eigene Faust zu recherchieren.

Brie telefonierte mit einem befreundeten Arzt, der ihr sagte, dass die Pubertätsblocker auch die Entwicklung des Gehirns stoppen würden. Als sie das erfuhr, legte Brie alle Pläne für eine medizinische Genderbehandlung auf Eis und begann, die Informationen der Gendertherapeuten sehr kritisch zu durchleuchten.

Sie stellte fest, dass ihre Tochter als Transgenderjugendliche viel mehr zu leiden schien, als sie es zuvor getan hatte. Brie kündigte ihren Job und verreiste ein paar Monate mit ihrer Tochter, um sie aus dem schulischen Umfeld herauszuholen, in dem sie sich als Junge zu identifizieren begann, wobei die Freunde ihre Tochter ihre Transidentität noch weiter zu untermauern schienen. Um dem entgegenzuwirken, musste Brie mit ihrer Tochter weg. Sie zogen um, in den Südwesten der USA, wo ihre Tochter ein neues Leben beginnen konnte, diesmal als Mädchen.

Brie begann, sich bei 4thWaveNow zu engagieren. Sie postete alles, was sie über Transidentifizierung von Teenagermädchen erfahren hatte: die Gefahren von Lupron, die bekannten und unbekannten Risiken von Testosteron und einen genaueren Blick auf die Selbstmordstatistiken, die oft benutzt werden, um Eltern unter Druck zu setzen, damit sie einer Geschlechtsumwandlung ihrer Kinder zustimmen.

Mithilfe von Seiten wie 4thWaveNow erkannte Katherine Cave, dass ihre Tochter kein Einzelfall, sondern Teil einer gesellschaftlichen Modeerscheinung geworden war. Es war Katherine bereits aufgefallen, dass sich immer mehr Mitschülerinnen ihrer Tochter als trans outeten – in weit höherem Maße, als es die üblichen Statistiken für klassische Genderdysphorie nahelegen würden. Sie beeilte sich, Maddies Schule alles mitzuteilen, was sie über Transgenderismus gelernt hatte, bevor die Lehrer noch mehr Schüler ermutigten, diesen Weg zu beschreiten. »Meiner Meinung nach bin ich dabei sehr sachlich geblieben und habe immer Belege präsentiert. Aber sie haben mich wie die schlimmste Transfeindin behandelt.«

Also gab sie es auf, die Schule zu informieren, und konzentrierte sich darauf, ihrer Tochter zu helfen, die Gefahren einer Transition zu erkennen. Wenn sie Maddie schon nicht aus den Fängen der transideo-logischen Pseudowissenschaft befreien konnte, so konnte sie sie viel-leicht davon abhalten, sich selbst Schaden zuzufügen. Doch daraus wurde nichts.

»Wenn deine Tochter vollständig indoktriniert ist – und das hat wirk-lich etwas Sektenhaftes –, wenn es Teil ihrer Identität geworden ist und du das auch noch unterstützt hast, die Schule und die Therapeu-ten umso mehr, da sie ihren neuen Jungennamen verwendet haben, hat das einen Effekt auf einen jungen Menschen«, konstatiert Kathe-rine. Auch die medizinischen Ratschläge, die sie online fand, schienen Maddies neues Selbstbild und die Dringlichkeit der medizinischen Geschlechtsumwandlung zu bestätigen. »Alle waren auf ihrer Seite. Ich stand ganz allein auf weiter Flur.«

Schließlich gründete Katherine die Kelsey Coalition, eine Organisa-tion, die sich gegen Genderideologisierung richtet. Sie ist nach Dr. Frances Oldham Kelsey benannt, die 1960 die Welt vor Contergan ge-warnt hatte. Katherine hat außerdem einen Gesetzentwurf ausgear-beitet, um es Erwachsenen zu verbieten, Entscheidungen zu treffen, die ihre Kinder unfruchtbar machen würden. Sie hat bereits einige Abgeordnete als Unterstützer gewonnen. Doch wie viele Mütter von plötzlich transidentifizierenden Jugendlichen benutzt sie bei ihrer Ar-beit ein Pseudonym und fühlt sich sehr alleingelassen.

Viele Mütter von plötzlich transidentifizierenden jungen Mädchen wenden sich enttäuscht von progressiven Bewegungen ab und treten aus der Demokratischen Partei aus, die ihrer Meinung nach diese Mädchen der Transagenda geopfert haben. Manche fühlen sich auch von ihren progressiven Freunden verraten, die ohne ihr Einverständ-nis hinter ihrem Rücken ihren Töchtern Abbinder gekauft oder die Mädchen ermutigt haben, Selbstverstümmelung zu betreiben.

»Das ganze Erlebnis hat völlig verändert, wie ich etwas lese, was ich glaube und was ich von sogenannten Experten halte«, so Katherine. »Ich dachte früher, dass unsere Regeln und Richtlinien nach objektiven Standards von Experten formuliert werden, aber jetzt glaube ich gar nichts mehr. Ich kann Ihnen nicht mehr sagen, wo ich politisch stehe.«

Katherine muss sehr vorsichtig sein, wie sie in der Öffentlichkeit auftritt. Sie arbeitet unermüdlich und ist blitzgescheit, hat alle Studien zum Thema gelesen und jedes Argument abgewogen. Aber wie so vielen Müttern – mit der seltenen Ausnahme von Brie Jontry von 4thWaveNow – sind ihr die Hände gebunden, weil sie anonym bleiben muss. Ihre Beziehung zu Maddie hänge davon ab, beteuert sie. Das ist zwar verständlich, aber es ist schwer, seine Botschaft zu kommunizieren, wenn man nicht mit dem Namen dahintersteht.

Im August 2019 sagte Katherine Cave schließlich einem Treffen mit mir zu. Ich traf sie in einer Kleinstadt in den Südstaaten, wohin ihr Mann und sie die Familie umgesiedelt hatten, im verzweifelten Versuch, den Mächten zu entkommen, die ihre Tochter in ihren Fängen hatten. Sie bestand auf absoluter Anonymität. Wir begegneten uns in einem winzigen Café mit einem einzigen zerstreuten Angestellten.

Ich wollte mit ihr über das für sie wichtigste und schmerzhafteste aller Themen sprechen. Doch als sie hereinmarschierte, schlank und ernst, ihre Haare so straff zurückgebunden wie ihre Nerven gespannt, kam es mir eher so vor, als würde sie mich und nicht ich sie interviewen. Ihre Sonnenbrille war in die Haare hochgeschoben. Sie war leicht geschminkt und trug ein dunkelblaues Sommerkleid mit Neckholder. Bei Katherine hätte es genauso gut ein Power Suit sein können.

Katherines schlimmstes Schreckensszenario war, dass sich ihre Tochter etwas antun könnte. Diese Angst verfolgte sie Tag und Nacht und überkam sie immer wieder unerwartet, als sei sie wie ein piepsender digitaler Wecker im Innenfutter ihrer Handtasche versteckt. Über die vielen Monate, die ich damit verbracht habe, ihren Behauptungen über die Gefahren der Gendertransition nachzugehen – von denen sich jede einzelne als wahr herausgestellt hatte –, hatten mich ihre

Klugheit, ihr Einfallsreichtum und ihre Beharrlichkeit, die bis ins Mark ging, zutiefst beeindruckt.

Auf gewisse Weise war sie wie jede betroffene Mutter, mit der ich gesprochen habe. Es war zermürbend, mit ihnen zu reden. Diese Frauen sind früh aufgestanden, um ihre Töchter zum Sport zu fahren, haben lukrative Jobs aufgegeben, um ihre Kinder zu Hause zu unterrichten oder sich um ihre emotionalen Bedürfnisse zu kümmern. Sie suchten mit ihnen Spezialisten auf, teilten jede Begeisterung ihrer Töchter und unterstützten alle ihre Interessen und Talente, damit sie im Rampenlicht stehen, auf der Bühne glänzen und Erfolg haben konnten. Diese Frauen hörten jeder ängstlichen Sorge ihrer Töchter zu – und *wie* sie zuhörten – und lagen nachts wach, um jene Sorgen zu erraten, die ihre Töchter nicht aussprachen. Sie kannten den Namen von jedem Jungen, in den sich ihre Töchter verknallten, und von jedem Lehrer, der ihnen Steine in den Weg legte. Wenn aber selbst *diese* Mütter Töchter großgezogen hatten, die im Irrgarten der Genderideologie verloren gingen, welche Chance hatten dann wir Normalsterblichen?

Keine dieser Eltern, mit denen ich sprach, waren naiv oder ahnungslos, was die Höhen und Tiefen der Pubertät angeht. Sie wussten genau, wie das abläuft: Eines Tages würden die kleinen Mädchen, die sie durch grippale Infekte gebracht und ins Krankenhaus gefahren hatten, um genäht oder eingegipst zu werden, plötzlich Teenager sein, die ihre Liebe verfluchen würden. Diese Eltern waren alle darauf gefasst, eine Weile lang für ihre Liebe gehasst zu werden. Es war ihnen klar, dass sich ihre Teenagertöchter über ihren Modegeschmack lustig machen oder sogar ihre Werte ablehnen würden. Worauf sie nicht gefasst waren, war das makabre Schauspiel, dass sich ihre Töchter in einem solchen Ausmaß selbst ablehnen würden.

Die meiste Zeit staunte ich über die Intelligenz und Gewissenhaftigkeit dieser Frauen, ihr atemberaubendes Bedürfnis, ihre Töchter zu verstehen und zu unterstützen. Manchmal fragte ich mich, ob sie nicht unbeabsichtigt den Absturz ihrer Töchter in die Abgründe einer

Ideologie befeuert hatten, die untrennbar mit der Teenagerrebellion verbunden schien – der ultimativen Chance, sich an Mutti zu rächen.

Diese Mütter hatten sich solche Mühe gegeben, ihre Töchter zu verstehen und dort abzuholen, wo sie waren – ihre Trends und Moden von Emo bis Anime mitzumachen. Sie begrüßten es, wenn ihre Kinder sich zum Atheismus, zum Kommunismus oder zur Homosexualität bekannten. Sie wollten so sehr, dass ihre Töchter glücklich und erfolgreich waren – im Nachhinein betrachtet, wollten sie es vielleicht ein bisschen zu sehr.

Manchmal fragte ich mich, ob dieses ganze Verständnis nicht ihre Töchter der Möglichkeit der so dringend benötigten Rebellion beraubt hatte. Hätten sie sich vielleicht mit Händen und Füßen dagegen gewehrt, dass ihre Töchter in der Mittelstufe der LGBTG-Allianz beitraten, wären sie nicht mit der Videokamera zur Hand gewesen, als ihre Töchter im Frack zum Schulball gingen, sondern hätten stattdessen Entsetzen oder moralische Entrüstung vorgegaukelt und eine gepfefferte Moralpredigt von der elterlichen Kanzel herab gehalten, hätten ihre Töchter vielleicht den Erfolg dieses gelungenen Unabhängigkeitskampfes nach Hause getragen und es dabei belassen.

Als ich das erste Mal mit Angela gesprochen habe, war ihre Tochter im vorletzten Jahr der Highschool und hatte sich urplötzlich als trans geoutet. Als wir uns 7 Monate später unterhalten haben, hatte sich ihre Tochter von ihrer Identität als »Transjunge« wieder abgewandt, nannte sich nun »nonbinär« und hatte jetzt sogar einen Freund.

Ich befragte Angela zur Sexualität ihrer Tochter, ob sie sie für homo oder hetero halte. Sie lachte und sagte, als ihre Tochter ganz klein gewesen sei, habe sie einen Jungen über den Spielplatz gejagt, weil sie ihn abknutschen wollte. Und jetzt hatte Angelas Tochter einen Freund, auch wenn sich dieser vielleicht als »queer« oder in einer anderen Spielart von LGBTQ definierte. »Das machen die alle so«, berichtete Angela über die Klassenkameraden ihrer Tochter.

Wenn sie drüber nachdachte, wurde das Thema der Sexualität ihrer Tochter noch dadurch verkompliziert, dass sie sich in der Mittelstufe »in ein oder zwei Mädchen verknallt hatte«.

Dann sagte Angela: »Ich habe jedoch auch von Psychiatern gehört, dass es vor allem für Mädchen in der frühen Pubertät ganz normal ist, in ihre Freundinnen verknallt zu sein. Ich glaube, ich war auch in meine Freundinnen verknallt, als ich in dem Alter war«, sagte sie.

Ich fand es interessant, dass Angela dachte, sie müsse einen Psychiater fragen, ob Teenagermädchen, die in ihre Freundinnen verknallt waren, trotzdem heterosexuell werden könnten – vor allem, da sie das genauso wie ich aus ihrer eigenen Erfahrung kannte. Angela hatte sogar vor Kurzem einen Brief gefunden, den sie als Teenager an eine Freundin geschickt hatte, der so schnulzig war, dass sie ihn nur als »Liebesbrief« bezeichnen konnte.

So etwas kommt so häufig vor, dass es kaum erwähnenswert erscheint – ein so untrennbarer Teil der Pubertät wie Pickel und Zahnspangen. Voller Hormone und romantischer Gefühle richten Mädchen mit 12 oder 13 Jahren ihren Blick zuerst auf gleichaltrige Jungs, die für solche Gefühlswallungen noch gar nicht bereit sind. Enttäuscht, ja manchmal vor den Kopf gestoßen, wenden sich die Mädchen dann mit all ihrer Liebe, Treue und Hingabe an ihre Freundinnen, die als Lückenbüßer herhalten müssen, während die Mädchen darauf warten, dass die Jungs endlich zu Männern werden.

»Meine Tochter ist vielleicht bisexuell«, überlegt Angela, »aber momentan hat sie einen festen Freund.«

Tagelang wunderte ich mich über dieses Gespräch. Was für Angela in ihrer Jugend eine unbedeutende Phase ihrer Pubertät gewesen war, wurde bei ihrer Tochter plötzlich zu einem gravierenden Symptom einer ungewöhnlichen sexuellen Identität. Manche Mütter, mit denen ich sprach, hatten das dringende Bedürfnis, hier und jetzt zu entscheiden, was ihre Tochter in sexueller Hinsicht »wirklich« war, als ob dann alles geklärt wäre.

Wir neigen alle dazu, uns ständig selbst und gegenseitig zu diagnostizieren, in sexueller Hinsicht und heutzutage auch, was Gender angeht. Die junge Generation betreibt das bis zum Exzess. Ohne diesen Hang zum Diagnostizieren und Kategorisieren würden kleinere Anflüge von Angst, Depression, Obsession, romantischen Gefühlen, sexueller Anziehung und allen möglichen guten und schlechten Gefühlen sich natürlich entwickeln, wachsen, gedeihen oder – je nachdem – absterben.

Richard

Im Januar 2019 erschien mein Artikel im *Wall Street Journal* über Transgenderidentifizierung bei Teenagermädchen. Ich wurde von E-Mails und Anrufen regelrecht überschüttet, hauptsächlich von Müttern, die dasselbe Phänomen an der Schule ihrer Teenager beobachtet haben, aber keine Ahnung hatten, dass es ein landesweites Phänomen war. Sie hatten viel mehr Fälle von Transidentifizierung im Freundeskreis ihrer Kinder beobachtet, als sie erwartet hätten. Eine Mutter sagte mir, *alle* Freunde ihrer Tochter »identifizieren sich als transgender, schwul. lesbisch oder bi«.

Diese Eltern waren fast durchweg politisch progressive weiße Bildungsbürger, doch unter ihnen waren auch ein paar religiöse Menschen und moderne Konservative, die für Republikaner stimmen, aber die Homo-Ehe unterstützen, und sich weniger Staat und Steuern wünschten, aber nicht die Abtreibung verbieten wollen.

Einer davon war Richard, der mich aufgeregt auf LinkedIn kontaktierte, nachdem er meinen Artikel gelesen und sich und seine Tochter in meinem Artikel wiedererkannt hatte. Seine Tochter Joanna war ein sehr weibliches Mädchen gewesen, zeitweise regelrecht verrückt nach Jungs, bis sie sich im letzten Jahr an einer progressiven Privatschule als pansexuell, nonbinär und schließlich trans outete. Richard und seine Frau Rachelle beschlossen, ihrer Tochter unter einer Bedingung zu erlauben, die elitäre Universität zu besuchen, bei der sie angenommen worden war: Sie musste ihnen versprechen, auf der Uni keine medizinische Transition zu beginnen.

Joanna brach dieses Versprechen fast sofort. Mithilfe eines Collegeberaters beschaffte sie sich auf Kosten der Uni ein Rezept für Testosteron. Und obwohl sie sich fast täglich mit ihrer Mutter unterhielt, erzählte sie ihren Eltern erst Monate später von der Testosterontherapie.

»Sie findet, dass sie wie ein Kerl aussieht«, berichtete mir ihre Mutter. »Klar, sie hat Haarwuchs auf den Armen, aber sie ist wunderschön. Sie haben sie (im Urlaub) tatsächlich mit ›Sir‹ angeredet, was total absurd ist. Für mich sieht sie einfach aus wie unsere Tochter, sonst nichts.«

Als ihre Tochter in den Sommerferien nach Hause kam, hatte sie schon ihren Namen ändern lassen. »Sie hat das alles gemacht, ohne uns Bescheid zu sagen«, empörte sich Richard. »Sie hat sich zum Thema Brust-OP ärztlich beraten lassen und einen Antrag bei der Versicherung gestellt. Als ich eines Tages nach Hause kam, lag da ein Brief der Versicherung an sie. Ich habe ihn geöffnet und mich erst einmal gewundert. Doch dann wurde mit klar, dass es eine ganze Reihe von Sachen gab, die sie heimlich, hinter unserem Rücken machte. Das war enorm schädlich für unsere Beziehung.« Er sagte seiner Tochter offen, dass ihr Verhältnis nie wieder dasselbe sein würde, wenn sie das durchzöge.

Manchmal konnte er die Wut in seiner Stimme nicht verbergen. Er hatte das Gefühl, Mauern niederreißen zu wollen, und warf seiner Tochter Leichtsinn vor, gab der »Echokammer« ihres Freundeskreises die Schuld, den Anfeuerungen der Therapeuten und ihren vielen transgender »Freunden« aus dem Internet, dem Universitätspsychologen – den er eine »Abrissbirne für die Familie« nannte – und der transfreundlichen Kultur der Eliteuniversität, die Joanna aufgrund ihrer Transidentität zu Prominenz verholfen hatte. Aber sie alle waren nur ein Ersatz für seinen wahren Sündenbock: sich selbst. »Ich empfinde in erster Linie Mitleid und Schmach. Mitleid für meine Frau und Schmach für mein eigenes Versagen.«

4 Monate später schickte er mir eine SMS: »Wir haben den Kampf verloren. Unsere Tochter hat sich letzte Woche die Brüste entfernen lassen. Wir dachten eigentlich, sie hätte sich verändert. Ich habe ihr einen verzweifelten Appell mit Gründen geschickt, weshalb sie sich das nicht antun und sich keine Hindernisse für ihr Leben und ihre Karriere in den Weg legen solle. Sie hatte einen Notendurchschnitt von 1,2, aber null Jobangebote oder Interesse. Sie hat es wohl auf Instagram gepostet. Ich fühle mich wie ein totaler Versager.«

Das war Richards Art, seine Schmerzen zu überspielen – durch eine forsche, teils aggressive Auflistung von Fakten, die vor Wut, Verzweiflung, Verachtung und manchmal auch vor ruppiger Indifferenz nur so strotzten. Richard ist Partner bei einer renommierten, international tätigen Kanzlei, neigt zu derben Sprüchen und kämpft mit offenem Visier gegen andere Alphamänner. Frauen gegenüber ist er ein perfekter Gentleman. Ich traf ihn in einem Café im Erdgeschoss seines Bürogebäudes. Er fragte nach meinem Parkschein und ließ ihn entwerten. Das ist sein Revier, schien er zu sagen, er passe hier auf mich auf. Als ich eine Minute lang mit der Plastikverpackung meines Kekses kämpfte, nahm er sie mir ab, öffnete sie und reichte mir den Keks. In früheren Zeiten hätte man vielleicht gute Manieren dazu gesagt, doch mir kam es wie eine Art Ablenkung vor.

Es fiel ihm unendlich schwer, über seine Tochter zu sprechen, aber er konnte nicht anders, und seine blauen Augen wurden feucht, wenn er es tat. Er schwärmte von ihr – wie intelligent, was für eine Musterschülerin, wie schön sie doch gewesen sei. Am Ende unserer Unterhaltung war mir ohne jeden Zweifel klar, was er selbst nicht aussprechen konnte und auch nicht brauchte: Sie war ihm das Liebste auf der ganzen Welt und hatte ihm das Herz gebrochen.

Er erzählte mir, was er alles getan hatte, um ihr eine gute, sichere Wohnung zu besorgen und die Kaution zu stellen. Er half ihr, die Miete zu bezahlen. Immer wieder nannte er sie »meine Kleine«. Von dem Ende der Beziehung, das er ihr im Falle ihrer beidseitigen Brustentfernung angedroht hatte, war nichts zu spüren. Sie hatte seinem Bluff getrotzt – und gewonnen.

Ich traf Joannas Eltern einzeln und erwartete, dass ihre Versionen sich leicht unterscheiden würden, je nachdem, welche Aspekte und Anekdoten sie für die wichtigsten und aufschlussreichsten in Joannas Leben hielten. Erstaunlich fand ich die Tatsache, dass sie beide – ihren unterschiedlichen Ansichten darüber zum Trotz, wie man mit ihrer Tochter hätte umgehen sollen, was schiefgelaufen war und weshalb – in einem einig waren: dass ihre Tochter auf dem falschen Weg war und dass diese ganze Gendergeschichte nicht gut für ihre Tochter gewesen sei.

Rachelle erzählte mir viele Einzelheiten aus Joannas Leben – in welchem Jahr sie mit der Therapie begonnen hatte, wann sie sich zum ersten Mal das Antidepressivum Prozac verschreiben ließ, welche Jungs sie interessierten, wann sie das erste Mal mit einem Jungen Sex hatte und wie sie im letzten Jahr der Highschool anfing, sich für Mädchen zu interessieren.

Rachelle und Richard hatten unterschiedliche Lösungsansätze, aber über das Problem waren sie sich einig. Richard bemühte sich nach Kräften um Diskussionen mit Joanna, die seiner Meinung nach einer der intelligentesten Menschen war, die er kannte, während Rachelle einfach versuchte, ihrer Tochter nahe zu bleiben. Als Joanna in der Highschool war, machte Rachelle bei allen Phasen mit, die diese durchlief: Emo, Grufti, Anime-Mädchen. Und Mutter und Tochter blieben sich auch dann emotional noch sehr nahe, als Joanna gegen Ende der zwölften Klasse beschloss, erst nonbinär und dann trans zu sein. »Ich habe mir immer gesagt, wenn ich sie nur genug liebe, wird sie das nicht durchziehen. Doch als sie mit der Testosterontherapie begann, musste ich mir eingestehen, dass ich mich da wohl geirrt hatte.«

Rachelle war immer links gewesen. Ihr Vater war im Schmuckgeschäft tätig, weshalb sie in der Modebranche aufwuchs. Seit Generationen schon ging ihre Familie entspannt mit Homosexualität um, lange bevor dies in der breiten Gesellschaft üblich geworden war. Worüber Rachelle aber am allerwenigsten hinwegkommt, ist der große Unterschied zwischen Transsein und Homosexualität.

Homosexualität gab es schon immer, versicherte sie mir. Aber diese Transgenderepidemie war etwas Neues. »Das Transthema ist vor etwa 5 Jahren aufgekommen, und dann sind alle mit aufgesprungen, wenn Sie mich fragen. So zu tun, als habe es das schon immer gegeben, stimmt einfach nicht – und ich bin ja mitten in der Modebranche aufgewachsen.«

Wie so viele Mütter hielt ich Therapien früher einmal für eine sinnvolle Sache, etwas, das der Selbsterkenntnis dient und Kinder davon abhält, auf Wände einzuschlagen. Doch bei der Recherche zu diesem Buch wurde mir klar, wie viel Therapie die Kinder heute bekommen – für alles Mögliche, für kleine und große Dinge. Wir Mütter der Generation X halten uns für psychisch gesünder als die Generation unserer Eltern. Wir glauben genauso an Therapie, wie wir an Sport und Fitness glauben: etwas, das Kraft gibt und für Ausgeglichenheit sorgt.

Eine Nebenwirkung davon könnte sein, dass die nächste Generation alle menschlichen Gefühle als Ausdrucksformen einer Geisteskrankheit betrachtet – als etwas, das medikamentös behandelt, unterdrückt, therapiert oder anderweitig bekämpft werden muss. Doch wie die jungianische Therapeutin Lisa Marchiano feststellt: »Wenn wir normale Gefühle als Krankheit deuten, bieten wir den Menschen ein gestörtes Selbstverständnis.«[146]

Beinahe alle Mütter, mit denen ich gesprochen habe, präsentierten mir Diagnosen ihrer Töchter, die von Therapeuten, aus dem Internet oder Büchern stammten. Sie vermuteten, ihre Töchter könnten leicht autistisch sein, an auditiver Verarbeitungs- und Wahrnehmungsstörung oder Agoraphobie leiden. Vielleicht hatten sie ja alle recht, aber ich konnte mich des Eindrucks nicht erwehren, dass unsere heutige Therapiefreudigkeit vielleicht eine Selffulfilling Prophecy ist, die unseren Töchtern suggeriert, dass irgendetwas mit ihnen nicht stimmt.

Diesen Kindern wird die Ichbezogenheit und Selbstdiagnose in die Wiege gelegt. Bis sie Teenager werden, haben sie diese Art, mit verwirrenden Gefühlen umzugehen, verinnerlicht und wie die restliche Gesellschaft gelernt, beim Diagnose-Ratespiel der Therapeuten mitzumachen, bei dem jeder irgendeinen Knacks hat und die Herausforderung darin besteht, der Krankenkasse die richtige Kennziffer aus dem therapeutischen Diagnosehandbuch zu nennen.

Während ich mit diesen Müttern sprach, fragte ich mich, welche Diagnose man mir als Jugendlicher verpasst hätte, wenn meine Eltern in psychologischer Hinsicht ein wenig fortschrittlicher gewesen wären. Soziophob? Zweifellos. Generalisierte Angststörung? Auch das. Aber meine Eltern waren Babyboomer. Sie verwendeten einen moralischen und keinen psychologischen Wortschatz. Was heute als »soziophob« therapierbar gemacht wird, nannten meine Eltern schlicht und einfach »unhöflich«. Sie verpassten mir ihre eigene Therapie: Mit 7 oder 8 Jahren musste ich im Restaurant bei der Kellnerin von der Speisekarte bestellen, im Laden die Verkäuferin um Rat bitten sowie an der Kasse bezahlen und das Wechselgeld nachzählen. In der Mittelstufe musste ich jedes Mal, wenn ich eine Freundin am Telefon anrufen wollte, einen kleinen Sermon aufsagen: »Hallo, Frau Pevenstein, hier spricht Abigail. Wie geht es Ihnen? Dürfte ich mit Deborah sprechen?« Es hat nicht wirklich Spaß gemacht, muss ich zugeben.

Der Hang besagter Mütter zur Diagnose beschränkte sich nicht auf die psychologische Arena, sondern erstreckte sich auch auf Sexualität. Mit ähnlicher Gründlichkeit beschrieben sie 11-jährige Töchter als »pansexuell«, »bi« oder »wahrscheinlich homosexuell«. Sie glaubten scheinbar, dass die Sexualität ihrer vorpubertären Töchter schon fertig ausgebildet war und bei entsprechend genauer Beobachtung entdeckt werden könne.

Angela, Mutter und Redakteurin aus dem Großraum Washington, D. C., ist ein gutes Beispiel. Sie war auffallend intelligent und ihrer Tochter – einem Einzelkind – vollkommen ergeben. Angela war fest von der Macht und Nützlichkeit der Gesprächstherapie überzeugt. Und so brachte sie ihre Tochter schon mit 3 Jahren zur Therapie, da die Kleine erste Anzeichen einer Zwangsstörung zeigte, unter der Angela auch gelitten hatte. Der Therapeut sagte Angela, ihre Tochter sei »im Normbereich«, und schickte sie wieder heim. In der zweiten Klasse vereinbarte Angela erneut einen Therapietermin für ihre Tochter, um ihr zu helfen, mit dem traumatischen Tod eines Kätzchens umzugehen.

Ich will die Ängste des Mädchens hier gar nicht in Abrede stellen, und ebenso wenig, dass die Therapieversuche eine wohlmeinende und liebevolle Reaktion waren oder dass ihre psychologischen Baustellen im Laufe der Zeit hätten größer werden können. In der Mittelstufe waren die Ängste von Angelas Tochter jedenfalls so schlimm geworden, dass sie sich zu ritzen begann.

Es ist jedoch erwähnenswert, dass die Mutter einer früheren Elterngeneration vielleicht ganz anders reagiert und die Ängste ihrer Tochter ignoriert oder gar mit ihr geschimpft hätte: »Du darfst dir niemals etwas antun. Wenn du traurig bist, bin ich für dich da.« Oder: »Hast du Lust, mit mir in die Eisdiele zu gehen?« Oder auch: »Du machst ein Theater aus dem Nichts.«

Traurigkeit und Angstsymptome bei Kleinkindern bereiten uns – je nach Dauer und Schwere – Sorgen. Bei Teenagern gehörte die Achterbahnfahrt der Gefühle, die zwischen Wut, Niedergeschlagenheit und Euphorie hin- und herpendelte, früher jedoch dazu. Es sind die natürlichen psychologischen Begleiterscheinungen der Pubertät.

Doch die Teenager von heute sind mit dieser Therapieversessenheit aufgewachsen und haben deren Wortschatz verinnerlicht. Sie können dir erklären, welche sozialen Situationen sie emotional herausfordern, und kennen die genauen Bezeichnungen für die damit verbundenen

Diagnosen: »Soziale Angststörung«, »Prüfungsangst«, »Panikattacke« und so weiter. Solche Diagnosen können das Problem, das sie beschreiben, allerdings auch festigen.

Es ist eine therapeutische Grundannahme, dass unsere Gedanken und Gefühle der ständigen Überwachung bedürfen. Dass jeder Ausschlag des Pendels in die eine oder andere Richtung Grund zur Sorge ist, und dass sogar kleine Störungen beachtet und entschlüsselt werden müssen, als seien sie leise Signale von einem fernen Planeten. Quasi per Definition und sicherlich in der Praxis führen Therapeuten Kinder und Jugendliche immer tiefer in die dichten Wälder ihrer Seelen. Ist es verwunderlich, wenn sie sich darin verirren?

Nachdem sie schon vor langer Zeit akzeptiert haben, dass irgendetwas mit ihnen nicht stimmt, steht nur noch die Diagnose aus.

Kapitel 6

Die Seelenklempner

E ine Frau betritt eine Therapiepraxis, ihren Teenagersohn im Schlepptau. »Herr Doktor«, ruft sie, »sie müssen uns helfen! Mein Sohn hält sich für ein Huhn!« Der Sohn sagt: »Eins kann ich dir über Hühner sagen: Wir wissen, wer wir sind.« »Was ist der Beweis dafür?«, fragt die Mutter. »Du hast doch gar keine Federn!« »Stimmt«, sagt der Sohn. »Ich habe die falsche Pubertät durchgemacht.« Da wendet sich sie Frau an den Therapeuten: »Sehen Sie? Er ist vollkommen verrückt geworden.« Darauf der Therapeut: »Sie sind doch diejenige, die mit einem Huhn diskutiert.«

Ja, das ist ein absurder Witz, entspricht jedoch ungefähr dem Szenario der »Affirmativen Psychotherapie«, die heute zur medizinischen Standardeinstellung für die Behandlung von Transgenderpatienten erhoben wird. Entgegen allen Beweisen und oft entgegen den Überzeugungen der beteiligten Therapeuten verlangt der »affirmative Ansatz«, dass Mediziner und Therapeuten nicht nur die Selbstdiagnose der Genderdysphorie der Patienten an sich »bejahen«, sondern auch die Richtigkeit dieser Selbstdiagnose. Mit anderen Worten: Der Therapeut muss zustimmen, dass ein männlicher Patient mit Geschlechtsdysphorie, der sich als Frau identifiziert, *wirklich* eine Frau ist.

Sich in seinem Körper unwohl zu fühlen oder zu vermuten, dass man sich in einem anderen Körper wohler fühlen würde, ist eigentlich nichts Besonderes. Es gibt vieles an unserer körperlichen Erscheinung, das uns stört und missfällt. Wir schleppen Körper mit uns herum, die wir uns niemals ausgesucht hätten. Jede Frau, die schon mal das unangenehme Erlebnis hatte, in den Spiegel zu schauen und sich über die alte Frau zu wundern, die ihr dort entgegensah – eingefallen, fahl und über Nacht offensichtlich faltenreicher geworden –, weiß sehr wohl, wie uns unsere Körper verwirren, schockieren und enttäuschen können.

Für all diejenigen, die an Genderdysphorie leiden, muss dieses unangenehme Gefühl eine Qual sein. Wir sollten von unseren Experten für geistige Gesundheit erwarten, dass sie mit diesen Menschen respektvoll und einfühlend umgehen und ihren Schmerz ernst nehmen – und vielleicht sogar eine operative Geschlechtsumwandlung befürworten. Ich habe mich mit mehreren Transgendererwachsenen unterhalten, die ein erfülltes, produktives Leben mit soliden Beziehungen und erfolgreichen Karrieren führen, und bin zu der Überzeugung gekommen, dass eine medizinische Gendertransition manchen genderdysphorischen Menschen geholfen hat.

Aber der neue »affirmative Ansatz« von Psychotherapeuten und Psychiatern ist etwas ganz anderes. Hier geht es nicht mehr um Verständnis und Einfühlungsvermögen, sondern um Verbot und Verpflichtung. Denn die Experten für psychische Gesundheit werden dazu verpflichtet, ihren Patienten zuzustimmen, dass sie im »falschen Körper« geboren wurden. Die affirmative Therapie zwingt Therapeuten, eine Unwahrheit zu unterschreiben: Nicht etwa, dass ein Teenagermädchen vielleicht lieber ein Junge wäre, sondern dass sie tatsächlich ein Junge *ist*.

Das ist keine Lappalie, und es geht auch nicht einfach darum, den Patienten bei Laune zu halten. Der gesamte Behandlungsansatz hängt davon ab, ob die Therapeuten den Patienten als ein biologisches Mädchen sehen, das an Genderdysphorie leidet, oder als Junge, der im Körper eines Mädchens gefangen ist.

Beinahe jeder maßgebliche medizinische Berufsverband in den USA hat jedoch inzwischen den »genderaffirmativen Ansatz« übernommen, der bereits vor der ersten medizinischen Untersuchung Fakten schafft. Die Ärzteverbände American Medical Association und American College of Physicians, der Kinderärzteverbund AAP (American Academy of Pediatrics), der Psychologenverband APA (American Psychological Association) und die Pädiatrische Endokrinologische Gesellschaft PES (Pediatrical Endocrine Sopciety) haben alle den »genderaffirmativen Ansatz« als Standard für jene Patienten festgelegt, die sich als »transgender« oder »genderdysphorisch« identifizieren.[147]

Der Weltverband der Transgender-Gesundheitsberufe WPATH (World Professional Association for Transgender Health), der für alle medizinischen Bereiche maßgeblich ist, rät: »Gesundheitsfachkräfte können genderdysphorische Individuen dadurch unterstützen, dass sie ihre Genderidentität bestätigen, verschiedene Optionen erkunden, diese Identität auszuleben, und Entscheidungen über mögliche medizinische Behandlungen der Dysphorie treffen helfen.«[148] Man beachte, wessen Expertise hier bezüglich der Genderidentität des Patienten gefragt ist: nicht die des behandelnden Arztes.

Der genderaffirmative Ansatz

Die »Richtlinien für die Behandlung von transgender und genderunangepassten Patienten« der American Psychological Association APA definieren die »transgenderaffirmative Behandlung« als eine »respektvolle und sensible Behandlung, die die Identitäten und Lebenswirklichkeiten von Transpersonen unterstützt«.[149]

Respekt und Unterstützung scheint nicht zu viel verlangt, diese sollten ja wohl *allen* Patienten zustehen. Die APA-Richtlinien gehen jedoch weit darüber hinaus, denn sie verlangen im Grunde, dass sich Behandelnde die Genderideologie zu eigen machen.

Dort steht zu lesen: »Psychologen sollten ihr Verständnis für Gender dahin gehend adaptieren, dass sie die ganze Bandbreite an möglichen

Varianten als gesund und normativ betrachten. Aufgrund eines besseren Verständnisses der unterschiedlichen Genderidentitäten und deren Ausdrucksformen sowie der Tatsache, dass die Genderidentität eines Patienten sich nicht unbedingt mit dem bei der Geburt zugeteilten Geschlecht deckt, können Psychologen besser mit Transgenderindividuen, deren Familien und Gemeinschaften zurechtkommen.«[150]

Stellen Sie sich vor, wir würden Magersüchtige genauso behandeln. Stellen sie sich ein Mädchen vor, das bei einer Größe von 1,67 Metern 43 Kilogramm wiegt und zu ihrem Therapeuten sagt: »Ich fühle mich total dick. Ich will, dass Sie mich ›Fettsau‹ nennen.« Stellen wir uns nun vor, die APA würde Psychologen dazu anregen, das »Verständnis« dieses magersüchtigen Mädchens »zu adaptieren« und es auch wirklich als »dick« zu begreifen, und ermutigte Therapeuten folgerichtig, solchen Patienten zu sagen: »Wenn du dich dick fühlst, dann bist du auch dick. Ich unterstütze deine Lebenswirklichkeit, du Fettsau.«

Was wäre mit einem schwarzen Mädchen, das den Rassismus ihrer Umgebung verinnerlicht hat? Nehmen wir mal an, die 12-jährige Nia erklärt ihrem Therapeuten, sie wolle unbedingt weiß sein. Erst war sie sich nicht sicher, doch dann hat sie auf YouTube die vielen tollen weißen Mädchen gesehen und wusste, dass sie genauso sein wollte. »Ich will, dass Sie mich jetzt Heather nennen«, fordert Nia, »und ich will, dass man mir meine Nase verkleinert. Außerdem hasse ich mein Kraushaar, möchte blondes, glattes Haar haben und außerdem meine Haut bleichen. Ich habe von Bleichcremes gelesen, die will ich unbedingt haben. Denn das hier bin ich nicht, ich habe mich nie schwarz gefühlt. Ich finde weiße Jungs süß, kann übrigens gar nicht singen, tanzen oder Basketball spielen, sondern gehe lieber wandern oder spiele Gitarre. Ich mag dieselben TV-Sendungen und dasselbe Essen wie weiße Mädchen. Ich bin praktisch weiß.«[151]

Stellen wir uns vor, der Therapeut würde antworten: »Ich verstehe das, Heather. Niemand kann dir besser sagen als du selbst, wer du wirklich bist. Nach allem, was du mir heute erzählt hast, finde ich auch, dass du tatsächlich weiß *bist*. Manchmal werden weiße Menschen nämlich mit schwarzen Körpern und Gesichtern geboren. Ich werde deine Eltern über die medizinischen Eingriffe aufklären, und wenn sie sich querstellen, hast du bei mir immer einen sicheren Zufluchtsort. Ich werde immer respektieren, wer du *wirklich* bist. Beim nächsten Mal besprechen wir, welche Bleichmittel du verwenden solltest.«

Einen Therapeuten, der so reagieren würde, würden wir aber keineswegs verständnisvoll und sensibel finden, sondern eher monströs. Nia hat nur eine Reihe bedeutungsloser Klischees aufgeboten, um zu beweisen, dass sie nicht »wirklich« schwarz ist. Wir würden von jedem normalen Therapeuten erwarten, diese Vorstellungen grundlegend zu hinterfragen, um zu erfahren, weshalb sie so denkt. Wer hat diesem Kind einen derartigen Unsinn ins Hirn gepflanzt? Warum hat sie sich auf so tragische Weise diese rassistischen Stereotypen angeeignet und sie so sehr verinnerlicht? Eine körperdysmorphe Störung hat bei ihr offenbar eine völlig verzerrte Wahrnehmung ihres Spiegelbildes ausgelöst. Das Problem ist nicht ihre Hautfarbe, sondern befindet sich in ihrem Kopf.

Dabei ist die Rasse ein viel weniger grundlegendes biologisches Attribut als das Geschlecht. Während es in der menschlichen Natur im Grunde wirklich nur männlich oder weiblich gibt, gibt es tatsächlich ein ganzes Spektrum von Rassen, innerhalb dessen man ein bisschen von beidem sein kann.

Doch sobald ein Mädchen wie Nia bei einem Therapeuten vorstellig werden würde, würden alle laut schreien, dass man die gestörte Selbstwahrnehmung des Mädchens auf keinen Fall unterstützen dürfe. Ihre Nase ist völlig in Ordnung, genauso wie die Nasen der vielen jüdischen Mädchen, die in den 1960er-Jahren in Amerika die Schönheitschirurgen belagerten, um dem herrschenden Schönheitsideal besser zu entsprechen. Nia ist wunderschön, so wie sie ist. Außerdem ist sie ein Teenager. Niemand würde es einem Therapeuten erlauben, sie zu irreversiblen körperlichen Veränderungen zu ermutigen, während sie noch in der Phase der Selbstfindung ist. Ganz im Gegenteil würden wir von jedem normalen Therapeuten erwarten, Nias selbstzerstörerische Impulse zu zügeln und ihre Unzufriedenheit liebevoll zu hinterfragen. Warum, um Himmels willen, lehnt Nia ihre Identität als Schwarze ab? Es ist doch wunderschön, schwarz zu sein.

»Hat dir jemand so etwas gesagt, Nia? Kannst du dich daran erinnern, wann du angefangen hast, deine Nase nicht zu mögen? Was stört dich daran? Schau mal dieses Foto von Beyoncé an. Sie hat dieselben Haare wie du. Findest du sie auch hässlich? Kennst du das Model Naomi Sims? Sieht sie auf diesem Foto hier für dich hässlich aus? Millionen von Amerikanern fanden sie nämlich wunderschön. Sie war für viele eine Inspiration. Was bedeutet Schwarzsein für dich, und was hast du dagegen? Kennst du die vielen Schwarzen, die ähnliche Interessen, Hobbys und Vorlieben haben wie du? Glaubst du, sie sind irgendwie weniger schwarz, nur weil sie nicht den üblichen schwarzen Stereotypen entsprechen? Sie finden das jedenfalls nicht.«

Auf gar keinen Fall aber würden wir dulden, dass ein Therapeut einer Magersüchtigen sagt: »Wenn du dich dick findest, dann bist du es auch. Lass uns über Fettabsaugung und Schlankheitskuren reden.« Oder im Falle Nias: »Wenn du dich als weiß empfindest, dann bist du es auch. Es gibt Behandlungen, um deine Hautfarbe zu ändern. Ich werde dir einen Schönheitschirurgen empfehlen.«

Wir würden von jedem Therapeuten, der mit Jugendlichen arbeitet, Mitgefühl erwarten. Wir würden verlangen, dass er zuhört. Wir würden hoffen, dass die Therapeuten Verständnis aufbringen. Aber wir würden niemals wollen, dass sie automatisch mit der Selbstdiagnose des Patienten übereinstimmen – zum einen, weil dies die fehlerhafte Selbstwahrnehmung des Patienten noch verstärken würde, und zum anderen, weil es noch nie die Aufgabe eines Experten für psychische Gesundheit war, mit der Selbsteinschätzung des Patienten übereinzustimmen. Und das ist sie noch immer nicht – auch nicht in Bezug auf andere psychische Erkrankungen.[152]

Es ist unbestreitbar, dass Therapeuten und Psychiater, ja sogar Kinderärzte und Endokrinologen heute dazu verpflichtet werden, die

Selbstdiagnosen genderdysphorischer Patienten zu »bestätigen« und zu glauben.

In den Richtlinien der American Psychological Association wird psychosozialen Fachkräften sogar geraten, sich als »Mitstreiter« in der Transgendercommunity zu engagieren,[153] und betont, dass Transpatienten eine »respektvolle Behandlung benötigen, die ihre Geschlechtsidentität in einer bejahenden Weise anspricht«.[154]

Obwohl die einzige relevante medizinische Diagnose »Genderdysphorie« ist, befassen sich die APA-Richtlinien interessanterweise mit der Behandlung von »Transgenderpersonen«. Die APA hat hier also das Gebiet, das Vokabular und vielleicht sogar die Methodik der Medizin verlassen und sich auf das Minenfeld der Politik begeben. Man kann sich durchaus fragen, ob ein medizinischer Standard, der nicht von biologischer, sondern politischer Korrektheit her bestimmt wird, im besten Interesse der Patienten sein kann.

Die Therapeuten

Randi Kaufman ist nicht die einzige genderaffirmative Therapeutin, mit der ich gesprochen habe, aber sie ist sicher die prominenteste. Als Expertin für Genderidentität und -ausdruck arbeitet sie beim Gender- und Familienprojekt des renommierten Ackerman Institute for the Family in New York mit Kindern und Jugendlichen ab 10 Jahren. Sie hat im Rahmen der Bostoner Kinderklinik und Harvard Medical School die Eignung von genderunangepassten Jugendlichen für medizinische Eingriffe bewertet. Im Jahr 2004 hat sie an der Fenway Health in Boston das Transgenderprogramm für medizinische und psychologische Pflege Erwachsener gegründet.

Dr. Kaufman hat den affirmativen Ansatz vielleicht nicht erfunden, aber sicher einen großen Teil zu ihm beigetragen, beispielsweise ein ganzes Kapitel des Standardwerks *The Gender Affirmative Model: An Interdisciplinary Approach to Supporting Transgender and Gender Expansive Children* (»Das genderaffirmative Modell: eine interdisziplinäre Annäherung zur Unterstützung von transgender und genderexpansiven Kindern«).

Bei meiner Recherche zur Theorie und Praxis der genderaffirmativen Psychotherapie habe ich mich mit einer Reihe von Psychotherapeuten unterhalten, die sich auf Genderthemen spezialisiert haben. Manche von ihnen sind selbst transgender. Einer sagte mir, es sei nicht seine Aufgabe, die Selbstwahrnehmung eines Jugendlichen infrage zu stellen, sondern den Patienten ihre Optionen aufzuzeigen. Ein anderer Therapeut verspricht auf seiner Website, niemals als »Türsteher« zwischen dem Patienten und dessen erwünschten Hormontherapien und -operationen aufzutreten, und garantiert bei der ersten Sitzung ein Rezept für geschlechtsverändernde medizinische Maßnahmen.[155] Ein weiterer sagte mir, wenn ich etwas über genderaffirmative Therapie wissen wolle, müsse ich mit Randi Kaufman sprechen.

Und was brauchen Transgenderteenager laut Randi Kaufman von Eltern und Therapeuten? »Meiner Meinung nach gibt es bestimmte Dinge, die transgender und nonbinäre Jugendliche für ihre geistige Gesundheit benötigen – und das bei Weitem Wichtigste sind die Toleranz und die Unterstützung der Familie«, erklärt Dr. Kaufman. »Studien zeigen, dass die Selbstmordrate auf längere Sicht dramatisch ab- und die geistige Gesundheit zunimmt, wenn sie die Unterstützung ihrer Familien haben.«

Gendertherapeuten führen oft die Selbstmordraten als Argument an, um unbedingt sofort die behauptete Genderidentität eines Kindes oder Jugendlichen zu bestätigen und manchmal sogar medizinische Eingriffe zu rechtfertigen. Natürlich ist die Aussicht, ihr Kind könnte sich etwas antun, für alle Eltern ein echtes »Totschlagargument«. Wenn also neue Pronomina, ein neuer Vorname und neue Klamotten dafür sorgen, dass dein Kind am Leben bleibt, dann her damit. Laut den genderaffirmativen Therapeuten ist dies nicht nur empfehlenswert, sondern Grundvoraussetzung für eine liebevolle Eltern-Kind-Beziehung.

»Zu dieser Unterstützung gehört das Verständnis, dass ihr Kind jetzt, in welcher Form auch immer, eine Entwicklung in Sachen Gender durchmacht. Viele Kinder und Jugendliche transitionieren, aber nicht alle«, so Dr. Kaufman. »Diese Transition kann für jeden unterschiedlich ausfallen. Manche transitionieren nur sozial, manche sozial und medizinisch und manche chirurgisch, aber nicht medikamentös. Es hängt wirklich vom Einzelfall ab. Das Wichtigste ist zu erkennen, dass jemand, der sich nicht cisgender fühlt, Unterstützung und Bestätigung braucht, egal wie er sich identifiziert.«

Seine Tochter zu fragen, »bist du jetzt komplett verrückt geworden?«, ist also offenbar ein No-Go, ebenso wie zu sagen, »nein, ich werde dich nicht Peter nennen«. Oder: »Wir essen doch nicht einmal hormonbehandeltes Rindfleisch, um Himmels willen!« Man muss jede noch so verständliche elterliche Reaktion komplett ausblenden, sonst könnte sich dein Kind, nur weil du es aus Versehen wieder einmal »Rebecca« genannt hast, in der Garage erhängen.

Folgt man den genderaffirmativen Therapeuten, so reicht es nicht aus, die entsprechenden Begriffe zu verwenden, um einem Transteenager eine angemessene Unterstützung zu geben, sondern man muss *richtig fest* dran glauben. Deine Tochter ist nicht mehr da; du hast jetzt einen Sohn. Herzlichen Glückwunsch!

Um die persönliche Entwicklung ihres Kindes zu unterstützen, müssten Eltern laut Dr. Kaufman »ihrem Kind Glauben schenken und gleichzeitig verstehen, dass es sich im Laufe der Zeit ändern kann oder auch nicht und dass ein Teil dieser Reise darin besteht, jeden einzelnen Schritt mit dem Kind mitzugehen und zu schauen, wohin sie führt.«

Das unterscheidet sich in bemerkenswerter Weise davon, ein homosexuelles Kind zu haben. Ein Jugendlicher, der sich als homosexuell outet, bittet die Eltern meistens, ihn als das zu akzeptieren, was er oder sie eben ist. Ein Transgenderjugendlicher will als etwas akzeptiert werden, was er *nicht* ist. Sogar die liebevollsten Eltern könnten an dieser mentalen Herausforderung scheitern.

Wenn sich die Selbstwahrnehmung eines Jugendlichen in Bezug auf das Geschlecht aber auch »ändern und entwickeln kann«, wie kann man als Eltern dann einer permanenten körperlichen Verstümmelung zustimmen? Warum sollten Eltern ihrer Tochter erlauben, in der Schule sozial zu transitionieren, wenn sie sich nächstes Jahr wieder umentscheiden könnte? »Bis zur Pubertät haben die meisten Jugendlichen ein relativ klares Verständnis für die Genderidentität, die Genderrollen und den Genderausdruck, das heißt wie man sein Geschlecht in Kleidung, Frisur, Gesten, Namen, Pronomen und so weiter zum Ausdruck bringt«, versicherte mir Dr. Kaufman. »Dass Jugendliche sich wieder umentscheiden, kommt ziemlich selten vor.«

Doch wie selten ist »ziemlich selten«? Wie, wenn es um Spritzen geht, die das Gesicht deiner Tochter unwiederbringlich verändern werden, ihre Klitoris vergrößern, ihren Haarwuchs verstärken und sie vielleicht unfruchtbar machen werden – ist die »ziemlich seltene« Chance, dass sie ihre Meinung ändert, selten genug?

Und hier kam in meinen Gesprächen mit genderaffirmativen Therapeuten immer der Punkt, wo sie mir sagen, ich solle es mal langsam angehen lassen. Niemand habe gesagt, dass wir uns auf medizinische Behandlungen stürzen müssten – oder? Dies ist im Grunde eine abwartende Haltung. Wenn ein Jugendlicher mit einer neuen Genderidentität zu Ihnen kommt, ist das Wichtigste, ihm zuzuhören, Glauben zu schenken, seine neuen Namen und Pronomina zu verwenden, ihm neue Kleidung zu kaufen und zu fragen, was man noch tun könne, um sein Leben zu erleichtern. »Einfühlsam und unterstützend zu sein heißt, den Vorgaben des Kindes zu folgen. Wenn das Kind einen neuen Namen und neue Pronomina verwenden will, dann sollte man das tun. Man sollte die Bedeutung von Namen und Pronomen nicht unterschätzen«, so Dr. Kaufman. »Das zeigt wirkliche Unterstützung. Auch wenn es eine Herausforderung für die Eltern darstellt, ist es sehr wichtig, daran zu arbeiten.«

Ich möchte den Grund dafür wissen und frage mich, ob diese armen Eltern es nicht schon schwer genug hatten.

Die Antwort darauf: »Stellen Sie sich vor, es würde sie jemand mit einem männlichen Namen und männlichen Pronomina anreden. Das wären doch nicht Sie. Es würde sich respektlos anfühlen, oder? Genauso muss man sich das vorstellen. Als würde Sie plötzlich jemand ›Andi‹ statt ›Abigail‹ nennen. Dann würden Sie doch sagen: ›Was soll das bitte?‹«

Diese Vorstellung bahnte sich mit Mühe einen Weg durch die verkrustete Rinde meines cisgender Gehirns. Aber Moment mal. Wir reden hier von einer Jugendlichen, die ihr ganzes Leben lang etwa »Rebecca« genannt wurde. Inwiefern sollte es plötzlich schockierend oder traumatisch für sie sein, von ihren Eltern mit demselben Namen wie immer angeredet zu werden? Oder sie als ihre »Tochter« zu bezeichnen? Schließlich haben ja nicht Sie die Regeln geändert.

Ich kam mir langsam vor wie ein schlechter Schüler, der schwer von Begriff ist, und spürte, wie am anderen Ende der Telefonleitung Dr. Kaufmans große berufliche Geduld strapaziert wurde. »Aber für den Jugendlichen ist es ja so, als verstünden die Eltern nicht, wer er ist, und das stimmt ja auch. Wenn ein Junge damit aufwächst, dass er sich wie ein Mädchen fühlt, seine Eltern aber immer noch ›John‹ statt ›Julia‹ zu ihm sagen, denkt er sich irgendwann: ›Das bin nicht ich, ich bin Julia.‹ Die Eltern aber sagen: ›Nein, wir wissen besser als du, wer du bist.‹ Denken Sie darüber nach: Wir stellen ja auch nicht infrage, wenn eine 8-Jährige sagt, sie sei ein Mädchen. Warum sollten wir also ein 8-jähriges Kind infrage stellen, wenn es sagt, es sei in Wirklichkeit ein Junge, obwohl es seit seiner Geburt als Mädchen bezeichnet wurde – zu einem Zeitpunkt, als es selbst noch nicht gefragt werden oder entscheiden konnte?«

Das war Neuland: Dr. Kaufman schien eine neue Ontologie vorzuschlagen, in der die chromosomale DNA nicht mehr über die Identität zu bestimmen hat, als es die wankelmütigen Empfindungen eines 8-jährigen Kindes tun. »Die Ärzte beschließen das Geschlecht aufgrund von oberflächlichen Geschlechtsmerkmalen«, klärte Dr. Kaufman mich auf. »Wir wissen jedoch, dass sich die Genderidentität eines Menschen nicht unbedingt mit dessen Anatomie deckt. Bei der Mehrheit ist es so, aber nicht bei allen. Und wenn nicht, ist das eine normale Variante der menschlichen Erfahrung.«

Wenn diese »Genderreise« jedoch so unstet und unberechenbar ist, wäre das nicht ein Grund, sein Kind wie gewohnt anzusprechen? Nein, sagen uns die Gendertherapeuten, die Jugendlichen wüssten am besten, wer sie seien – auch wenn sie sich später umentscheiden. »Das Wichtigste, was man bei Gender verstehen muss, ist, dass es für manche Menschen veränderlich ist und das ganze Leben lang veränderlich bleibt«, holt Dr. Kaufman weiter aus. »Wir verstehen das oft nicht. Die meisten Menschen betrachten das Geschlecht als etwas Feststehendes, und für manche Leute ist es das auch, aber für andere eben nicht. Wenn wir uns als Gesellschaft damit anfreunden, dass das Geschlecht etwas Veränderliches und nicht unbedingt Binäres darstellt, und Menschen erlauben, sich zu verändern, dann werden manche das eben tun, und es wird ganz normal sein, wenn sich jemand im Laufe seines Lebens wieder umentscheidet. Manche Leute brauchen das einfach.«

Was die Eltern betrifft, so schrieb Alfred Tennyson einmal über eine Gruppe von kampferprobten Soldaten, die zum Scheitern verurteilt sind: »Sie sind nicht in der Lage, eine Antwort zu geben / Sie sind nicht in der Lage, den Grund zu erfassen.« Was also, wenn sie das Ganze nicht verstehen können? Ihre Aufgabe ist es nicht, ihre pubertierenden Kinder herauszufordern, sie auf ihrer Genderreise auszubremsen oder diese gar infrage zu stellen, sondern sich von den Jugendlichen führen zu lassen. Ihnen »zuzuhören« und zu tun, was ihnen gesagt wird. Eine neue Weltsicht zu akzeptieren, die das biologische Geschlecht als etwas »bei Geburt Zugeteiltes« betrachtet – etwas, was man genauso ändern kann wie den Namen, der einem »bei der Geburt zugeteilt« wurde.

Aber was ist mit all den Eltern, die diese Ideen nicht in ihren Dickschädel bekommen können? Was ist mit, sagen wir mal, religiösen Christen, Muslimen oder Juden, die auf Genderbinarität bestehen, weil die Menschen dies seit Tausenden von Jahren tun?

»Diesen sage ich: Wenn wir die Geisteshaltung nicht ändern können, müssen wir eben den Körper ändern«, so Dr. Kaufman. »Das wäre in etwa die Kurzfassung. Ich würde sie wissen lassen, dass es ziemlich selten ist, dass jemand, der sich auf diese Weise identifiziert, seine Meinung ändert. Wir wissen, dass wir niemanden in ein Geschlecht hinein- oder aus ihm heraussozialisieren können.«

In dieser Hinsicht ist Transsein mit dem Homosexuellsein vergleichbar, fährt Dr. Kaufman fort. »Wir wissen, dass man niemanden dazu bekehren kann, nicht mehr homosexuell zu sein. Ich würde den Eltern erklären, dass wir ihr Kind nicht cisgender machen können, denn es ist, was es ist. Sie können das akzeptieren und ihr Kind unterstützen oder müssen, wenn sie es nicht tun, damit rechnen, dass dieses Kind in Zukunft psychisch labil und unglücklich sein wird und wahrscheinlich – wenn es das nicht schon ist – depressiv und ängstlich, nicht mit dem Leben zurechtkommt, nicht gut in der Schule ist und keine Freunde hat. Es könnte sogar Selbstmord begehen oder sich selbst verletzen. Das ist durchaus vorstellbar.«

Es ist wie eine Pistole am Kopf: Tu, was dein Kind sagt, sonst könnte es sich das Leben nehmen. Immer wieder hörte ich diese Frage von Gendertherapeuten und auch von Eltern, mit denen sie gesprochen hatten: »Hätten Sie lieber eine tote Tochter oder einen lebenden Sohn?«

Die genderaffirmative Theorie

Die Weltanschauung, die der genderaffirmativen Therapie zugrunde liegt, beruht auf mehreren wichtigen Annahmen. Eine ganze Bandbreite irreversibler medizinischer Eingriffe hängt davon ab, ob diese Theorie zutrifft oder nicht. Wirklich?

1. »Jugendliche wissen, wer sie sind.«

Alle, die sich daran erinnern können, wie es war, jung zu sein, oder die die überaus nervenaufreibende Herausforderung angenommen haben, einen Jugendlichen großzuziehen, sollten sich das Lachen verkneifen.

Widerstehen Sie dem Drang, laut loszuprusten angesichts der aberwitzigen Vorstellung, dass ein Teenager in irgendeiner Weise weiß, wer er ist, und zwar mit einem ausreichenden Grad an Sicherheit, um ihm lebensverändernde Entscheidungen anvertrauen zu können.

Die Befürworter der Genderaffirmation behaupten oft, dass die jugendliche Genderdysphorie eine höhere Wahrscheinlichkeit aufweist, bis ins Erwachsenenalter fortzudauern, als die kindliche Genderdysphorie, die oft verschwindet, wenn sie nicht unterstützt oder bis zu einer Geschlechtsumwandlung getrieben wird.[156] Es ist schwer, solche Behauptungen zu bewerten, da es keinerlei Langzeitstudien zu dem Thema gibt. Die Studien, die wir haben, basieren großteils auf Jugendlichen, deren Genderdysphorie bereits in der frühen Kindheit begann.[157]

Was Studien *wirklich* zeigen, ist, dass beinahe alle Jugendlichen, die sich als transgender identifizieren und *Pubertätsblocker nehmen*, sich später, wenn sie erwachsen sind, einer Hormontherapie unterziehen.[158] Das beweist natürlich nicht, dass diese Jugendlichen wissen, wer sie sind. Es beweist höchstens, dass ein Jugendlicher, der *medikamentös daran gehindert wird, sekundäre Geschlechtsmerkmale herauszubilden*, und gleichzeitig in seiner neuen Genderidentität bestätigt wird, später eher bei dieser neuen Identität bleibt.

Teenager brechen Regeln, überschreiten Grenzen und stellen Autoritäten infrage. Laut dem deutsch-amerikanischen Entwicklungspsychologen Erik Erikson ist die Identitätsbildung die wichtigste Aufgabe eines Jugendlichen, denn schließlich steht diese noch vor ihnen. Viel mehr als Erwachsene und Kinder begeben sich Jugendliche auf eine abenteuerliche Reise der Selbstfindung. Warum in aller Welt sollten wir also annehmen, dass sie bereits alles über sich selbst herausgefunden haben?

Es ist schon komisch, wenn man sich Körperveränderungen wünscht – kleine Veränderungen wie eine Tätowierung oder invasivere wie eine Nasenkorrektur, eine Fettabsaugung oder sogar eine doppelte Mastektomie: Wir sind uns oft sicher, dass wir viel glücklicher wären, wenn wir nur diese eine Sache hätten. Wir sind sehr gut darin, zu wissen, was wir gerade wollen, weit weniger gut aber, vorherzusagen, ob das Objekt unserer Begierde auch die Befriedigung bringen wird, die wir für so selbstverständlich halten.

Das ist der Grund, warum wir Jugendlichen meistens davon abraten, permanente Veränderungen an ihren Identitäten oder Körpern vorzunehmen wie religiöses Konvertieren, Namensänderungen, Tätowierungen und so weiter. Nicht nur, weil sie keine Ahnung haben, was sie in der Zukunft wollen werden, wenn sich ihre Hormonspiegel wieder reguliert haben und sich ihre Persönlichkeiten herausgebildet haben, denn auch als Erwachsener trifft man manchmal Entscheidungen, die man später bereut. Und doch neigen wir als Gesellschaft dazu, Erwachsenen zu vertrauen, dass sie diese Entscheidungen auch treffen können. Woran Teenager so kläglich scheitern, ist die Vermeidung riskanter Verhaltensweisen, die von Gleichaltrigen gutgeheißen werden.[159] Jugendlichen ist aber wirklich wichtig, was ihre Freunde denken, ja sogar sehr wichtig, und das verzerrt alle Arten von Entscheidungen, die sie treffen.

Teenager gehen mehr Risiken ein als jede andere Altersgruppe, vor allem dann, wenn es um die Anerkennung durch Gleichaltrige geht. Möglicherweise ist dies sogar neurologisch bedingt.[160] Es geht nicht nur darum, dass Teenager dumme Sachen machen. Wenn es um die Zustimmung ihrer Gleichaltrigen geht, können sie kaum anders. Der präfrontale Kortex, in dem der Sitz der Selbstbeherrschung vermutet wird, ist erst mit etwa 25 Jahren fertig entwickelt.[161]

Doch was ist mit all den ruhigen Teenagern, den vorsichtigen und nachdenklichen? Die immer ihre Hausaufgaben erledigen, gute Noten schreiben, studieren wollen und manchmal sogar vernünftig sind? Während meiner Jugend war ich eine von diesen Streberinnen, die Praktika absolvierten und freiwillig ihre Hausaufgaben machten, vielleicht sogar Spaß daran hatten (obwohl wir das niemals zugegeben hätten).

Bis zu meinem ersten Jahr an der Uni hatte ich ein paar Dinge über mich herausgefunden. Darunter war die Tatsache, dass ich es hasste, wie schlecht meine Kleidung saß, wie sie zwickte und sich verzog, wie der mittlere Knopf von jeder Bluse alsbald zu platzen drohte. Ich konnte niemals ärmellose Blusen tragen, ohne dass mein BH herausblitzte. Ich hasste die Tatsache, dass ich nie normale Badeanzüge tragen konnte, ohne eingebaute Bügel. Ich konnte nie sexy BHs anziehen. Mir waren die eher funktionalen Varianten vorbehalten, die mechanische Höchstleistungen vollbrachten, ausschließlich in verschiedenen Grau- und Brauntönen erhältlich und alle so furchtbar praktisch waren, so absolut spaßfrei. Ich sprach mit meiner besten Freundin darüber, und sie stimmte mir von Herzen zu: Es würde mir viel besser gehen, wenn ich ein oder zwei Körbchengrößen weniger Brustumfang hätte. Also informierte ich meine Eltern darüber, dass ich beschlossen hatte, mir die Brüste verkleinern zu lassen.

Dass meine Mutter sich vielleicht sträuben würde, weil es um ihr genetisches Erbe ging, war mir klar. Nicht erwartet hingegen hatte ich den Widerstand meines Vaters. Er sagte »Nie im Leben. Kommt nicht in die Tüte.« Ich sei genau richtig, wie ich bin, und dass ich wie eine Frau aussehen sollte, auch wenn ich das jetzt nicht erkennen konnte. Außerdem würde ich vielleicht eines Tages Kinder stillen wollen, sagte er, und diese überflüssige OP würde diese Fähigkeit vielleicht gefährden. Und wozu überhaupt?

Ich versicherte ihm, dass ich unter keinen Umständen vorhatte, jemals irgendwelche Säuglinge zu stillen. (Damals fiel es mir schon schwer genug, rechtzeitig für meinen Hebräischkurs um 9:00 Uhr morgens aufzustehen. So war ich mir ziemlich sicher, dass der Mangel an Muttermilch das geringste Problem für meine zukünftigen Kinder sein würde.) Und überhaupt: Stillen? Sah ich etwa wie ein Trottel aus? Wozu gibt es denn Babynahrung und Milchfläschchen?

Ich hatte weder das Geld noch die Vorstellungskraft, um eine Brustverkleinerung ohne die Zustimmung meiner Eltern durchzuführen, und so endete mein Plan mehr oder weniger an dieser Stelle. (Die Bemerkung, dass ich aussah, »wie eine Frau aussehen sollte«, und damit eines Tages die Liebe und Zuneigungen des Richtigen erobern können würde, tröstete mich insgeheim, wie es nur eine Zusicherung meines Vaters vermochte.) Doch auch 1 oder 2 Jahre danach, als ich mich in meinem Körper wohler fühlte oder zumindest damit arrangiert hatte, war ich immer noch davon überzeugt, dass mein Vater unrecht hatte: Egal was er sagte, ich würde niemals einen Säugling stillen. Wir waren doch nicht im Mittelalter, und ich würde genauso wenig auf das Wunder der Babynahrung verzichten wie auf Impfstoffe.

Mehr als ein Jahrzehnt später würde ich drei Kinder stillen – eine der zärtlichsten Unternehmungen meines Lebens. Es gibt natürlich auch andere Möglichkeiten, einem Neugeborenen Geborgenheit zu vermitteln, aber das Stillen ist eine der effektivsten. Es erleichtert die Kommunikation mit dem verletzlichsten Wesen, das man sich vorstellen kann, das keine Sprache kennt, aber glücklicherweise darauf programmiert ist, die Ruhe der Mutter wortwörtlich in sich aufzusaugen. Stillen ist eine ganz besondere Art von Wiegenlied, wie ich entdeckte, eine ganz intime Harmonie zwischen Mutter und Kind. Der Gedanke, dass es ein Verlust wäre, darauf zu verzichten, scheint mir jetzt so offensichtlich, wie er mir als Teenager fremd erschien.

Ich erzähle diese persönliche Geschichte, um klarzumachen, wie wenig wir als Jugendliche von unserem erwachsenen Ich verstehen, wie ahnungslos Teenager oft mit Gefahren umgehen, weil sie nicht in der Lage sind, sie einzuschätzen, ganz besonders, wenn sie mit dem Einverständnis von Gleichaltrigen konfrontiert sind. Das ist zwar kein Grund, Teenagern alle chirurgischen oder identitätsverändernden Maßnahmen zu verbieten, aber sehr wohl ein Grund zur Vorsicht. Ein Grund, der Idee skeptisch gegenüberzustehen, dass man die Selbstdiagnose von Teenagern automatisch akzeptieren sollte, vor allem wenn die Zielsetzung dieser neuen Identität mit gefährlichen chirurgischen Eingriffen zu tun hat.

Wenn man genau hinhört, geben auch Gendertherapeuten zu, dass Jugendliche nur über ein unvollkommenes Wissen über ihre eigenen Genderidentitäten verfügen. Dr. Kaufman beschrieb die Identitätsbildung bei Jugendlichen als »Reise« und wies darauf hin, dass sich die Identität vieler Teenager in Wahrheit als »genderfluid« herausstellt – mit anderen Worten, dass sie nicht genau wissen, was ihre sexuelle Identität ist oder sein sollte. Dr. Kaufman zufolge kann man nicht von vornherein wissen, welche Teenager, die sich über Genderdysphorie beklagen, sich später als »genderfluid« und nicht als »trans« herausstellen werden.

Die vielen Desister und Detransitionierer, die, wie wir in Kapitel 10 sehen werden, bereits über ihre Erfahrungen schreiben und sprechen, sind Beweis genug: Ein bestimmter Prozentsatz aller Teenager, die überzeugt sind, transgender zu sein, wird irgendwann seine Meinung ändern. Wir haben zum jetzigen Zeitpunkt keine Möglichkeit, vorherzusagen, welche Jugendlichen das sein werden. Solange die Experten für psychische Gesundheit keine Prognosen treffen können, wer es sich anders überlegen wird, sollten wir vermutlich sehr zurückhaltend sein, was unumkehrbare körperliche Eingriffe aufgrund eines möglicherweise temporären Gefühls angeht.

Das soll nicht heißen, dass die Therapeuten nicht versuchen sollten, Teenagern zu helfen, ihre Ideen zu Genderidentität und Genderausdruck zu erforschen – natürlich gehört dies zu den Aufgaben der Therapie. Bejahen bedeutet jedoch, ein Gefühl zu bestätigen und zu fördern, und ist dazu geeignet, eine Idee zu verfestigen und zu erhärten. Solange wir nicht genau vorhersehen können, welche Teenager sich als »genderfluid« herausstellen werden, sollten wir uns fragen, wie Psychologen- und Ärzteverbände Mediziner dazu verpflichten können, jede Selbstdiagnose solcher Patienten – jeglicher Patienten – zu akzeptieren.

2. »Eine soziale Transition und ihre Affirmation bergen keine Nachteile.«

Eine beliebte Antwort auf das Problem, das ich gerade erwähnt habe, ist, dass Eltern und Therapeuten Transkinder und -jugendliche in ihrem Vorhaben ja deshalb bestätigen können, weil es keine Nachteile mit sich brächte. Als ich sie fragte, ob soziale Transition und deren Affirmation auch Gefahren berge, sagte Dr. Kaufman: »Nein, es gibt keine Nachteile.«

Eltern machen sich oft Sorgen, dass etwas Unumkehrbares in Gang gesetzt wird, wenn sie der sozialen Transition ihrer Kinder zustimmen. »Nehmen wir mal an, sie ändern ihren Namen und ihre Pronomina, sie benutzen eine andere Toilette, ändern ihre Frisur und ihre Kleidung«, erläuterte meine Gesprächspartnerin, »und machen 3 Jahre später die Pubertät durch und beschließen, wieder ein Junge sein zu wollen, dann ist das völlig in Ordnung. Sie können sich auch wieder zurückverwandeln.«

Zwar gestand Dr. Kaufman ein, es gebe »gar nicht so viele Daten« zu den Auswirkungen der sozialen Transition auf Kinder und Jugendliche, war sich aber völlig sicher, dass es »viel nachteiliger für ein Kind ist, eine Transition nicht durchzumachen, auch wenn sie es sich später anders überlegen sollten, als diese aufzuschieben und zu sagen: ›Nein, du kannst das nicht selbst entscheiden. Du bist noch nicht alt genug‹. Oder: ›Du weißt gar nicht, was du willst‹. Solche Sätze können für Kinder und Jugendliche sehr schädlich sein.«

Angesichts solcher Drohungen geben viele Eltern verständlicherweise nach. Alle Eltern, die jemals einem Teenager etwas verboten haben, wissen, wie schwierig und anstrengend das ist. Nicht einmal die erfahrensten Taschendiebe und Trickbetrüger können mit einem Teenager mithalten, der sich etwas fest in den Kopf gesetzt hat.

So beginnen wir, die Geschichte umzuschreiben: Deine Tochter ist nicht nur ein Junge, sondern war irgendwie *schon immer* ein Junge. Also los, ruf Großmutter an und sag ihr, dass Janine jetzt Jan ist. Lass sie aufs Jungenklo gehen und in der Jungenmannschaft mitspielen, denn der Therapeut sagt, es sei gefährlich, dies nicht zu tun. Und wenn sie es sich später anders überlegt, kein Problem, ist ja nichts passiert? Das behaupten jedenfalls Gendertherapeuten: Soziale Transition sei immer leicht und problemlos rückgängig zu machen.

Aber stimmt das auch? »Tatsächlich werden unsere Identitäten sozial ausgehandelt«, lautet der Kommentar der jungianischen Therapeutin Lisa Marchiano, einer prominenten Kritikerin der genderaffirmativen Therapie.

Das ist ein verdammt guter Punkt: Eine soziale Transition ist per Definition eine gemeinschaftliche Aktivität, die die Zustimmung anderer erfordert, die Beteiligung der Gemeinschaft an dieser neuen Identität. Die Mitmenschen müssen bestimmte Praktiken akzeptieren oder den zugrunde liegenden Glauben gar selbst übernehmen. Doch dies könnte gewissermaßen das Unwohlsein einer Jugendlichen in ihrem Körper verstärken: Sobald man ihren Glauben zementiertet hat, dass sie tatsächlich ein Junge ist – oder sein soll –, wird ihr Geburtskörper unausweichlich zu einer endlosen Quelle der Enttäuschung.

Vor einigen Jahren habe ich einen historischen Roman zu einem Holocaustthema geschrieben und dafür viel Zeit im Keller des Holocaust Museum Los Angeles sowie bei der Shoah Foundation der University of Southern California verbracht. Denn ich wollte die Aussagen von Zeitzeugen hören – die Geschichten von Juden aus ganz Europa und Asien, aus allen sozialen Schichten, Bildungsstufen und Glaubensrichtungen. Ich hörte Geschichten von brutaler Psychofolter, von Hunger, Schlägen und der Qual, die es bedeutete, zum Zeugen zu werden, wie die eigenen Angehörigen verhungerten und geschlagen wurden.

Diese Erfahrung hinterließ bei mir einen bleibenden Eindruck von der Brutalität und der psychologischen Grausamkeit, die der Holocaust für seine Opfer darstellte, unter anderem für diejenigen, die das Schicksal erlitten, jahrelang unter einer falschen Identität leben zu müssen. Die Aussage einer Frau blieb mir besonders im Gedächtnis. Ihre Eltern hatten sie gegen Geld bei einer katholischen Familie versteckt. Sie musste schnell das Vaterunser und das Rosenkreuzgebet lernen und erhielt einen katholischen Namen – »Maria«, glaube ich. Sie kam also für die Dauer des Holocausts bei ihnen unter und nahm zu ihrem Schutz eine andere Identität an – ohne jemals irgendeiner Menschenseele etwas zu verraten. Und es hat funktioniert: Das Mädchen überlebte.

Viele Jahre später wurde sie als Holocaustüberlebende nach Israel eingeladen. Doch in einem herzerweichenden Bekenntnis erklärte sie, wie sie diese Einladung überforderte. Sie fühlte sich anderen Juden und Überlebenden fremd, aber auch in der Gesellschaft von Christen nicht wirklich wohl.

Es fiel ihr schwer zu erklären, weshalb, aber sie gab ihr Bestes: Nachdem sie jahrelang vorgeben musste, keine Jüdin zu sein, und lernte, Juden mit den Augen von Christen zu sehen, fühlte sie sich nicht mehr wie eine Jüdin. Sie war mindestens zur Hälfte Christin geworden, aber eben nichts Halbes und nichts Ganzes. In keiner Gemeinde fühlte sie sich mehr zu Hause. Das jüdische Mädchen, das seine Identität verheimlichen musste, um den Holocaust zu überleben, verlor dadurch seine Identität, und hatte danach keine Gemeinde, keine Heimat, keine Familie mehr – und keine Ahnung, wer sie in Wahrheit war.

Besonders auffällig an dieser Geschichte erschien mir, dass Maria es in vielerlei Hinsicht leicht gehabt hatte: Sie war nie im KZ, musste nie hungern, wurde nie gefoltert oder misshandelt. Sie war von Spielkameraden umgeben gewesen und hatte bei einer netten Familie gelebt.

Trotzdem hat sie wie so viele Holocaustüberlebende, die ich kennengelernt habe, niemals geheiratet oder Kinder bekommen, sondern verbrachte ihr Leben in fortwährender Einsamkeit, allein auf ihrer Insel. Was ihr gestohlen worden war, hinterließ keine physische Spuren, aber die psychischen Wunden waren tief; ihre Identität als Person war durch die Täuschungsmanöver eines Geistes ausgehöhlt worden, der diesen schließlich selbst ins Garn gegangen war.

Anders als viele Mädchen, die sich als trans outen, hatte Maria sich ihre Identität nicht ausgesucht; sie war ihr aufgezwungen worden. Sie wäre lieber bei ihrer eigenen Familie geblieben, wäre die Tochter ihrer Eltern geblieben, hätte lieber den Namen behalten, den man ihr bei der Geburt gegeben hatte. Doch nach vielen Jahren in einer Gemeinschaft, die sie nur in ihrer neuen Identität als Christin kannte, hatte sie ihr ehemaliges Ich vollkommen ausradiert. Diese Auslöschung war so komplett, dass, selbst wenn sie es gewollt hätte, kein Weg zu ihrem alten Ich zurückführte.

Wie Aristoteles einst feststellte, sind wir alle soziale Wesen. Häufiger und tiefer, als uns dies bewusst ist, nehmen wir Vorstellungen davon, wer und wie wir sind, aus unserem Umfeld auf. Wenn wir eine Schule besuchen oder in einer Familie leben, in der uns ständig gesagt wird, wir seien dumm, wird das unser Selbstbild auf eine gewisse Weise färben. Wenn ein Junge auf eine Schule geschickt wird, wo die anderen Jungs ihn als Schwuchtel hänseln, wird er ihre Schwulenfeindlichkeit auf irgendeine Weise verinnerlichen. Vielleicht richtet er seine Wut nach innen, gegen sich selbst.

Daraus entnehmen wir, dass eine soziale Identitätsänderung nicht bedeutungslos ist. Sie ist sogar ein extrem wirkungsvoller und folgenschwerer Akt – etwas, was der weltberühmte Genderpsychologe Kenneth Zucker – selbst keineswegs ein Fan des affirmativen Ansatzes – mir gegenüber als ein »Erziehungsexperiment« bezeichnete. Wir versetzen das Kind oder den Jugendlichen in eine Umgebung, in der die gesamte Schule dazu angehalten ist, die neue Identität dieses Kindes als Angehöriger des anderen Geschlechts anzuerkennen und zu bejahen. War der Jugendliche vor diesem Experiment nicht vollkommen sicher, was diese Identität anbelangt, könnte es gut sein, dass er sich im Laufe des Experiments vermutlich darin bestärkt fühlt.

Ein niederländisches Forscherteam, das bei der Verwendung von Pubertätsblockern Pionierarbeit geleistet hat, hat genau das festgestellt: Soziale Transition ist in der Tat ein wichtiger Eingriff. In einem Zeitschriftenartikel aus dem Jahr 2011 machten sie darauf aufmerksam, dass sich frühe soziale Transitionen als schwierig erweisen. Angesichts der Tatsache, dass Mädchen, die in ihrer Kindheit jahrelang als Jungen gelebt hatten, »große Schwierigkeiten hatten, wenn sie in die weibliche Geschlechterrolle zurückkehren wollten«, warnten sie: »Wir glauben, dass Eltern und Betreuer sich der Unvorhersehbarkeit der psychosexuellen Entwicklung ihres Kindes voll bewusst sein sollten.«[162]

Wenn man so lange allen gesagt hat, dass man ein Junge ist, ist es nicht einfach, seinen Freunden, der Familie, seinen Mitschülern, Lehrern und Bekannten zu gestehen, dass man einen Fehler gemacht und es sich anders überlegt hat. »Man hat Angst, sein Gesicht zu verlieren«, erläutert Lisa Marchiano. »Wenn man sich abwendet, wird man nicht nur wie ein Verräter der Transgemeinde behandelt, sondern sieht auch noch wie ein Trottel aus. Immerhin hast du alle dazu gebracht, deinen neuen Namen und deine neuen Pronomina zu verwenden. Du hast vor der ganzen Schule am Trans Day of Visibility (Trans-Sichtbarkeitstag) einen Vortrag gehalten – und jetzt willst du das alles zurücknehmen? Welcher Teenager bringt das fertig?«

»Soziale Transition« und »Affirmation« sind also keineswegs ohne Risiko – weder für den Patienten noch für den Arzt. Man sollte sich fragen, ob ein Therapeut, der die Selbstdiagnose seiner Patienten unkritisch übernommen hat, überhaupt noch ein objektives Urteil fällen kann. Im Fall von genderdysphorischen Jugendlichen ist das Gefühl, »im falschen Körper geboren« worden zu sein, der Grund dafür, dass sie eine Therapie brauchen. Es ist die Wurzel ihrer Probleme. Wenn es einen Aspekt der Patientenbeurteilung gibt, den ein Therapeut, so sollte man meinen, mit objektiver Distanz betrachten sollte, so ist es die Art des Leidens, das den Patienten veranlasst hat, eine Therapie aufzusuchen.

3. »Wenn Sie Ihr Kind nicht unterstützen, könnte es Selbstmord begehen.«

Eine Weile lang habe ich einmal im Jahr die Novelle *Goodbye, Columbus* von Philip Roth gelesen, nur zum Spaß. Den meisten Ausgaben sind eine Reihe von Kurzgeschichten beigefügt, darunter eine, die mir immer in den Sinn kommt, wenn Eltern von der Selbstmordgefahr ihrer Transkinder sprechen: »The Conversion of the Jews« (»Die Bekehrung der Juden«).

Die Geschichte geht in etwa so: Ozzie Friedman ist ein 12-Jähriger, der sich auf seine Bar Mitzwa vorbereitet und nicht aufhören kann, den Rabbi in der hebräischen Schule mit schwierigen theologischen Fragen zu löchern. Ozzie will wissen, warum der Rabbi so sicher ist, dass Jesus nicht der Sohn Gottes ist, und warum er so selbstzufrieden in seinem Glauben an das Judentum ist. Ozzie lässt nicht locker und geht dem Rabbi so lange auf die Nerven, bis dieser wütend wird und Ozzie eine runterhaut. Die Kurzgeschichte endet damit, dass Ozzie auf dem Dach seiner Thora-Schule steht und droht herunterzuspringen, wenn der Rabbi, seine Mutter und alle unten versammelten Juden nicht auf die Knie gehen und zu Jesus beten. Sie tun es, kurz bevor Ozzie springt und sicher im Sprungtuch der Feuerwehr landet, die ihn erwartet.

In einem gewissen Sinn ist das der Traum eines jeden Jugendlichen: die Heuchelei und Doppelmoral der Erwachsenen zu entlarven, in diesem Fall das trotzige Beharren auf die Richtigkeit des eigenen Glaubens im Vergleich zu dem unsinnigen Aberglauben der anderen. Die Gelegenheit zu haben, sich seine Selbstständigkeit offen zu erkämpfen. Ozzies Sprung vom Dach ist seine wahre Bar Mitzwa, seine Reifeprüfung.

Die Kurzgeschichte enthüllt auch die Verletzlichkeit der Erwachsenen angesichts dieses Teenagertrotzes. Die ernsthafte Androhung des Selbstmords ist die Königsdisziplin der Teenagerrebellion gegenüber den Erwachsenen. Viele Eltern, mit denen ich im Laufe der Recherche

zu diesem Buch gesprochen habe, schienen bei der bloßen Erwäh-
nung dieser Möglichkeit in eine Schockstarre zu geraten.

Angesichts der Macht dieser Drohung, Eltern zu lähmen und zu ent-
waffnen, ist es verstörend, wie beiläufig auch Gendertherapeuten diese Waffe einsetzen. Es gibt kaum eine vergleichbare Lebensentschei-
dung, kaum eine Identitätsäußerung, die Therapeuten blindlings zu
der Behauptung verleiten würde, wenn die Eltern sie nicht mittrügen,
wären sie vielleicht am Selbstmord ihres Kindes schuld. Diese Waffe
ist derart vernichtend, dass man erwarten würde, ein Therapeut würde sie nie oder nur in absoluten Ausnahmefällen einsetzen.

Doch stimmt es überhaupt? Begehen Transgenderjugendliche eher
Selbstmord als andere? Und hilft es, wenn Eltern, Lehrer und Therapeuten auf die Knie fallen und Ja und Amen sagen?

Tatsächlich sind die Raten von Ängsten, Depressionen, Selbstverletzungen und Selbstmordgedanken für Transgenderkinder, -jugendli-
che und -erwachsene erschreckend hoch.[163] Fast jede diesbezügliche
Studie bestätigt das. 2014 veröffentlichte das Williams Institute eine
vielfach zitierte Studie, laut der die Selbstmordversuchsrate bei non-
konformen und transgender Erwachsenen bei 41 Prozent lag. Falls
das zutrifft, wäre dies eine erschreckende Zahl. Die Selbstmordversuchsrate unter der US-Gesamtbevölkerung liegt bei 4,7 Prozent, unter Lesben, Schwulen und Bisexuellen bei 10–20 Prozent.

Es gibt bei dieser Studie jedoch einige Probleme. Zum einem basiert
sie rein auf Selbstauskunft. Wie ein Autor auf 4thWaveNow, einer Elterngruppe, die sich gegen medizinische Geschlechtsumwandlungen
bei Jugendlichen ausspricht, in einem ausgezeichneten Blogbeitrag
schrieb: »Sorgfältigere und strengere Studien führen immer Nachun-
tersuchungen mit persönlichen Befragungen durch. Wenn man
selbstverletzendes Verhalten (das nicht darauf abzielt, das Leben zu
beenden) ausklammert, halbiert sich die tatsächliche Selbstmordrate,
könnte also bei nur 20 Prozent liegen.«[164]

Das ist immer noch erschreckend hoch. Und es gibt andere Studien, die eine sehr hohe Rate von Selbstmordgedanken und Selbstverletzungen bei transgenderidentifizierten Kindern zu bestätigen scheinen. Man kann mit Fug und Recht davon ausgehen, dass es sich um eine zutiefst gestörte Bevölkerungsgruppe handelt, die akut leidet.

Um den seltsamen Zwang zu rechtfertigen, dass Therapeuten automatisch die Selbstdiagnose ihrer Transgenderpatienten für bare Münzen nehmen, müssen wir zwei Fragen beantworten: 1) Ist die Geschlechtsdysphorie die Ursache für die Selbstmordgedanken? Und 2) Gibt es Beweise dafür, dass Affirmation psychische Probleme verbessert? Die Antwort auf beide Fragen lautet offenbar nein.

In einer neuen akademischen Studie stellte Kenneth Zucker fest, dass die Entwicklung der psychischen Gesundheit bei Transgenderjugendlichen vergleichbar ist mit der Entwicklung anderer Jugendlicher mit ähnlichen psychischen Problemen. Es gibt also keinen Beleg dafür, dass die Genderdysphorie zu den Selbstmordgedanken oder dem Hang zur Selbstverletzung beitrug. Es könnte genauso an den vielfältigen psychischen Problemen liegen, an denen genderdysphorische Jugendliche oft leiden.

Auch wenn Selbstmordgedanken nicht das Resultat der Genderdysphorie sind, könnte es trotzdem angebracht sein, diese Jugendlichen zu »bestätigen«, wenn dadurch ihre Depression geheilt und ihre Selbstmordfantasie ausgeräumt werden würde. Es ist Pech für die Befürworter des affirmativen Ansatzes, dass es auch hierfür keine Belege zu geben scheint. Zwar liegen ein paar wichtige Studien zu diesem Thema vor, aber noch keine maßgeblichen, da dieser aktuelle Hype so neu ist. Es existiert eine langfristige Studie von erwachsenen Transsexuellen (so hieß das damals), die eine Zunahme der Suizidalität nach der chirurgischen Geschlechtsumwandlung nahelegt.[165] Eine weitere Studie, die für die heutigen genderverrückten Mädchen relevanter sein könnte, stammt von einem geleakten Bericht der Tavistock and Portman Trust Gender Clinic in Großbritannien. Ihr zufolge nahm die Selbstverletzung und Suizidalität unter biologischen Mädchen nicht ab, nachdem sie Pubertätsblocker bekommen hatten.[166] Dieser Bericht war so verheerend, dass der Klinikleiter Dr. Marcus Evans seinen Hut nehmen musste. Evans äußerte den Medien gegenüber, er habe Angst, dass die Klinik Jugendliche ohne positiven Effekt und manchmal sogar zu ihrem Nachteil zu raschen Geschlechtsumwandlungen gedrängt hätte.[167]

Die am häufigsten zitierte Studie, die die Vorteile einer sozialen Transition aufzeigen soll, stammt von der Psychologin Kristina Olson[168], die Daten zur psychischen Gesundheit von Kindern zwischen 3 und 12 Jahren sammelte, eine gewisse Zeit nachdem sie sozial transitioniert hatten. Dabei war die psychische Gesundheit dieser Kinder *vor* ihrer Transition nicht untersucht worden.[169]

4. »Genderidentität ist unveränderbar: Man kann einem Kind seine Transgenderidentität nicht abgewöhnen.«

Dr. Kaufman sagte mir ausdrücklich: »Wir wissen, dass wir niemanden vom Homosexuellsein zum Heterosein bekehren können. Die Konversionstherapie ist abgeschafft und in manchen Bundesstaaten sogar verboten; man kann einen Homosexuellen nicht ›heilen‹. Nach dem Motto: *Man ist, wer man ist.* Das Gleiche gilt für Transgender oder Cisgender.«[170]

Es stimmt jedoch nicht, dass Genderdysphorie oder »Transsein« ebenso unveränderbar ist. Das wissen wir, weil vor dem Siegeszug des »affirmativen Ansatzes« das sogenannte »abwartende Beobachten« bei Jugendlichen unter Gendertherapeuten die Norm war. Ziel dieses therapeutischen Ansatzes war es, Jugendlichen zu helfen, sich mit ihrem angeborenen Geschlecht zu arrangieren und sich darin wohlzufühlen. Wie wir im nächsten Kapitel sehen werden, war der Ansatz »Abwarten und Beobachten« extrem erfolgreich. Etliche Studien zeigen, dass beinahe 70 Prozent aller Kinder, die in der Kindheit an Genderdysphorie leiden und nicht darin »bestätigt« oder sozial transitioniert werden, nach einer Weile darüber hinwegkommen.[171]

Es gibt noch keine langfristigen Studien zu Jugendlichen ohne kindliche Genderdysphorie-Vorgeschichte, die sich im jugendlichen Alter als transgender bezeichneten und dann mangels sozialer oder medizinischer Transition wieder davon abließen. Aber es gibt eine wachsende Zahl an Desistern oder Detransitionierern unter ehemaligen Transgenderjugendlichen, die allesamt felsenfest davon überzeugt waren, trans zu sein – bis sie es plötzlich nicht mehr waren. Viele Desister und Detransitionierer berichten, dass sie von ihren Gleichaltrigen beeinflusst worden waren. Sobald sie mehr Selbstbewusstsein entwickelt hatten beziehungsweise weniger anfällig für den Gruppenzwang unter Teenager waren, stellten sie fest, dass sie gar nicht transgender waren.

Es gibt aber noch ein weiteres Argument: Wir wissen, dass Homosexualität nicht durch Sozialisierung wegtherapierbar ist, weil sie allen Repressalien zum Trotz in vielen verschiedenen Kulturen schon seit Jahrtausenden existiert. Wir haben Unmengen historischer Zeugenberichte von schwulen Autoren, Dichtern, Anführern und Philosophen, die unter repressiven Regimen lebten und teilweise selbst vergeblich gegen ihre eigene Homosexualität ankämpften. Es gibt keine vergleichbare überlieferte Grundlage, die uns sagt, dass wir Genderdysphorie nicht behandeln dürfen.

Viele genderaffirmative Therapeuten wie Dr. Kaufman führen den berühmten Fall von David Reimer an, um die Unveränderbarkeit von Genderidentität zu belegen.[172]

David Reimer war ein eineiiger Zwilling (als »Bruce Reimer« geboren). Eine fehlgeschlagene Beschneidung im Alter von 7 Monaten hatte ihn ohne funktionsfähigen Penis zurückgelassen. Unter dem großen Druck des Psychologen John Money von der Johns Hopkins University nannten ihn seine Eltern in »Brenda« um und stimmten einer kompletten Geschlechtsumwandlung zu einem Mädchen zu, erzählten auf strenge Anweisung von John Money Brenda jedoch nie, dass sie als Junge auf die Welt gekommen war. Jahrelang wurde dieses

Experiment als Triumph der Wissenschaft über die Natur gefeiert: Im Gegensatz zu ihrem eineiigen Zwilling war Brenda Reimer tatsächlich ein Mädchen geworden.

Wie spätere Studien und Berichte enthüllten, ist John Moneys Experiment allerdings kläglich gescheitert. David hat sich nie als Mädchen wohlgefühlt, sondern war sein ganzes Leben lang jungenhaft, aggressiv und unglücklich. Im Teenageralter war er so aufgewühlt und depressiv, dass seine Eltern ihm zögernd die Wahrheit offenbarten, woraufhin er sich sofort in »David« umbenannte. Er unterzog sich einer maskulinen Hormonbehandlung und chirurgischen Eingriffen und präsentierte sich erst als Junge, dann als Mann. Später heiratete David eine Frau, doch er konnte nie die volle körperliche Funktion eines Mannes wiedererlangen oder die qualvollen Jahre abschütteln, die er als Mädchen verbracht hatte. Im Jahre 2004 nahm sich David das Leben.

Unglaublicherweise ziehen Transgenderaktivisten und genderaffirmative Therapeuten ausgerechnet David Reimers Fall als Beweis für die Unveränderbarkeit der Genderidentität heran, denn schließlich sei David Reimers Genderidentität ja »männlich« gewesen. Alle Bemühungen seiner Eltern, Lehrer, Freunde, Familie und Therapeuten, David zu überzeugen, dass er ein Mädchen sei, scheiterten, weil man die Genderidentität eben nicht ändern kann.

Aber natürlich beweist dieser Fall ebenso leicht das Gegenteil. Schließlich war Davids *biologisches Geschlecht* ebenfalls männlich. Es war wohl Davids Biologie, der er nicht entkommen konnte – dieses nicht ganz unbedeutende Detail, das jeder Zelle seines Körpers eingeprägt ist –, und nicht das ätherische Konzept »Gender«, für das es keinen wissenschaftlichen Beweis gibt.

Nicht alle Therapeuten glauben an den affirmativen Ansatz, doch diese tun besser daran, den Mund zu halten. In neunzehn US-Bundesstaaten (und ebenso der Bundesrepublik Deutschland, Anm. d. Übers.) ist die »Konversionstherapie« inzwischen verboten – nicht nur in Bezug auf Homosexualität, sondern ausdrücklich auch auf Genderidentität. Ein Therapeut, der in diesen Bundesstaaten die Selbstdiagnose eines Patienten der Genderdysphorie hinterfragt oder auch nur andeutet, dass es vielleicht auch andere Erklärungen für die Probleme des Patienten geben könnte, kann seine Zulassung verlieren.[173]

Nach diesen Regeln gilt allein schon das Hinterfragen der Selbstdiagnose eines Patienten als Konversionstherapie. Daher ist es verständlich, dass selbst Therapeuten, die den affirmativen Ansatz nicht teilen, zögern, ihn öffentlich zu kritisieren.

Therapeuten und Forscher, die den Mund aufmachen, riskieren, ihren Job zu verlieren. Manche sind in Pension gegangen oder leben außerhalb der neunzehn US-Bundesstaaten, welche die Konversionstherapie für illegal erklärt haben. Es sind Pioniere, die teilweise bahnbrechende Forschungsarbeit in Sachen Genderdysphorie geleistet, die den Eintrag »Genderdysphorie« im Diagnosehandbuch *DSM-5* verfasst und ihre gesamte therapeutische Laufbahn mit der Behandlung genderdysphorischer Patienten verbracht haben. Es sind Größen der Psychologie und Psychiatrie, weltbekannte Experten für Genderdysphorie, die nun plötzlich bei ihren Kollegen in Ungnade gefallen sind. Viele dieser Leute glauben, dass ihr Berufszweig auf verheerende Weise politisiert worden ist, und halten den gegenwärtigen Ansatz für völlig fehlgeleitet.

Die Dissidenten

B is zu dem Skandal 2015, der ihn seinen Job gekostet hat, war Kenneth Zucker international als Experte für Genderdysphorie bei Kindern und Jugendlichen anerkannt. Als leitender Psychologe beim Centre for Addiction and Mental Health in Toronto (CAMH, Zentrum für Suchterkrankungen und psychische Gesundheit) und Vorsitzender der dortigen Abteilung für Genderidentität hatte er Jahrzehnte in Forschung und Praxis investiert, um Kindern und Jugendlichen, die an Genderdysphorie leiden, zu helfen, sich damit zurechtzufinden und in ihrem Körper wohlzufühlen .

Im Jahre 2007 war Dr. Zucker federführend bei der Formulierung der Definition von Genderdysphorie für den *DSM-5*[174] gewesen und hatte zu den Behandlungsrichtlinien des World Professional Association for Transgender Health (WPATH, Weltweiter Berufsverband für Transgendergesundheit) beigetragen.[175] Bis sich die Transgenderaktivisten gegen ihn mobilisierten, galt Dr. Zucker unter den meisten Gesundheitsexperten als international anerkannte Koryphäe in Sachen Genderdysphorie.

Obwohl sein Verständnis von Genderdysphorie alles andere als vereinfachend war, hatte Dr. Zucker einen simplen philosophischen

Grundsatz: Man könne ein Kind oder einen Jugendlichen mit psychischem Leiden nicht auf einen einzigen Faktor reduzieren. Um eine korrekte Diagnose zu treffen, müsse man das Kind ganzheitlich betrachten.

Manche Kinder benutzen die Genderdysphorie, um mit Stress oder einem Trauma fertig zu werden. Deshalb ist es wichtig, dass ein Therapeut das Patientenverständnis von Gender durchleuchtet, um zu verstehen, warum der- oder diejenige ihr Geschlecht als Quelle ihrer Probleme ausgemacht hat. Was für eine Vorstellung hat der Patient von Jungen und Mädchen? Warum glaubt der Patient, er bräuchte nur sein Geschlecht zu ändern, um glücklich zu sein? Das Ziel der Befragung bestand häufig darin, die Vorstellung zu widerlegen, dass das biologische Geschlecht die Ursache für das Problem des Patienten sei, und, wo immer möglich, die Dysphorie zu lindern.

Er war damit enorm erfolgreich. Zuckers Kollegin Devita Singh untersuchte bei über hundert Jungen, die Dr. Zucker in seiner Klinik behandelt hatte, die Langzeitergebnisse.[176] Bei 88 Prozent aller Kinder, die keine von den Eltern bewilligte soziale Transition durchgemacht hatten, legte sich die Genderdysphorie irgendwann wieder.

Jahrzehntelang verfolgte Dr. Zucker den Ansatz »Abwarten und Beobachten«, eine Devise, die er heute aber ablehnt, da sie grob vereinfachend sei und für seinen Ansatz zu passiv klinge. Dr. Zucker hat mehr oder minder aktiv Therapie geleistet oder manchmal auch nicht – je nachdem, was das Kind seiner Meinung nach benötigte. Für ihn war die Diagnose Genderdysphorie auf jeden Fall nur ein Ausgangspunkt. Weder erschöpfte sie die Bandbreite möglicher Diagnosen, noch determinierte sie die von ihm empfohlene Behandlung.

»Es gibt unterschiedliche Wege, die zur Genderdysphorie führen können, aber es ist klinisch und intellektuell falsch, eine einzige Ursache dafür ausmachen zu wollen«, erläuterte Dr. Zucker in einem BBC-Dokumentarfilm über sein Lebenswerk.[177] Im Falle eines Jungen, den

Zucker behandelt hatte, rührte dessen Drang, ein Mädchen zu sein, von seinem Bedürfnis her, seine Singlemutter, die ihn kurzzeitig alleingelassen hatte, an sich zu binden. Also behandelte Zucker in der Therapie in erster Linie die daraus resultierenden Gefühle und nur in zweiter Linie die Genderdysphorie des Jungen.

Ich unterhielt mich mit Dr. Zucker mehrmals, hauptsächlich über Skype. Er ist 69 Jahre alt, hat einen kurz gestutzten weißen Bart, das sanftmütige Gemüt eines Menschen, der sehr gut mit Kindern umgehen kann, und eine beinahe rabbinische Art, jede Frage mit einer Gegenfrage zu beantworten. Obwohl er seit Jahren in der klinischen Praxis tätig ist, spricht er mit der Theorielastigkeit eines Vollblutakademikers, und selbst auf eine einfache Frage ist es ihm offensichtlich nicht möglich, eine einfache Antwort zu liefern; damit man ihn auf keinen Fall missversteht, muss er alle möglichen Nuancen berücksichtigen, feinste Unterscheidungen treffen und jeden Vorbehalt anbringen, um seine Aussage zu präzisieren.

Mit anderen Worten: Er ist ein Albtraum für jeden Journalisten, der dazu angehalten ist, Themen einfach und verständlich auf den Punkt zu bringen. Aber seine ausgewogene, umsichtige Art und seine unübersehbare Weltoffenheit scheinen der akademischen Forschung und klinischen Praxis außerordentlich zuträglich zu sein. Man kann sich gut vorstellen, dass er über 250 akademische Studien und Buchbeiträge geschrieben hat, und ebenso, dass seine Patienten gerne mit ihm sprechen.

»Ein Kind kommt also zu mir und sagt: ›Ich habe das Gehirn eines Jungen im Körper eines Mädchens‹ oder ›das Gehirn eines Mädchens im Körper eines Jungen. Ich wurde einfach so geboren‹«, erzählte er mir. Dr. Zucker nimmt solche Aussagen sehr ernst. Und seines Wissens gibt es interessante CT-Untersuchungen, die andeuten, dass Menschen, die an Genderdysphorie leiden, bestimmte Hirnstrukturen aufweisen können, die mehr Ähnlichkeit mit denen des anderen Geschlechts haben.

Doch genauso wenig lässt er zu, dass die aktuelle Gendertheorie die wissenschaftliche Forschung in den Schatten stellt. »Es ist eine grobe Vereinfachung zu behaupten, es gebe männliche und weibliche Gehirne«, beteuerte er. Deshalb sagte er diesem jungen Patienten, »›Weißt du, es gibt viele Gemeinsamkeiten zwischen Jungen und Mädchen oder Männern und Frauen – sowohl was den Körperbau als auch die Verhaltensweisen angeht. Was ist, wenn es so etwas wie ein männliches oder weibliches Gehirn gar nicht gibt?‹ Darauf habe der Patient erwidert: ›Dann müsste ich noch mal darüber nachdenken, ob ich wirklich transgender bin. Vielleicht stimmt etwas anderes mit mir nicht.‹«

Laut Dr. Zucker bedeutet die Fixierung von Patienten auf das Thema Gender als Ursache ihrer Probleme noch lange nicht, dass dies auch tatsächlich die Ursache ist beziehungsweise dass eine Transition ihr Leid lindern würde. »Ich sagte diesem Patienten: ›Es ist mir egal, ob du ein männliches oder weibliches Gehirn hast. Es geht darum, wie du dich im Moment fühlst. Wir müssen herausfinden, warum du dich so fühlst und auf welchem Weg dir am besten geholfen werden kann, damit du dich wieder wohlfühlst.‹«

Seine Methode entspricht gewiss nicht dem »affirmativen Ansatz«, dem Gegenteil aber ebenso wenig. Denn in Fällen, bei denen die Genderdysphorie ohne Unterlass bis ins Jugendalter fortdauerte, empfahl Dr. Zucker durchaus auch einmal die medizinische Geschlechtsumwandlung. Aber die Transition ist bei ihm niemals das Ziel. Wenn er einem Kind oder Jugendlichen helfen kann, sich in seiner Haut wohlzufühlen, dann tut er dies. Er glaubt auch nicht daran, die Selbstdiagnose eines Patienten für bare Münze zu nehmen. Schließlich hat er diesen Themenkomplex ein Leben lang studiert.

Bis 2015 hatte jedoch die affirmative Therapie Kanada wie im Fieberwahn erobert und wurde für Therapeuten und Ärzte bei der Behandlung von Genderpatienten zum neuen Standard. In demselben Jahr verbot Ontario als erste kanadische Provinz die Konversionstherapie auch im Hinblick auf die Geschlechtsidentität. Genderaktivisten verwendeten diese Gesetzesänderung als Munition gegen Dr. Zucker, beschuldigten ihn, er habe Konversionstherapie betrieben. Sie unterstellten ihm außerdem, Transgenderpatienten misshandelt und gedemütigt zu haben – allesamt Behauptungen, die sich später als falsch herausstellten. Dr. Zucker wurde des Amtes enthoben und seine Genderklinik geschlossen.[178]

Daraufhin unterschrieben an die 500 internationale Gendertherapeuten und -experten einen offenen Brief an das CAMH, um gegen Dr. Zuckers Entlassung zu protestieren. Es war allzu offensichtlich, dass die Klinik einen international renommierten Genderexperten und mit ihm die Patienten und Familien, denen er half, auf dem Scheiterhaufen der politischen Korrektheit geopfert hatte.[179]

Die Botschaft an alle aufmerksamen Gesundheitsfachkräfte war unmissverständlich: Sogar die renommiertesten Vertreter ihrer Zunft konnten dem Aktivistenmob zum Opfer fallen. Entweder du machst beim affirmativen Ansatz mit, oder du kannst deinen Job und deine Zulassung an den Nagel hängen.

Es gibt jedoch immer noch ein paar Experten, die sich an diesem Spiel nicht beteiligen, sondern den Mut besitzen, den Mund aufzumachen. Viele von ihnen arbeiteten bereits mit Transgenderpatienten, als dies noch weit davon entfernt war, schick zu sein. Sie haben ihr internationales Renommee als Koryphäen in der Psychiatrie, Sexologie oder Psychologie erlangt und wegweisende akademische Forschung zu psychischen Krankheiten, Sexualität oder Genderdysphorie betrieben. Andere sind analytische Therapeuten oder haben Bücher veröffentlicht. Doch sie alle haben aufgrund ihres unverdrossenen Beharrens auf der Ansicht, dass die sogenannte »affirmative Therapie« gar keine Therapie ist, massive berufliche und persönliche Konsequenzen erlitten.

Allerdings gibt es unter ihnen zum Teil massive Differenzen: Manche glauben, medizinische Transition komme auch für spezielle Kinder infrage, andere sind der Meinung, diese solle nur für Erwachsene zugänglich sein. Wieder andere schließen sie ganz aus. Sie kategorisieren die Genderdysphorie nach Eintrittsalter, sexueller Orientierung oder nach der Genderfixierung des Patienten. Jeder von ihnen hat einen eigenen Zugang zu der Thematik. Sie benutzen unterschiedliche konzeptionelle Werkzeuge und streiten sich oft um die richtigen Behandlungsmethoden.

Doch sie alle sind der Überzeugung, dass Genderdysphorie zuallererst eine psychische Krankheit ist, die behandelt, und nicht eine Identität, die gefeiert werden sollte. Dass die aktuelle Epidemie der Genderdysphorie unter jungen Mädchen etwas Untypisches ist (manche sehen in ihr die Definition von Genderdysphorie gar nicht erfüllt). Und dass die affirmative Therapie entweder ein schrecklicher medizinischer Kunstfehler oder eine politische Agenda ist, die als Therapie maskiert ist.

Alle haben die Arbeit von Lisa Littman mit großem Interesse gelesen und den Kern der Wahrheit in ihr erkannt. Alle glauben, dass diese Epidemie die Zeichen eines ansteckenden Wahns in sich trägt. Alle haben aufgrund ihrer Meinung, dass Genderdysphorie behandelt und nicht bejubelt gehört, negative berufliche Konsequenzen, Cancel Culture und öffentliche Angriffe in Kauf nehmen müssen. Alle glauben, dass es Unfug ist, einem Therapeuten Konversionstherapie vorzuwerfen, nur weil er Patienten hilft, über eine Genderdysphorie hinwegzukommen. Sie alle sind die Dissidenten unserer gegenwärtigen medizinischen Meinungsdiktatur und fühlen sich einzig und allein ihrem hippokratischen Eid und dem Wohl des Patienten verpflichtet.

Die Sexologen: Ray Blanchard und J. Michael Bailey

In der Welt der Forschung über sexuelle Orientierung und Paraphilie ist Dr. Ray Blanchard ein Gigant. Wenn Sie jemals der Theorie begegnet sind, dass das Vorhandensein älterer Brüder die Wahrscheinlichkeit von Homosexualität bei Männern erhöht, sind Sie mit Dr. Blanchards

Arbeit vertraut. Er war es auch, der die immer noch vorherrschende Erklärung für dieses Phänomen entwickelt hat: Bei der Geburt von mehreren Jungen produzieren manche Mütter Antikörper, die männerspezifische Antigene angreifen und die sexuelle Differenzierung im Gehirn der nachfolgenden männlichen Föten behindern.

Blanchard hat auch bahnbrechende Forschungen zur Pädophilie durchgeführt. Mithilfe phallometrischer Tests konnte er nachweisen, dass Männer, die sich eigenen Angaben nach am meisten zu pubertierenden Kindern hingezogen fühlen, sich von Männern unterscheiden, deren Vorliebe vorpubertären Kindern gilt, und von denen, auf die körperlich reife Personen die meiste Attraktivität ausüben. Mit anderen Worten: Ein Mann, der 14-jährigen Mädchen nachstellt, mag ein Krimineller, aber kein Pädophiler sein.

In den 1980ern und 1990ern entwickelte Blanchard eine Typologie für Transsexualismus (wie es damals hieß), die in der Forschung heute immer noch Verwendung findet und diskutiert wird. Nach Blanchard ist die Unterscheidung in die früh oder spät einsetzende Genderdysphorie in Ordnung – aber nicht »des Pudels Kern«. Stattdessen schlägt Blanchard zwei Kategorien der Genderdysphorie vor: Den »homosexuellen Transsexualismus« (der bei femininen Jungs oder maskulinen Mädchen in der Kindheit einsetzt, die zu homosexuellen Männern und Frauen heranwachsen; man denke an Drag Queens); und den »autogynophilen Transsexualismus« (der in der Pubertät bei heterosexuellen Männern einsetzt, die davon erregt werden, sich in Frauenkleidern vorzustellen; beispielsweise Männer, die mit Frauen verheiratet sind, aber mit 50 selbst zu einer Frau werden wollen). Es war seine Entdeckung und Begriffsprägung der »Autogynophilie«, die die Meute auf ihn hetzte.

2003 veröffentlichte sein Kollege J. Michael Bailey, der ebenfalls akademischer Psychologe und Experte für Genderidentitätsstörungen ist, Blanchards Erkenntnisse über Autogynophilie in einem erfolgreichen Buch mit dem Titel *The Man Who Would Be Queen* (»Der Mann, der Königin sein wollte«).

Baileys Darstellung der Transsexualität war extrem einfühlsam, und das Buch kam 2003 sogar in die Endrunde für den Lambda Literary Foundation's Transgender Award (Transgenderpreis der Lambda-Literaturstiftung). Doch dann kippte die Stimmung.

Transaktivisten kamen zu dem Schluss, das Buch sei unvorteilhaft für sie. »Ihre Kalkulation war – und das vielleicht zu Recht –, dass man der Öffentlichkeit eine Frau, die im Körper eines Mannes gefangen ist, durchaus, eine nuanciertere und realistischere Version der Sachlage aber weit weniger leicht verkaufen könnte«, erinnerte sich Dr. Blanchard an den Aufruhr. Ein gefangener Mann könnte sympathisch sein. Ein Mann, der einfach nur erregt ist, könnte beschämend, ja sogar gefährlich wirken, ein Mann, der im falschen Körper gefangen ist, jedoch Anteilnahme erwecken.

Transgenderaktivisten sammelten Tausende von Unterschriften, um gegen die Nominierung durch die Lambda Literary Foundation zu protestieren. Die Jury der Stiftung änderte schnell ihre Meinung, entschied, das Buch sei in der Tat transphob, und strich es von der Liste der Finalisten. Deirdre McCloskey, eine prominente Transgenderfrau und angesehene Professorin für Wirtschaft, Geschichte, Englisch und Kommunikation an der University of Illinois in Chicago, sagte, Baileys Buch in die Liste der Nominierten aufzunehmen sei so, »als würde man *Mein Kampf* für einen Literaturpreis für jüdische Studien nominieren«. Innerhalb eines Jahres trat die Geschäftsführerin der Lambda Literary Foundation, die die Nominierung genehmigt hatte, zurück.

Doch Bailey von dem Literaturpreis auszuschließen war längst nicht genug. Akademische Aktivisten starteten eine aggressive Kampagne, um die Northwestern University zur Kündigung von Baileys Professur zu zwingen, da er angeblich gegen die ethischen Richtlinien der Universität verstoßen hatte. Die haarspalterische Begründung war, er habe von seinen Forschungssubjekten nicht die nötige Einwilligung eingeholt und das Buch nicht von der Prüfungskommission der Universität genehmigen lassen. (Beide Voraussetzungen gelten für nichtakademische Werke nicht.) Hinzu kam der viel schwerwiegendere Vorwurf des sexuellen Missbrauchs eines Transgenderstudienteilnehmers.[180] Diese rufmörderische Behauptung wurde nie auch nur ansatzweise belegt, aber die öffentliche Anschuldigung reichte aus, um Baileys Ruf zu ruinieren.

Dass die Existenz von Autogynophilie von Bedeutung ist, hat unter anderem mit den geschützten Räumen für Frauen zu tun. Wenn biologische Männer, die sich als Transgender identifizieren, sexuell überhaupt nicht an Frauen interessiert sind, könnte man argumentieren, dass es, so unangenehm es auch sein mag, kaum eine Gefahr darstellt, ihnen den Zutritt zu den Privaträumen von Frauen zu gestatten. Wenn aber einige dieser Transgendermänner heterosexuell sind und sich von der Vorstellung weiblicher Formen und insbesondere sich selbst in Frauenkleidern sexuell erregen lassen, dann ändert sich die Art der Debatte, und die Möglichkeit, Transgendermänner in geschützte Frauenräume zu lassen, wird unhaltbar.

Dennoch ist es schwer zu leugnen, dass Autogynophilie existiert. Viele Transsexuelle führen romantische Beziehungen ausschließlich mit Frauen. Die Tatsache der Autogynophilie zu unterdrücken oder zu leugnen, so Dr. Bailey, hilft niemandem weiter, am wenigsten den Autogynophilen selbst. »Es hindert uns daran, Dinge zu lernen, die ihnen bei der Lebensplanung vielleicht helfen würden. Wir haben wirklich keine guten langfristigen Folgestudien« zu den verschiedenen chirurgischen Optionen, die einem Transgenderpatienten zur Verfügung stehen.

Blanchard bleibt bei seiner Typologie. Seiner Meinung nach bedeutet eine Überlappung einiger Symptome nicht unbedingt, dass zwei unterschiedliche Krankheitsbilder über einen Kamm geschoren werden können. Ein Junge, der ein Mädchen sein und einen Jungen als Freund haben möchte, ist nicht dasselbe wie ein Mann, der von der Vorstellung, er sei eine Frau, sexuell erregt wird. Beide stellen vielleicht Formen der Genderdysphorie dar, doch dies bedeutet nicht, dass es sich hier um die gleichen psychologischen Krankheitsbilder handelt.

Als Vergleich bietet Dr. Blanchard das Beispiel eines Patienten, der über geschwollene Finger und Schmerzen klagt. Dafür gibt es mindestens zwei Diagnosen: entweder Osteoarthritis, also degenerativer Gelenkverschleiß, oder rheumatoide Arthritis, eine Autoimmunkrankheit. »Alle Formen von Genderdysphorie führen zu dem Wunsch nach einer Geschlechtsumwandlung und dem Bedürfnis, als das andere Geschlecht zu leben. Es gibt jedoch unterschiedliche Ätiologien für transsexuelle Impulse. Nicht nur der Ursprung ist ein anderer, sondern das Endergebnis wird von diesem Ursprung auch gefärbt. Wenn man die YouTuberin Jazz Jennings mit der Zehnkämpferin Caitlyn Jenner vergleicht, weiß ich nicht, wie man zu dem Schluss kommen kann, dass diese beiden Personen an demselben Problem leiden.«

Blanchard ist der Meinung, dass eine operative Geschlechtsumwandlung für manche genderdysphorischen Patienten die richtige Lösung ist. Er hat in der Vergangenheit Transpatienten erfolgreich behandelt, denen eine operative Intervention aktiv geholfen hat. Als Klinischer Leiter der Clinical Sexology Services at the Toronto Centre for Addiction and Mental Health (Sexualabteilung beim Sucht- und Therapiezentrum Toronto) hat Dr. Blanchard Erwachsene behandelt und bei Transpatienten eine operative Geschlechtsumwandlung empfohlen, wenn er sie für sinnvoll erachtete. Aber – und das ist seiner Ansicht nach der springende Punkt – er hat einen solchen Eingriff nie empfohlen, nur weil der Patient es verlangte. Für Dr. Blanchard war es Teil seiner Aufgabe, einzuschätzen, ob ein Patient das Geschlecht mit Erfolg wechseln könne oder nicht. Diese Einschätzungen verband er mit der ausdrücklichen Hoffnung, dass es funktionieren würde.

Dr. Blanchard betonte mir gegenüber, wie schwierig es im Alltag sei, sich als das andere Geschlecht zu präsentieren. Die psychische Herausforderung sei oft größer, als die Patienten es sich vorstellen könnten. Transgenderpersonen, »die das nicht erfolgreich hinbekommen, werden von Fremden angestarrt und möglicherweise angefeindet. Es ist unbestreitbar eine psychische Belastung, sich auf so etwas ständig einstellen zu müssen, auch wenn man bloß im Supermarkt einen Liter Milch holen will.«

Aus diesem Grund nahm seine Klinik Erwachsene als Patienten für eine Geschlechtsumwandlung nur unter der Bedingung an, dass sie bereits 2 Jahre lang als das andere Geschlecht gelebt hatten. Er wollte unter keinen Umständen einen operativen Eingriff vornehmen, den der Patient später bereuen würde.

»Soweit ich weiß, existiert außerhalb der plastischen Chirurgie kein medizinischer Bereich, wo der Patient selbst die Diagnose stellt und die Behandlung vorschreibt. So etwas gibt es nicht. Der Arzt stellt die Diagnose und empfiehlt die Behandlung. Aber durch irgendeinen Zauber oder irgendeine Wortklauberei haben die Genderaktivisten ein Politikum daraus gemacht«, so Dr. Blanchard.

Die Behandlung von Transgenderpatienten ist jedoch kein Politikum – oder sollte es zumindest nicht sein. Was Dr. Blanchard am Modell der selbstbestimmten Patientenentscheidung (*informed consent*), das heute in so vielen Kliniken angewendet wird, am meisten stört, ist die Tatsache, dass »der Arzt, der Psychiater und der Chirurg dadurch von jedweder Verantwortung für das Patientenwohl entbunden wird«.

Sein Klinikmodell war seiner Ansicht nach richtig, weil »Patienten manchmal Symptome der Genderdysphorie aufweisen, die in Wahrheit mit anderen psychischen Problemen im Zusammenhang stehen. Manche kommen in einem Zustand der akuten, drängenden Genderdysphorie zu uns, haben aber keinerlei Erfahrung, wie es wäre, als das andere Geschlecht durchs Leben zu gehen.« Psychiatrische Patienten sollten nicht ihre eigenen Ärzte sein. »Ein Anwalt, der sich selbst vertritt, hat einen Esel als Mandanten«, wie es so schön heißt.

Es ist eine alte Idee: Ärzte sind keine Kaufleute. Im Dienstleistungsgewerbe ist der Kunde König, aber der Arzt muss die Bedürfnisse eines Patienten kritisch durchleuchten. Es ist nur angebracht, sich dem Willen des Patienten zu beugen, wenn es auch der professionellen Einschätzung des Mediziners entspricht.

Die Aufhebung dieser Unterscheidung hat in den USA die Opiatepidemie ermöglicht und beflügelt, da Ärzte sich wie Dealer verhielten, die die Kundennachfrage befriedigten, anstatt diese nach ihrer Notwendigkeit zu beurteilen und wenn nötig zu blockieren. »Sie haben Schmerzen? Ich verschreibe Ihnen Oxycodon.« »Sie leiden an Genderdysphorie? Ich verschreibe Ihnen Testosteron. Hier ist die Anordnung für die Geschlechtsumwandlung.«

Die Parallelen im Verhalten der Mediziner sind in beiden Fällen nur unschwer zu erkennen. Genau wie beim Schmerzpatienten beruht die Diagnose Genderdysphorie in erster Linie auf der Selbstauskunft des Patienten. Jeder Mediziner oder Psychologe, der keine weiteren Nachfragen stellt, händigt im Prinzip dem Patienten seinen Rezeptblock aus.

Laut Dr. Blanchard ist das Thema Transgenderbehandlung derart politisiert worden, dass die zugrunde liegenden psychischen Probleme völlig untergehen. »Genderkritische Feministinnen verwenden Worte wie ›frauenfeindlich‹, ›patriarchal‹ und ›männerdominiert‹, und die Transgenderaktivisten nehmen diesen Wortschatz bereitwillig auf. Hauptsache, sie müssen das Thema nicht im Rahmen geistiger und medizinischer Gesundheit sowie klinischer Symptombehandlung betrachten.«

Ein interessanter Aspekt an Blanchards Typologie ist das völlige Fehlen der heutigen Generation von Teenagermädchen ohne genderdysphorische Vorgeschichte, die jetzt in den USA, Kanada, England und Skandinavien die größte Patientengruppe darstellt. »Autogynophilie« ist ein rein männliches Phänomen. Frauen, die von der Vorstellung erregt werden, ein Mann zu sein, sind der Forschung nicht bekannt. Und die meisten Teenagermädchen, die sich heute als trans identifizieren, weisen in der Kindheit keinerlei Anzeichen von Genderdysphorie auf.

Blanchard ist sogar der Ansicht, dass Mädchen, die sich, wenn sie in die Pubertät kommen, plötzlich als transgender identifizieren, überhaupt nicht an Genderdysphorie leiden. Für ihn stellen sie eine Mischung aus mindestens drei unterschiedlichen Patientengruppen dar: (1) Jugendlichen, die unabhängig von der Therapie transgender sein werden; (2) Jugendlichen, die von selbst aus ihrer Dysphorie herauswachsen und als homosexuelle Erwachsene leben werden; und (3) »einem Teil jener Mädchen im Teenageralter, die eine Borderline-Persönlichkeitsstörung und eine Art irrtümliche Genderdysphorie haben, die sie als Ursprung ihres Leidens ausgemacht haben.«

Blanchard betont, dass in der gesamten diagnostischen Vorgeschichte der Genderdysphorie seit den 1910er-Jahren keine Fälle bekannt geworden sind, in denen echter Transsexualismus oder andere nachweisbar genderdysphorischen Syndrome von einer Person zur anderen per Ansteckung übergesprungen wären. »Früher entwickelten die Menschen ihre Genderdysphorie allein und ohne Vorbilder.« Sie brauchten keine Ermutigung durch einen Freund, eine Schulveranstaltung oder einen YouTube-Influencer, um festzustellen, dass sie an Genderdysphorie litten – es war einfach so.

Zum Erstaunen von Dr. Blanchard treibt diese Sicht auf transidentifizierte Teenagermädchen Transaktivisten aber regelmäßig zur Weißglut. »Die Aktivisten hätten auch sagen können: ›Klar, es gibt manche jungen Leute, die sich fälschlicherweise als genderdysphorisch bezeichnen, aber das hat nichts mit denen zu tun, die wirklich genderdysphorisch sind.‹ Doch aus irgendeinem Grund hatten sie das Bedürfnis, hier eine Mauer hochzuziehen.«

Obwohl er Zeuge wurde, wie die Aktivisten in den vergangenen Jahren immer mächtiger und einflussreicher wurden, macht Blanchard ihnen keinen Vorwurf. »Transaktivisten sind natürlich Lobbyisten. Das ist es, was Aktivisten machen: Sie versuchen, so viel wie möglich von ihren Forderungen umzusetzen.« Was ihn jedoch wundert, sind seine Kollegen. »Ich sage ihnen immer, ›okay, das sagen vielleicht die Patienten. Aber sie sind eben *Patienten*, und Patienten tun so etwas. *Aber was stimmt denn mit uns nicht?*‹«

Wie Dr. Blanchard ist auch Dr. J. Michael Bailey, nachdem er einen Großteil seiner Karriere mit der Erforschung von Transsexualismus und Geschlechtsdysphorie verbracht hat, zu dem Schluss gekommen, dass die heutigen transidentifizierten Teenagermädchen nicht unter einer tatsächlichen Geschlechtsdysphorie leiden, sondern dass ihr Leidensdruck auf dem Irrglauben beruht, sie wären mit den Transgenderpersonen von früher vergleichbar. »Es handelt sich um eine Identitätsverwechslung«, sagte er.

Laut Dr. Bailey ist die Genderdysphorie für diese Teenagermädchen eine mit der multiplen Persönlichkeitsstörung vergleichbare Hysterie, einem anderen historischen Beispiel von verstörten jungen Frauen, die sich einredeten, krank zu sein, und infolgedessen die entsprechenden Symptome entwickelten.[181]

Nach Ansicht akademischer Psychologen wie Dr. Bailey wäre das Thema Genderdysphorie evidenzbasiert zu betrachten, und Diagnose, Verständnis und Behandlung sollten auf der Basis von ergebnisoffenen empirischen Studien erfolgen. Aktuell macht jedoch die politisierte Debatte um das Thema Transgender einen wissenschaftlichen Zugang nahezu unmöglich.

Nehmen wir zum Beispiel das Thema »Unveränderlichkeit«. Aktivisten behaupten oft, Genderidentität sei angeboren und »unveränderlich«.[182] Versuche von Therapeuten, Patienten mit Geschlechtsdysphorie zu helfen, sich in ihrem Körper wohlzufühlen, kommen daher einer Konversionstherapie gleich. Wenn die Geschlechtsidentität eine Sache ist, die sich nie ändern wird, spielen äußere Faktoren also keine Rolle, und es wäre dementsprechend töricht, ja eine Art Folter, ein Kind oder einen Jugendlichen zu ermutigen, dieses Gefühl zu unterdrücken oder zu überwinden.

Es gibt jedoch kaum Beweise dafür, dass die Geschlechtsidentität – das unaussprechliche Gefühl einer Person für ihr eigenes Geschlecht –

unveränderlich ist. Wir haben sogar sehr gute Beweise dafür, dass dies in vielen Fällen nicht der Fall ist. Mehrere Langzeitstudien haben gezeigt, dass die Mehrheit der Kinder, bei denen Geschlechtsdysphorie diagnostiziert worden ist, aus dieser wieder herauswuchsen.[183]

Warum beharren dann so viele Aktivisten auf dem Aspekt, dass es angeboren und unveränderlich sei? Vielleicht liegt die Antwort im amerikanischen Antidiskriminierungsrecht. Der Oberste Gerichtshof hat darauf hingewiesen, dass die Gleichbehandlungsklausel des vierzehnten Verfassungszusatzes bestimmte Merkmale wie Rasse oder Geschlecht schützt, solche wie die Haarfarbe hingegen nicht, und zwar unter anderem deshalb, weil die unter Schutz gestellten Merkmale »unveränderlich« sein müssen.[184] Eine Haarfarbe kann man notfalls ändern, ohne etwas Wesentliches von sich preiszugeben. Zumindest liegt diese Logik der Gleichbehandlungsklausel der amerikanischen Rechtsprechung zugrunde.

Man kann mit gutem Recht sagen, dass dieser Eignungstest, mit dessen Hilfe diskriminierte Gruppen unter den Schutz der Gleichbehandlungsklausel gestellt werden sollen, albern ist. Da »Unveränderlichkeit« für Schutzsuchende jedoch schon lange das ausschlaggebende Kriterium darstellt, sind Transgenderpersonen manchmal gezwungen zu argumentieren, ihr Zustand sei »unveränderlich«, um zu zeigen, dass auch sie Schutz verdienen.

Doch wie steht es um die Genderidentität? Es gibt keine diagnostische Definition, keine messbaren Anzeichen, keine Laboruntersuchung, mit der man sie nachweisen kann. Sie ist ein Gefühl, eine Einstellung, was nicht bedeuten soll, dass sie nicht existiert. Nur ist sie wie viele psychiatrische Krankheitsbilder schwer zu diagnostizieren und zu behandeln. Und wenn die angestrebte Behandlungsweise ein unumkehrbarer chirurgischer Eingriff ist, scheint angesichts der Schwammigkeit des Begriffs eine umsichtige und vorsichtige Bewertung angebracht.

Ist ein Therapeut überzeugt davon, einem genderdysphorischen Patienten helfen zu können, sich in seinem Körper wohlzufühlen, dann sollte er dies Dr. Baileys Ansicht nach auch versuchen dürfen. Nach dem gegenwärtigen »affirmativen Ansatz« gehen die Therapeuten aber sofort zur Affirmation über. »Im allerbesten Fall verhindern sie nur, dass sich diese Mädchen mit ihrem Geburtsgeschlecht anfreunden. Schlimmstenfalls ermutigen sie sie zu unnötigen und schädlichen medizinischen Eingriffen.«

Wenn Sie nun denken, Dr. Bailey könnte wegen solcher Aussagen Ärger bekommen, dann haben Sie recht. »Es gibt heutzutage eine Art progressive Sprachpolizei. Teil ihrer Aufgabe ist es, die Menschen zu verunsichern, sodass sie sich immer in der Defensive befinden, niemals Fragen stellen und sich nicht offen und ehrlich über diese Dinge unterhalten können«, sagt er. »Ich habe sogar gehört, dass der Begriff ›Transgender‹ jetzt problematisch sein soll. Welche Bezeichnung nun die richtige ist, weiß ich nicht, aber das ist mir auch egal.«

Aber es ist ihm nicht egal. Das verrät mir seine Stimme. Er wird nicht hinnehmen, dass seine professionelle medizinische Meinung durch irgendwelche Sprachregelungen entstellt wird. Von guten Argumenten oder Beweisen beeindrucken lässt sich Dr. Bailey durchaus; das gehört für einen Wissenschaftler zum Beruf. Nicht infrage hingegen kommt für ihn, klein beizugeben.

Die nichtaffirmative Psychiaterin: Lisa Marchiano

Lisa Marchiano ist analytische Psychologin nach Carl Gustav Jung, Sozialarbeiterin und Autorin vieler Publikationen. Wie vielen Therapeuten in Europa und Nordamerika fiel ihr in den letzten 5 Jahren eine deutliche Zunahme von Jugendlichen auf, die sich – scheinbar aus dem Nichts heraus – Transgender nannten. Im Unterschied zu den meisten Kollegen betrachtete sie dieses Phänomen jedoch von Anfang an skeptisch. Das Leid der Teenagermädchen, die sich über Genderdysphorie beklagten, hat sie nie in Zweifel gezogen. Als große Bewunderin der Macht des Unterbewusstseins wusste sie jedoch sehr wohl um die Fähigkeit des menschlichen Geistes zum Selbstbetrug.

»Ich glaube, die menschliche Psyche ist sehr anfällig für diese Art von psychischen Epidemien«, ließ sie mich wissen. »Das konnte man bei den Lobotomien, der multiplen Persönlichkeitsstörung sowie im Dritten Reich in Deutschland in den 1930er- und 1940er-Jahren beobachten. Menschen sind sehr anfällig für psychische Ansteckung. Wir alle. Das ist einfach so.«

Und fügte hinzu: »Wenn wir psychisch leiden, wollen wir es auf eine Art schildern, die andere Menschen ernst nehmen. Und wer über ein neuartiges Leiden klagt, von dem man noch nie etwas gehört hat, riskiert, nicht ernst genommen zu werden. Wenn man dann aber ein bekanntes Narrativ bedient, hat dies auf das Unterbewusstsein eine weitaus glaubwürdigere Wirkung. Die anderen können das eher einordnen, und man erhält die Hilfe und Aufmerksamkeit, die man braucht.«

Diese Idee wurde von dem Psychiatriehistoriker Edward Shorter entwickelt und von dem Journalisten Ethan Watters verbreitet: Patienten fühlen sich zu »Symptompools« hingezogen – Listen kulturell akzeptierter Ausdrucksformen von Leiden, die zu anerkannten Diagnosen führen.[185] »Unterbewusst bemühen sich Patienten, Symptome aufzuweisen, die die medizinische Diagnostik ihrer Zeit anerkennt«, beschreibt Watters Shorters Einsicht.[186] »Da der Patient unbewusst nach Anerkennung und Legitimierung seines inneren Leidens strebt, wird sein Unterbewusstsein zu jenen Symptomen hingezogen, die diese Ziele auch erreichen.«[187] Viele soziale Ansteckungen werden auf diese Weise verbreitet.

Beispielsweise hatte es in Hongkong vor 1994 noch nie eine Epidemie dessen gegeben, was man in der westlichen Welt unter dem Namen »Magersucht« kennt: Mädchen, die sich herunterhungern, weil sie sich für zu dick halten. 1994 berichteten jedoch die Hongkonger Medien über den tragischen Tod eines Mädchens, das offenbar an einer unbekannten, westlichen Krankheit namens Anorexia nervosa litt, woraufhin eine Welle von Mädchen mit ähnlichen Symptomen folgte. Und das lag nicht nur daran, dass vor 1994 niemand in Hongkong auf

die Idee gekommen war, sich zu Tode zu hungern. Doch erst als Anorexie »zu einem kulturell vereinbarten Ausdruck internen Leidens
wurde, wurde aus ihr ein Massenphänomen.«[188]

Auf die gleiche Weise wurde die Genderdysphorie Teil unseres Symptompools – mittels Internet, *Vanity Fair* und erfolgreichen Realitysen-
dungen wie *I am Jazz*. Sie haben dazu beigetragen, dass Geschlechtsdysphorie von etwas, das einem vielleicht noch nie zu Ohren
gekommen ist, zum ersten oder zweiten Gedanken wird, wenn man
einen Jungen sieht, der in den Stöckelschuhen seiner Mutter durch
das Haus stolziert. »Unser Symptompool zu Beginn des 21. Jahrhunderts beinhaltet die Vorstellung, dass Kinder extremes Leid erfahren
können, weil sie im falschen Körper geboren wurden«, liest man bei
Marchiano.[189] Sobald die Genderdysphorie aufgrund von ein paar
prominenten Fällen Eingang in den Symptompool gefunden hatte,
begannen Eltern, Therapeuten und Ärzte plötzlich, viel mehr neue
Fälle zu beobachten.

Als eine von wenigen Therapeuten brachte Marchiano Eltern, die
Kinder mit einer plötzlich einsetzenden Genderdysphorie hatten,
Verständnis entgegen und begann 2016, sie zu beraten. Das Verbot
von Konversionstherapien umgeht sie dadurch, dass sie Jugendliche
nicht behandelt. Sehr oft habe ich von Eltern gehört, sie sei die einzige Therapeutin gewesen, die sie finden konnten, die nicht darauf
bestand, dass sie die Selbstdiagnose ihrer Töchter sofort bestätigen
sollten.

Man kann mit Fug und Recht sagen, dass Marchiano eine Hassliebe
mit ihrem Berufszweig verbindet. Sie glaubt fest an den Nutzen von
Therapie und Analyse; das Problem ist nur, dass viel zu wenige diese
wirklich betreiben. »Die Voraussetzung einer Therapie ist, dass man
sich den Symptomen mit einem forschenden und neugierigen Geist
nähert und Verborgenes aufdeckt. Affirmation ist aber das genaue Gegenteil von Neugier. Denn damit nimmt man die Dinge für bare Münze und drückt aus, *dass man genau weiß, was los ist*.«

Eine echte Therapie zwingt die Patienten, ihre Selbstwahrnehmung zu hinterfragen, erklärt Marchiano, und hat ausdrücklich zum Ziel, die Patienten zu konsolidieren. »Wenn ich einen Patienten behandle, der selbstmordgefährdet ist, weil seine Frau ihn verlassen hat, kann ich nicht einfach seine Frau anrufen und ihr sagen: ›Kommen Sie zurück!‹. So gehen wir mit Selbstmordgefährdeten nicht um. Wir können einfach nicht immer versuchen, einem Patienten das zu geben, was er will. Wir behandeln Selbstmordgefährdete, indem wir sie vor sich selbst beschützen und ihnen helfen, widerstandsfähiger zu werden.« Und genauso, sagt sie, sollten wir die Genderdysphorie behandeln.

Ihr Ansatz schließt die Möglichkeit nicht aus, dass die Selbstdiagnose eines Patienten als genderdysphorisch zutreffen könnte. Sie verlangt nur, dass der Therapeut weiterdenkt. Vermeintlich genderdysphorische Patienten sollten nach denselben therapeutischen Prinzipien behandelt werden wie alle anderen Patienten auch. »Wenn jemand in die Praxis kommt und sagt, ›Ich glaube, ich will meinen Ehepartner verlassen, deshalb bin ich hier‹, dann weiß ich noch lange nicht, was mit ihm los ist. Ich muss erst einmal zuhören und mir ein Bild machen, und bei meiner Arbeitsweise kann das Monate dauern. Wenn ein Jugendlicher in die Praxis kommt und sagt, ›Ich bin trans‹, und wir nach zwei, drei oder vier Sitzungen sagen, ›Klar bist du trans, hier ist dein Rezept‹, dann ist das keine Therapie.«

Marchiano wirft den Gendertherapeuten vor, mit Selbstmordstatistiken unverantwortlich und unethisch umzugehen. »Das ist im Prinzip emotionale Erpressung«, sagte sie mir gegenüber. »Sie wollen damit Eltern dazu zwingen, etwas zu tun, das ihnen widerstrebt.« Eine andere Befürchtung macht ihr dabei noch mehr Sorgen: nämlich das ständige Beharren darauf, ein Jugendlicher würde sich ohne Geschlechtsumwandlung das Leben nehmen – auch diese Vorstellung kann bald Eingang in den Symptompool finden. Vielleicht ist es bereits geschehen. »Wenn man einer Gruppe höchst labiler Teenagermädchen suggeriert, sie würden in Selbstmordgefahr geraten, wenn sie etwas Bestimmtes nicht bekommen, dann kann das durchaus Selbstmordgedanken erzeugen. Das nennt man Suggestion und würde bedeuten, dass man selbst zur Verbreitung der Selbstmordneigung beiträgt.«

Ich traf mich mit Lisa Marchiano im Vedge, einem schicken veganen Restaurant in Philadelphia unweit ihrer Praxis am Rittenhouse Square. Es war unschwer zu erkennen, warum sie bei Patienten gut ankommt, denn mit ihren ungefärbten grauen Locken wirkt sie erfrischend authentisch. Obwohl sie eine ganze Reihe akademischer Grade von Eliteuniversitäten besitzt und renommierte Publikationen aufzuweisen hat, ist ihr jedes Fachchinesisch genauso fremd wie das Buhlen um die Gunst der Genderideologen, die ihre Fachrichtung derzeit in Beschlag genommen haben. Sie gibt sich keinerlei Mühe, ihre Gedanken den aktuellen kulturellen Normen anzupassen.

Inzwischen hat sie mit Hunderten Eltern gesprochen, deren Teenager plötzlich transgender wurden, und hat zu diesem Thema eine Menge zu sagen. Zunächst einmal ist es noch nie einfach gewesen, ein Teenager zu sein, und ganz besonders ein Teenagermädchen. Man muss während der Pubertät seinen eigenen Weg finden, seine eigene Identität formen und sich von seinen Eltern lossagen. »Bei der Loslösung von den Eltern erfüllt die Transidentität gleich eine Doppelrolle«, erklärte mir Frau Marchiano, »und zwar nach dem Motto: ›Ich bin so anders als meine Mutter, dass ich noch nicht einmal dem gleichen Geschlecht angehöre.‹«

Genau zu einem Zeitpunkt, in dem amerikanische Eltern ihren Kindern kaum noch erlauben, negative Emotionen zu haben, kommen ihre wankelmütigen Teenager an und werden von diesen im Übermaß geplagt. Diese Teenager treffen völlig unvorbereitet auf die Strapazen der Pubertät – romantische Beziehungen, Schulstress und die Erwartungen der Eltern – und suchen verzweifelt nach jeder Ausrede, um sie zu umgehen. »Die Eltern machen sich solche Sorgen um ihre Kinder, dass sie von ihnen gar nicht mehr erwarten, gut in der Schule zu sein. ›Du fühlst dich heute ängstlich oder dysphorisch? Dann bleib doch zu Hause.‹«

Warum bestehen so viele genderaffirmative Therapeuten darauf, dass sie Gutes tun? Viele behaupten, Leben zu retten, wenn sie Kinder oder Jugendliche zur Gendertransition ermutigen. Die Haltung dieser affirmativen Therapeuten kommentiert Marchiano so: »Sie können sich nicht vorstellen, dass es sich um einen Fehler handeln könnte, denn dann müssten sie akzeptieren, dass sie sich an etwas wirklich Schrecklichem beteiligt haben.«

Doch genau dies ist laut Marchiano der Fall. Indem solche Fachleute der psychischen Gesundheit die Flammen einer Epidemie am Lodern halten, verweigern sie jenen verwirrten Jugendlichen das unabhängige Urteil und die therapeutische Hilfe, die diese dringend benötigen. Wenn überhaupt, dann befördert die »affirmative Therapie« die gefährlichsten Impulse eines verwirrten Heranwachsenden.

Marchiano denkt einen Moment lang über die Folgen nach: »Die Allerletzten, die dies zugeben werden, sind wahrscheinlich die Eltern, die ihre Kinder haben transitionieren lassen. Sie werden es sich niemals eingestehen können, dass sie vielleicht einen Fehler gemacht haben.«

Der Psychiater: Dr. Paul McHugh

Vielleicht fragen Sie sich mittlerweile, was Genderdysphorie denn eigentlich ist. Gewiss beinhaltet sie ein Gefühl des Unbehagens und Unwohlseins mit seinem eigenen Körper, aber das beantwortet die Frage nicht. Die Psychiater haben doch sicher mehr zu bieten als die Symptomauflistung des *DSM-5*, die auf Folgendes hinausläuft: ein Genderproblem bedeutet, dass man mit seinem Geschlecht ein Problem hat. Dr. Paul McHugh, der angesehene Professor für Psychiatrie und Verhaltensforschung an der Johns Hopkins University, hat eine Antwort darauf. Seiner Meinung nach ist Genderdysphorie eine »überbewertete Idee« beziehungsweise »vorherrschende Begeisterung«. Diese Idee wird »von vielen auf der Welt geteilt, am intensivsten aber von jenen Patienten oder Personen, die aus dieser Idee einen Lebensentwurf machen«, sagt Dr. McHugh. Wie viele Menschen beispielsweise glauben, es sei gut, schlank zu sein, denken manche Teenagermädchen eben, es sei besser, ein Junge zu sein. Doch magersüchtige oder genderdysphorische Patienten sind von diesen Ideen dann völlig eingenommen.

Dass diejenigen, die sich einer solchen Idee verschrieben haben, tatsächlich Leid erfahren, bezweifelt Dr. McHugh nicht; sehr wohl aber, dass sie den tatsächlichen Grund dafür ausfindig gemacht haben. So denken Magersüchtige, wenn sie nur noch ein bisschen abnähmen, wären sie endlich mit ihrem Körper zufrieden. Doch in Wirklichkeit werden sie dieses Ziel nie erreichen – zumindest nicht durch Hungern. Sie jagen ihrem Glück hinterher wie einem Wasserball auf einem Wildwasserfluss. Egal, wie sehr eine Magersüchtige abnimmt, sie wird mit ihrem Körper niemals zufrieden sein, denn ihr Gewicht ist gar nicht das Problem. Laut Dr. McHugh muss man bei der Sicht der Magersüchtigen auf ihren Körper ansetzen – anstatt ihren Körper verändern wollen. »Politiker und Medien tun der Öffentlichkeit und den Transgenderpatienten keinen Gefallen, wenn sie ihre Falschwahrnehmung als ein Recht behandeln, das verteidigt werden muss, anstatt diese als Störung zu sehen, die Verständnis, Behandlung und Prävention erfordert«, schrieb er 2014.[190] Aus dieser Aussage allein kann man bereits schließen, dass Dr. Paul McHugh unter den Transaktivisten nicht nur Fans hat.

Dr. McHugh ist seit Jahrzehnten der größte Buhmann der Psychiatrie. 1979 schloss er als leitender Psychiater des Johns Hopkins Hospital die Genderklinik, in der Geschlechtsumwandlungen durchgeführt wurden. Seiner Ansicht nach »verschwendete die Klinik wertvolle wissenschaftliche und technische Ressourcen und fügte unserer beruflichen Glaubwürdigkeit enormen Schaden zu, indem sie mit dem Wahnsinn kollaborierte, anstatt ihn zu erforschen, zu heilen und ihn schlussendlich zu verhindern.«[191]

Das ist natürlich eine sehr umstrittene Ansicht. Die Doktoren Zucker, Blanchard und Bailey glauben hingegen einvernehmlich, dass die chirurgische Geschlechtsumwandlung zumindest für bestimmte erwachsene Patienten nützlich und wertvoll ist. Das Problem der chirurgischen Geschlechtsumwandlungen ist laut Dr. McHugh nicht, dass sie niemals einen Patienten zufriedenstellen oder dessen Genderdysphorie lindern könnten. Das Problem ist, dass Ärzte unmöglich wissen können, wem dadurch geholfen und wem geschadet wird. »Eines weiß ich«, versicherte er mir, »nämlich, dass manche danach ein Leben lang glücklich und zufrieden sind, andere aber depressiv, enttäuscht und selbstmordgefährdet. Und niemand kann vorhersagen, wer das sein wird.«

Selbst die schärfsten Kritiker von Dr. McHugh geben zu, dass die Wissenschaft nicht in der Lage ist, vorherzusagen, wem eine Geschlechtsumwandlung helfen wird und wem nicht. Das allein ist für Dr. McHugh Grund genug, den Stecker zu ziehen und Geschlechtsumwandlungen auf wenige kontrollierte Experimente zu begrenzen, die von einem professionellen Fachgremium überwacht werden. Seiner Meinung nach hätte die Medizin einer lautstarken Meute niemals die Schleusen für die chirurgische Geschlechtsumwandlung öffnen dürfen.

Ich traf Dr. McHugh in seinem Privathaus in Baltimore — einem weißen Ziegelbau der amerikanischen Moderne, der voller Bücher ist und sich inmitten der grünen Nachbarschaft Guilford unweit der Johns Hopkins Medical School befindet. Mit 88 Jahren ist er erstaunlich scharfzüngig und belesen, weiß lange Passagen des englischen Dichters Matthew Arnold auswendig und scheint, immer das passende Zitat zur Hand, auf eine riesige interne Datenbank psychiatrischer Literatur zurückgreifen zu können.

Dr. McHugh war in den 1980ern einer der führenden Kritiker der Trauma-Erinnerungstherapie, bei der Psychoanalytiker vorgaben, dass die Wurzel für eine multiple Persönlichkeitsstörung in unterdrückten Erinnerungen an kindliche Misshandlungen liegt. Für Dr. McHugh ist die multiple Persönlichkeitsstörung eine Fake-Krankheit, und die dabei entdeckten Erinnerungen sind iatrogen – »vom Arzt erzeugt«, wie das dem Griechischen entlehnte Wort besagt, also erst durch die Therapie, die sie angeblich entdeckt hat, ins Leben gerufen worden. Diese falschen Erinnerungen hatten oft mit Kindesmiss-handlung zu tun. Und so reiste Dr. McHugh nach Rockville in Mary-land, Manchester in New Hampshire, Providence in Rhode Island und Appleton in Wisconsin, um dort in Prozessen als Fachmann zu-gunsten von falsch Beschuldigten auszusagen.

Laut Dr. McHugh wird der gegenwärtige Transgenderwahn in ähnli-cher Weise von einer Psychiaterzunft befeuert und behandelt, die von einer Modewelle erfasst wurde. Während experimentelle Eingriffe bei Menschen in allen anderen Bereichen der Medizin durch ein Fach-gremium beaufsichtigt werden müssen, ist dies bei Geschlechtsum-wandlungen nicht der Fall. Und es *sind* experimentelle Eingriffe, un-terstreicht Dr. McHugh und weist auf die geringe Belastbarkeit der Studien hin, die ihnen zugrunde liegen.

Ein wichtiger Unterschied zu vergangenen psychiatrischen Modewel-len ist die Tatsache, dass die Transgenderepidemie hauptsächlich durch Gleichaltrige, die Medien und die Schulen ausgelöst wird. Teenager müssen heute nicht mit einem Therapeuten sprechen, um zu erfahren, was mit ihnen nicht stimmt. Sie nehmen einfach ihr Handy, googeln »Bin ich trans?« und stellen sich mithilfe einer Symptom-checkliste ihre Diagnose selbst. Falls überhaupt, bestätigen und schü-ren Therapeuten nur ein Problem, welches längst vorliegt.

McHugh glaubt, dass die Transgenderepidemie genauso enden wird wie der Hype um die multiple Persönlichkeit: nämlich vor Gericht, wenn Patienten ihre Therapeuten verklagen. Einige dieser Teenager-mädchen »werden mit 23, 24 Jahren aufwachen und sagen: ›Hier bin ich also. Ich habe einen Dreitagebart, bin genitalverstümmelt, fort-pflanzungsunfähig und lange nicht das, was sie mir versprochen ha-ben. Wie konnte das nur passieren?‹«

Auch wenn die Transgenderepidemie nur einen weiteren Psychowahn darstellt, erklärt das noch lange nicht, *weshalb ausgerechnet dieser?* Es zogen so viele Arten von Psychowahn an uns vorbei. Serienmord ist vom Aussterben bedroht, Massenerschießung im Aufschwung. Die

Bulimie ist vielleicht rückläufig, während Ritzen und Selbstmord sprunghaft ansteigen. Manche Moden sind ausgestorben, diese aber scheint sich durchzusetzen. Warum? Was ist nur im Trinkwasser der Nation enthalten?

Kapitel 8

Die Beförderten und die Degradierten

Im Mai 2019 rief mich eine Freundin an. Sie hatte gerade mit ihrer 13-jährigen Tochter zum ersten Mal in einer Filiale der Kaufhauskette Nordstrom BHs anprobiert. Es lief nicht gut, sagte meine Freundin, und ich dachte sofort an die üblichen Gründe: zu wenig Privatsphäre in der Umkleide, eine Verkäuferin mit eiskalten Händen, die ihre BH- und Körbchengröße so lautstark verkündet, dass alle anderen Kunden in der Umkleide es mitbekommen.

Das Problem hatte sich jedoch in einer ganz anderen Verpackung präsentiert: 1,82 Meter, Bartstoppeln unter dem dicken Tages-Make-up, zwei künstliche Brüste an einem muskulösen Oberkörper, die wie angeklebt wirkten. Einige Wochen später ging ich bei Nordstrom vorbei, um mit eigenen Augen zu sehen, was meine Freundin berichtet hatte. Die besagte Verkäuferin war elegant, aufmerksam und professionell. Sie flatterte in einem Tüllkleid umher, und das Klackern ihrer rosa lackierten Fingernägel begleitete jede Geste. Aber es war nicht zu übersehen, dass diese Verkäuferin für Damenunterwäsche ein Mann war.

»Was wäre passiert, wenn ich nicht da gewesen wäre?«, fragte mich meine Freundin immer wieder. »Was, wenn ich sie allein in die Umkleide geschickt hätte und es ihr zu peinlich gewesen wäre, etwas zu sagen?«

Für einen Mann ist die Demütigung, mit der Teenagermädchen ihre körperliche Verwandlung erleben, vielleicht schwer vorstellbar. Auch in einer Privatumkleide, in der nur Frauen anwesend sind, klammern sich Teenagermädchen voller Schrecken an ihre Kleider, als ob ihre völlig normalen Körper grässlich und verabscheuungswürdig wären. Selbst wenn es Pissoirs für Frauen gäbe, würden Teenagermädchen sie nie benutzen.

Diese angstbesetzte Scham wird durch die Aussicht, von Mitgliedern des anderen Geschlechts ausspioniert zu werden, nur noch gesteigert. Es kann für Frauen keine große Überraschung gewesen sein, als britische Nachrichten im Oktober 2019 berichteten, dass Mädchen, deren Schultoiletten zu gemischten Toiletten geworden waren, die Schule schwänzten, um der Schande zu entgehen, diese Einrichtungen während der Menstruation zu benutzen. Die gruselige Vorstellung, seine Periode in einer abgeschlossenen Klokabine in der Nähe eines Jungen zu haben, war einfach zu viel.[192]

Mit der Zeit schwindet diese Befangenheit. Die Scham, die jedes pubertierende Mädchen wie ein Anstandswauwau verfolgt und vor zu frühen sexuellen Begegnungen behütet, lässt nach, und es fühlt sich in seinem Körper allmählich wohler. Wenn es nicht gezwungen wird, ihn zu früh mit anderen zu teilen, wird es vielleicht lernen, an seinem Körper Spaß zu haben, und nicht mehr jeden Toilettengang als Zumutung empfinden.

Und auch wenn die Scham der Pubertät längst nachgelassen hat, weigern sich viele Frauen, zu einem männlichen Frauenarzt zu gehen. Es ist sogar ganz normal, dass Frauen ihre Pap-Tests, ihre jährlichen Routinetermine sowie eventuelle Post-Vergewaltigungsuntersuchungen lieber einer Frau anvertrauen – damit nur eine Frau Berührungen ausführt, die in einem anderen Kontext sexuell aufgeladen wären. Die

Reaktion meiner Freundin auf ihr Erlebnis beim BH-Kauf war völlig normal für eine Frau meiner Generation, wirkt aber inzwischen ein bisschen wie aus der Zeit gefallen.

Wir leben jetzt in einer Transgenderzeit, wie CNN es 2015 ausdrückte, oder vielleicht hat die Transgenderzeit uns überrollt. 2015 gewann Laverne Cox als erste Transgenderperson einen Emmy und 2018 *Una mujer fantástica* (*Eine fantastische Frau*) als erster Film mit einer Transgenderhauptdarstellerin einen Oscar. Bei der Verleihung des Emmypreises 2019 hielt Patricia Arquette einen tränenreichen und zu Herzen gehenden Nachruf auf ihre Transgenderschwester Alexis und bat, man möge aufhören, Transmenschen zu verfolgen. In der erfolgreichen HBO-Serie *Euphoria* spielt ein Transgendermädchen mit.

Die Zeitschrift *Cosmopolitan* brachte im Mai 2016 den Artikel »Brust abbinden für Anfänger«, in dem Mädchen Ratschläge gegeben werden, wie sie ihre Brüste mithilfe eines Kompressionsgurts am besten und am »sichersten« plattdrücken können.[193] »Abbinden bot mir die Möglichkeit, alles, was mich störte, unter den Teppich zu kehren und mir keine Sorgen mehr darum machen zu müssen«, berichtet darin Jackson Tree, ein biologisches Mädchen, das jetzt Transmann ist. Und in der *Teen Vogue* werden Mädchen und junge Frauen regelmäßig darüber aufgeklärt, dass Geschlecht nur ein soziales Konstrukt sei. »In Wahrheit menstruieren nicht alle Frauen, und nicht alle, die menstruieren, sind Frauen«, behauptet dort ein Artikel, als ob dies eine Tatsache wäre.[194]

Man kann argumentieren, das sei in Ordnung so: Filme, Fernsehen und Zeitschriften sollten die ganze Bandbreite menschlicher Sexualität inklusive Genderdysphorie widerspiegeln. Doch es gibt keinen Zweifel, dass Transgenderpersonen heute einen höheren gesellschaftlichen Status genießen, was sicher auch jungen Mädchen auffällt.

Noch nie konnten Transgendermenschen mit so wenig Scham oder Angst vor Stigmatisierungen, Repressalien und Gewalt leben wie heute, und dieser Umstand sollte alle anständigen Leute glücklich machen. Caitlyn Jenner sollte die Freiheit haben, zu leben, wie sie will, und sich damit den uramerikanischen Wunsch erfüllen.

Dieser kulturelle Wandel hat aber auch Auswirkungen auf die aktuelle Transgenderepidemie unter Teenagermädchen. Vor einem Jahrzehnt hätte man sich noch fragen können, warum sich jemand, der nicht akut an schrecklicher Genderdysphorie leidet, einer Geschlechtsumwandlung unterziehen wollen würde. Für Menschen im Jahr 2020 stellt sich diese Frage nicht mehr.

Als meine Freundin mit ihrer Tochter bei Nordstrom war, mag es sie erbost haben, dass ein biologischer Mann ihrer Tochter beim Vermessen des ersten BHs helfen wollte. Für ihre Tochter und deren Freundinnen ist das jedoch ganz normal. Aber verlassen Sie sich nicht auf mein Wort. Um herauszufinden, ob und inwieweit sich das Stigma der Transgenderidentifizierung im letzten Jahrzehnt gelockert hat, habe ich mit erwachsenen Transgendern, Lesben und radikalen Feministinnen gesprochen. Folgendes habe ich dabei erfahren.

Unwillkommene Aufmerksamkeit

Kristal ist eine Mann-zu-Frau-Transgenderperson Ende 50. Ihre Mutter hatte bei dem Versuch, ein Mädchen zu bekommen, drei Missgeburten erlitten. »Als sich dann herausstellte, dass ich ein Junge war, wollte sie mich eigentlich nicht mehr«, sagte mir Kristal. »Ich war in der Familie nicht willkommen.« Ein älterer Verwandter hat viele der Details, die Kristal damals nicht wissen konnte, ergänzt, Kristal aber wärmt sie lieber nicht wieder auf. Sie belässt es bei der Aussage, dass sie eine unglückliche, von Missbrauch geprägte Kindheit hatte. »Bis ich 6 war, dachte ich, ich sei ein Mädchen. Ich kannte es nicht anders. Ich wurde mit meinen Cousinen großgezogen.«

Zwar kleidete sie sich als Erwachsene bei jeder Gelegenheit privat in Frauenkleider, doch erst ab 2015 tat sie dies auch öffentlich. Zu dieser Zeit war Kristal alleinstehend, Anfang 50 und arbeitete als Hausmeisterin in British Columbia. »Ich habe einfach beschlossen, dass es mir egal ist, was die Leute denken. Ich bin Single. Ich habe einen Job. Mir geht's gut. Und ich pfeif drauf, was andere von mir halten. So kam es dann. Ich habe mich informiert, wie man sich schminkt und wie man für Frauenkleider Maß nimmt, und begann, als Frau zu leben und mich dementsprechend zu kleiden. Das war vorerst genug und ersparte mir viel Stress.« Ein paar Monate später, nach jahrelanger Therapie, begann Kristal mit der Einnahme von Hormonen. Schließlich unterzog sie sich auch einer Operation, hat aber nicht vor, die »endgültige« Operation vornehmen zu lassen. Dabei betont sie, dass es für sie in vielerlei Hinsicht einfacher ist, als Frau zu leben. »Es hat mich sehr viel Mühe gekostet, ein Mann zu sein. Das fiel mir aber erst auf, als ich das alles hinter mir gelassen hatte.«

Einige Monate lang war Kristal wirklich glücklich und schaffte es mit mehr oder weniger Erfolg, als Frau durchzugehen – zumindest so weit, dass sie nicht mehr blöd angemacht wurde. »Ich hatte ein gutes Leben. Keinen Grund zu klagen. Ich habe einfach mein Ding gemacht«, erinnert sie sich. »Doch dann kam das mit Caitlyn Jenner, der ersten prominenten Transfrau in den USA, die das Thema ins öffentliche Bewusstsein rückte. »Plötzlich fühlte ich mich wie auf dem Präsentierteller. Das ging allen Transmenschen so. Wir konnten nicht mehr einfach so auf die Straße gehen.«

Für viele Menschen, die unter einer klassischen Genderdysphorie leiden, ist es ein Gräuel, ihre Transidentität zu feiern. Sie wollen nicht mit einem »Kostüm« angeben, sondern als das andere Geschlecht akzeptiert werden. »Ich wusste, dass ich wie ein Mann in Frauenkleidern aussehe«, beteuert Kristal. »Aber es wurde zu einer Freakshow. Ich konnte nicht einmal ins Restaurant gehen, ohne dass mich irgendwelche Fremden umarmen wollten. Es war wirklich bizarr. Eine seltsame Erfahrung. Mir wurde klar, dass sich etwas grundlegend verändert hatte. Wo immer ich hinkam, wollten die Leute von mir wissen, was ich von Caitlyn Jenner halte. Ich fand es einfach schrecklich.«

Für Kristal ist ihre Genderdysphorie ein ständiger Quell des Unbehagens. Sie will nicht gefeiert werden und schon gar nicht andere Frauen verunsichern. Tatsächlich, sagt sie, war die Möglichkeit für Transgender, die Toiletten ihrer Wahl zu benutzen, eigentlich kein Thema, bis die Aktivisten es politisierten. »Ich meine, es sind einfach Kabinen. Du gehst rein, machst dein Geschäft und gehst wieder raus.«

Sie verabscheut die Bemühungen von Transaktivisten, biologische Frauen in Unruhe zu versetzen, und sagt, die Pseudowissenschaft der Genderideologen sei völlig verrückt. Kristal weiß, dass sie ein biologischer Mann ist. Sie lebt nur eben lieber als Frau. »Ich glaube nicht, dass man bloß aufgrund von irgendjemandes Gefühlen die Wissenschaft der DNA einfach so über Bord werfen kann.«

Für fast alle Transgenderpersonen, mit denen ich offiziell (mit manchen auch inoffiziell) gesprochen habe, war das Titelbild von Caitlyn Jenner auf der *Vanity Fair* von 2015 ein Wendepunkt, ein Urknall, der in der ganzen westlichen Welt gehört wurde. Für viele fiel damit das Stigma, transgender zu sein, plötzlich weg, doch zugleich auch die Möglichkeit, still und ohne lästige Beobachter durchs Leben zu gehen. Nach Caitlyn Jenners Coming-out begegnete Kristal zum ersten Mal der Transfeindlichkeit von Kanadiern, die wütend über die Versuche biologischer Männer waren, in Räume vorzudringen, die ausschließlich Frauen vorbehalten waren. Doch als genauso belästigend empfand sie die plötzlichen, überwältigenden Umarmungen. »Was mich störte, waren die Leute, die buchstäblich – ich übertreibe nicht – die Straße überquerten, um mich zu umarmen und mir zu sagen: ›Du hast meinen Support.‹«

Christine, Caitlyn und die gefallenen Helden

Nicht Caitlyn Jenner, sondern Christine Jorgenson aus Brooklyn, die als Soldat im Zweiten Weltkrieg gekämpft hatte, war die erste prominente Transsexuelle in den USA. George William Jorgensen Jr. begann in den USA eine Hormontherapie und fuhr dann zu einer kompletten Geschlechtsumwandlung nach Dänemark. Noch im Royal Hospital von Kopenhagen wurde ihr von dem Medienkonzern Hearst Corporation das Angebot gemacht, ihre Geschichte als Serie von fünf Artikeln zu kaufen, die in elf Zeitungen veröffentlicht werden sollten.[195] Laut dem Onlinemagazin *LGBTQ Nation* »belief sich ihr Honorar von Hearst Corporation im Jahr 2019 auf über 240 000 Dollar. Und nahezu jede Zeitung des Landes schrieb über sie.«

Die Artikel scheinen weitgehend schmeichelhaft gewesen zu sein und lobten ihre Anmut und Schönheit. Christine wurde sofort zu einer Berühmtheit. Mit großem Tamtam kehrte sie in die Vereinigten Staaten zurück – blond, schön, »das Klischee einer typisch amerikanischen Schönheit«.[196] Sie trat in Fernsehen und Hörfunk auf und wurde in Dutzenden Zeitschriften wohlwollend präsentiert. Die New Yorker *Daily News* titelte »Ex-GI wird blonde Schönheit« und nannte sie eine »umwerfende Frau«.[197] In der *LA Times* hieß es »Ehemaliger GI wird nach einer langen Serie von Behandlungen eine wunderschöne Frau«.[198]

Wenn wir heute an die 1950er-Jahre denken, stellen wir uns eine Ära ausnahmsloser sexueller Prüderie vor, aber Christine Jorgenson scheint bei ihrer Rückkehr in die USA ein warmer medialer Empfang beschert worden zu sein. »Sie wurde nicht müde, wenn es um das Thema Transsexualität ging, und warb um Verständnis in einer Gesellschaft, die Transsexuelle nur als Freaks oder Perverse sah«, hieß es in einem viel zitierten Nachruf von 1999. »Frau Jorgensen gewann mit ihrem Auftreten, Charme und Witz die Herzen von Millionen Menschen«.[199]

Dank der Hearst Corporation wurde Christine Jorgenson zu einem bekannten Namen, und der Begriff »Geschlechtsumwandlung« hielt Einzug in den amerikanischen Sprachgebrauch. In den Symptompool schaffte es die Genderdysphorie allerdings nicht, und all den höflichen Beipflichtungen zum Trotz wollten ihr nur wenige Amerikaner nacheifern. Mit anderen Worten: Christine Jorgenson »outete« sich in einem Amerika, das noch ganz anders aufgestellt war.

Man kann man mit Fug und Recht behaupten, dass Amerika im Jahr 2015 einiges an kulturellen Rückschlägen einzustecken hatte. Seine Helden sind nur noch ein trauriger Haufen Gestrandeter, die ebenso tief in Ungnade gefallen sind, wie sie einst geliebt wurden. Nehmen wir das Beispiel des Komikers Bill Cosby.

Mit seiner *Cosby Show* war Bill Cosby in den 1980er-Jahren (und noch Jahrzehnte danach in Wiederholungssendungen) als liebenswerter Familienvater Dr. Huxtable das leuchtende Vorbild des amerikanischen Mannes: mit einer starken Frau verheiratet, Vater von gut geratenen Kindern, der den Höhen und Tiefen des Lebens mit endloser Geduld begegnete und dessen Liebe so unerschütterlich war wie seine Zopfstrickpullis unverwüstlich. Schon als Kinder verpassten mein Bruder und ich kaum eine Folge von *Fat Albert und die Cosby Kids*. Auch wir aßen Jell-O Pudding Pops und verbrachten jeden Donnerstagabend mit dem Rest von Amerika vor dem Fernseher, um die *Cosby Show* zu sehen. Uns war durchaus klar, dass er nicht wirklich unser Vater war, aber während der einstündigen Folgen, in denen er seine Kinder tröstete oder zurechtwies, konnte man fast glauben, er sei es.

2014 kamen immer mehr Anschuldigungen auf, Bill Cosby hätte eine Reihe von Frauen betäubt und dann vergewaltigt. Irgendwann war es nicht mehr zu leugnen, und so wurden die Wiederholungen seiner Sendung 2015 abgesetzt. Jahrzehntelang war er der liebe Papa Amerikas gewesen. Jetzt konnten wir ihn nicht einmal mehr ansehen.

Im Jahr 2010 konnte man kaum noch stolz auf die sieben Tour-de-France-Titel von Lance Armstrong sein, denn es wurde ein Dopingverfahren eingeleitet, um ihm seine Auszeichnungen abzuerkennen. Und auch Michael Jacksons Name konnte kaum mehr erwähnt werden, ohne auf diese Jungs zu verweisen. Lance Armstrong war ein Betrüger, Michael Jackson ein Perverser.

Auf diese ausgetretene Bühne kam nun Bruce Jenner geschwebt, Amerikas beliebter Olympionike und regelmäßiger Gast bei der erfolgreichen Realityshow *Keeping Up with the Kardashians,* wo ihn das Publikum dabei beobachtete, wie er in aller Stille allmählich transitionierte. Die Hormontherapie machte seine Gesichtszüge weicher und sein Kinn runder, doch der Liebe seiner Familie schien das keinen Abbruch zu tun.

Im Mai 2015 outete sich die Person, die wir als Bruce Jenner kannten, in einem *20/20*-Interview mit Diane Sawyer vor dem amerikanischen Publikum als Transgender. Er hatte niemandem etwas getan. Er hatte Amerika stolz gemacht, indem er sich einem der härtesten Wettbewerbe der Leichtathletik stellte – dem olympischen Zehnkampf – und Gold gewann. Er hatte nie geschummelt oder gedopt, um weiterzukommen, und wollte uns auch nicht mit seinem Leid überfordern. Das Einzige, was er sich wünschte, war, akzeptiert zu werden. Das schien nicht zu viel verlangt.

Tatsächlich waren wir 2015 auch bereit, es ihm zu gönnen – erleichtert, plötzlich eine Berühmtheit feiern zu können, die uns mit ihrer Wahrhaftigkeit überraschte. Er wollte also eine Frau sein. Und wenn schon? Was war so schlimm daran? Amerika überlegte und hatte keine Antwort. Vielleicht gibt es keine. Vielleicht ist es im Großen und Ganzen eine tolle Sache, transgender zu sein.

»Genderdysphorie« taucht zwar immer noch im *DSM-5* auf, macht sich aber auf leisen Sohlen davon, denn sie wird jetzt nicht mehr »Genderidentitätsstörung« genannt, was zu sehr die psychopathologische Seite betonte. Schließlich wurde »Homosexualität« ja auch einst als psychische Störung eingestuft, und kaum jemand glaubt heute noch, dass Homosexualität einem glücklichen, erfüllten Leben im Weg steht. Vielleicht ist es gar nicht so schlimm, im *DSM-5* zu stehen, außerdem wird es ohnehin nicht mehr lange der Fall sein.

Wie dem auch sei, 2013 nahm jeder sechste US-Bürger Psychopharmaka. Wer kann schon sagen, was »normal« ist? Vielleicht sind wir ja alle ein bisschen verrückt.[200]

Das vergessene »L« in LGBTQ

Man würde vielleicht denken, dass diese gegenwärtige Ära der Transgendertoleranz allen Mitgliedern der LGBTQ-Community zugutekommen würde, aber viele Lesben bestehen darauf, dies sei nicht der Fall. Im vergangenen Jahrzehnt wurden sie Zeuge, wie viele ihrer Bars, Veröffentlichungen, Frauenhochschulen sowie eingeschlechtliche Toiletten und Umkleideräume verschwanden. Verurteilte Vergewaltiger, die sich plötzlich als Frauen identifizieren, werden in Frauengefängnissen untergebracht.[201] Als Männer Geborene verlangen Zugang zu Frauenhäusern für misshandelte Frauen.[202] »Wenn man sich das Smith College oder Wellesley ansieht, sind das keine ausschließlich weiblichen Institutionen mehr«, sagte mir Pippa Fleming, eine afroamerikanische lesbische Performancekünstlerin. 2015 beschloss das Smith College, seine Türen für biologisch männliche Studenten zu öffnen, die sich als Frauen identifizieren.[203]

Aber Lesben und radikale Feministinnen, die sich gegen die Idee wehren, biologischen Männern uneingeschränkten Zugang zu Frauenräumen und -rechten zu geben, werden in den sozialen Medien als TERFS verspottet – »trans-exclusionary radical feminists« (radikale Feministinnen, die Transsexuelle ausschließen).[204]

Dies könnte diejenigen verwirren, die »LGBTQ« für eine harmonische Gemeinde hielten. Tatsächlich aber bringt die Genderideologie Transgenderpersonen in direkten Konflikt mit radikalen Feministinnen, die glauben, dass das Geschlecht das bestimmende Merkmal der eigenen Identität ist. Andererseits neigen radikale Feministinnen wie Pippa dazu, das Geschlecht als trivial zu betrachten – als eine Reihe von Stereotypen, die die Gesellschaft sinnloserweise zuweist. Ihrer Meinung nach ist eine Frau, die einen Kurzhaarschnitt oder männliche Kleidung trägt, nicht weniger eine Frau. Frauen können tragen, was sie wollen. Die Kleidung macht ebenso wenig die Frau wie den Mann.[205]

Mitte der 1990er-Jahre, so erzählte mir Pippa, hatten die Lesben in Amerika Aufwind, und die Lesbenkultur erlebte eine Blütezeit. Jetzt seien die Lesben »in den Untergrund gegangen«. Lesbische Organisationen sind entweder völlig verschwunden oder müssen neue Mitglieder überprüfen und Hintergrundchecks durchführen, um nicht von Transfrauen unterwandert zu werden, die sich ebenfalls als »Lesben« ausgeben. Viele Lesben haben mir gegenüber bestätigt, dass sich ihre Gruppen nur noch heimlich treffen. Das sei der einzige Weg, sicherzugehen, dass nur Frauen Zutritt haben.

Mehr als ein junges Mädchen, das ich interviewt habe, sagte mir, »trans« zu sein genieße in der High-School ein hohes Ansehen, »lesbisch« dagegen nicht. Ja, Lesbischsein wird sogar offen als minderwertige Identität verspottet – als maskuline Mädchen, die nicht zugeben können, dass sie eigentlich Jungs sein sollten.

Die 16-jährige Riley erzählte mir, an ihrer britischen Mädchenschule, in der sich viele ihrer Klassenkameradinnen als transgender identifizieren, sei »lesbisch« ein Schimpfwort. »Es ist auf eine sehr oberflächliche Weise einfach uncool«, erklärte sie, »so eine Art Pornokategorie.«

Transrechte über Mädchenrechte

Zwar wurde das letzte Jahrzehnt Zeuge, wie Transgenderamerikaner Aufwind erhielten, aber im gleichen Zug Frauen und Mädchen degradiert wurden. Biologische Jungen, die sich als Mädchen identifizieren, schlagen landesweit bereits die besten weiblichen Sportlerinnen. Weibliche Läuferinnen,[206] Schwimmerinnen[207] und Gewichtheberinnen[208] werden von transidentifizierten, biologischen Jungen deklassiert, von denen viele in ihren ehemaligen Jungenmannschaften nur mittelmäßige Sportler waren. All jene, die gegen diese Ungerechtigkeit protestieren, werden entweder abgewiesen oder der Bigotterie bezichtigt.

Mädchen entgeht wohl kaum, so viel lässt sich sagen, dass sie in der allgemeinen Kultur an Ansehen verloren haben. Ihre privaten Räume sind jetzt für alle zugänglich, ihre sportlichen Rekorde wurden ihnen gestohlen, und wenn sie sich darüber beklagen, wird dies als Engstirnigkeit abgetan.

Im Februar 2019 schrieb die Tennisgröße und stolze Lesbe Martina Navratilova in der *Sunday Times*, Transsportler bei Frauenwettkämpfen teilnehmen zu lassen sei für biologische Frauen unfair. Daraufhin wurde sie als transphob eingeordnet, und ihr Sponsor Athlete Ally ließ sie fallen.[209] »Die Transgemeinde steht unter Beschuss«, argumentierte Athlete Ally, »und wir sind entschieden gegen alle, die sie angreifen – egal, wer sie sind oder was sie geleistet haben.«[210]

Wenn sogar Martina Navratilova – vielleicht die prominenteste lesbische Sportlerin der Welt – als LGBTQ-feindliche Hetzerin gebrandmarkt werden kann, nur weil sie sich für Mädchen einsetzt, wie sollen sich da unbekannte Sportlerinnen wehren? Welche Chance hätten sie, ernst genommen zu werden? Lange Zeit hat der Sport Frauen und Mädchen die Möglichkeit geboten, Höchstleistungen zu erzielen, Stipendien und berufliche Chancen zu erhalten und stolz auf sich sein zu können. Plötzlich scheint das Spiel gegen sie entschieden zu sein. Und wenn sie Einwände haben, will die niemand hören.

Was ist eigentlich eine Frau?

Wenn »Frauen« nicht mehr über körperliche Merkmale oder die Biologie definiert werden können, wie sollen wir sie dann definieren? Die prominente Transgenderautorin Andrea Long Chu hat eine Antwort: »Weiblichkeit ist eine ›universelle Existenzbedingung‹, die dadurch definiert wird, dass man sich den Wünschen eines anderen unterwirft.«[211]

Man kann sich kaum eine erniedrigendere oder abgeschmacktere Definition des Frauseins vorstellen. Doch anstatt Frausein so umzudefinieren, dass Transfrauen miteingeschlossen werden, ist diese Art von »Lösung« mittlerweile typisch geworden. Aller biologischen Merkmale beraubt, die eine Frau ausmachten, berufen sich Transaktivisten rein auf soziale Stereotypen, von denen viele beleidigend und archaisch sind.

Auf diese Weise wird die biologische Einzigartigkeit von Frauen unverhohlen geleugnet. Alles, was uns Frauen besonders macht, wird mit der Säure des intersektionalen Sprachgebrauchs weggeätzt. Aus schwangeren Frauen werden jetzt »gebärende Personen«, und das Wort »Vagina« wird durch den ekelhaften Begriff »Vorderloch« ersetzt. Diese »inklusivere« Sprache trachtet danach, das Wesen der weiblichen Anatomie weißzuwaschen, die transidentifizierte biologische Frauen am liebsten vergessen würden.[212]

Die Mainstreammedien haben diesen Neusprech wie lernbegierige Kleinkinder mit großen Augen aufgegriffen. In einem Tweet vom 19. Oktober 2019 schrieb National Public Radio NPR: »Menschen, die menstruieren, geben schätzungsweise 150 Millionen Dollar im Jahr nur für die Mehrwertsteuer von Tampons und Binden aus.«[213] Im Namen der transinklusiven Sprache werden Frauen zu »Menschen, die menstruieren«. Wie kann sich ein junges Mädchen da noch freuen, demnächst dieser Gruppe anzugehören?

Diese Art von transinklusiver Abwertung des Frauseins setzt sich gesellschaftlich immer mehr durch. Frauen werden als »Brüter« oder »Bluter« bezeichnet.[214] Diejenigen, die diese Terminologie verwenden, behaupten, sie böte eine sensiblere Art, sich auf biologische Frauen zu beziehen, bei der sich Transfrauen nicht ausgeschlossen fühlten. Aber was bedeutet dies anderes für tatsächliche Mädchen als die Zugehörigkeit zu einer Gruppe, die so abartig beschrieben wird, dass kein Mensch freiwillig dazugehören wollen würde? Wenn unsere biologischen Attribute derart durch den Dreck gezogen werden, kann ein junges Mädchen nur mit Abscheu oder gar Ekel in die Zukunft blicken.

Und dann gibt es noch die Onlinepornos.

Wenn Frauen meines Alters überhaupt Pornografie kennen, dann stellen sie sich meist jene Art von Videos vor, die ihre Brüder und Lebensgefährten angeschaut haben: das in erschrockener Ekstase erstarrte Gesicht einer Frau, das wirkt, als würde sie in einer Achterbahn, in die sie sich freiwillig gesetzt hat, einen Hügel hinauffahren. Sie war vielleicht nicht gerade ein Ausbund an Würde, aber zumindest schien sie sich zu amüsieren.

Pornografie war für junge Frauen, wenn sie ihr zum ersten Mal begegneten, schon immer schockierend und anstößig. Aber die heutigen Internetpornos sind noch viel bedrohlicher. Das Würgen ist auf der Plattform Pornhub derart verbreitet, dass es noch nicht einmal eine eigene Kategorie dafür gibt.[215] Zu diesen häufig gezeigten Szenen stellte der *Guardian* fest: »Frauen werden mit allem Möglichen gewürgt, von Penissen bis hin zu Fäusten – bis hin zum Würgereiz oder dem Rand der Ohnmacht.« Am Ende der Szene »sagt die Frau oft heiser, wie sehr sie ›es geliebt‹ hat«.[216]

»Meiner Erfahrung nach brachten Pornos die Jugendlichen, mit denen ich arbeite, so ziemlich zum Ausrasten«, sagte mir die Therapeutin Sasha Ayad über eine Transpatientin, die sie behandelt. »Oft spielen Pornos bei ihrer neuen Identität eine große Rolle.«

Gewaltpornos machen nicht nur jungen Mädchen Angst vor Männern und der Aussicht auf Sex mit ihnen, sondern verändern auch die Erwartungen und das Verhalten von Jungen. Laut der Sexualforscherin Debby Herbenick an der Indiana University School of Public Health hat fast ein Viertel aller erwachsenen Frauen beim Sex schon einmal Angst gehabt, und »13 Prozent der sexuell aktiven Mädchen zwischen 14 und 17 sind bereits gewürgt worden«.[217] Wenn Sie Schwierigkeiten haben, den Reiz des Transgenderlebens zu erkennen, bedenken Sie, dass das typische Datingleben junger Frauen heute nicht mehr halb so toll aussieht wie früher.

Junge Frauen werden in Umkleidekabinen von biologischen Männern bedrängt,[218] in Sportmannschaften von biologischen Jungen geschlagen – und bekommen dann auch noch zu hören, dass sie im Arbeitsleben keine Aussicht darauf haben, jemals gerecht entlohnt zu werden. Die intersektionale Sprache spricht ihnen ihre biologische Besonderheit ab. Hollywood hat die romantische Komödie begraben und bietet jungen Mädchen keine Fantasie mehr, an die sie ihre mädchenhaften Hoffnungen knüpfen können. Angesichts der Vorstellungen und Versprechungen unserer Kultur muss man sich fragen, warum jemand überhaupt noch ein Mädchen sein will.

Trans als intersektionales Schutzschild

In den USA ist laut Lisa Littmans Studien die überwältigende Mehrheit (90 Prozent) der Eltern von plötzlich transidentifizierenden Mädchen weiß.[219] Damit gehören Letztere zu der vielleicht am meisten verunglimpften Gruppe an den heutigen amerikanischen Universitäten. Was kann man dagegen tun?

Sie können sich nicht einfach aussuchen, plötzlich People of Color zu sein, und die meisten auch nicht, homosexuell zu sein. Eine Behinderung scheidet ebenfalls aus (auch wenn es heute zum guten Ton unter weißen College Schülern gehört, ihre etwaigen Schicksalsschläge möglichst prominent auszubreiten).

»Von all diesen Abzeichen des Opferstatus ist das Einzige, was man sich tatsächlich aussuchen kann, ›trans‹ zu sein«, erklärte mir Heather Heying, Gastdozentin an der Princeton University. »Man braucht bloß die Worte auszusprechen ›Ich bin trans‹ – und zack, bist du trans. Dann stehst du plötzlich viel weiter oben in der progressiven Opferhierarchie und giltst in der intersektionalen Weltsicht etwas.«

Doch identifizieren sich Studenten wirklich als Mitglied der LGBTQ-Gemeinde, weil sie von Gleichaltrigen unter Druck gesetzt wurden? Woher sollen wir das wissen?

Laut Heying ist das die einzige Erklärung, bei der die von ihr erhobenen Zahlen Sinn ergeben. Als sie 2017 das Evergreen State College verließ, antworteten 40 Prozent der Studenten auf die Frage »Identifizierst du dich als LGBTQ?« mit Ja. »Das ist ganz offensichtlich verrückt«, konstatiert Heying. »Es ist einfach unmöglich, dass 40 Prozent der Studentenschaft LGBTQ ist, wenn der Anteil von LGBTQ in der Bevölkerung kulturübergreifend bei etwa 10 Prozent liegt – und das ist schon hoch angesetzt. Das ist einfach ausgeschlossen.« (Im Jahr 2020 bezeichneten sich 50 Prozent der Evergreen-Studenten als LGBTQ oder nicht »festgelegt«.[220])

Wer als Studienanfänger nach Freunden an der Uni sucht und dazugehören will, findet vielleicht keinen sinnvolleren Weg, als sich als »LGBTQ« vorzustellen. (Im Herbst 2019 bot die Yale University allein in den ersten beiden Septemberwochen achtzehn LGBTQ-Veranstaltungen an.)

Transgenderaktivisten haben an amerikanischen Universitäten beinahe alles erreicht, was sie in der breiteren Gesellschaft anstreben: Während die amerikanische Gesellschaft dort ständig einer schonungslosen Kritik unterzogen wird, werden LGBTQ-Identitäten ohne Ende gefeiert. Die Universitäten prangern Privilegien an und predigen die Emanzipation von diesen. Alles, was man dafür tun muss, ist, den intersektionalen Göttern ein Opfer darzubringen. Ihr Geburtsname ist ein guter Anfang.

Wenn du als »Allison« geboren wurdest, aber die Hoffnung hegst, als »Aidan« ernster genommen zu werden, wird sich deine Universität beeilen, dir beizustehen. Um diese Änderung universitätsweit oder sogar (um der ernsten Note willen) legal durchzuführen, bieten Universitäten wie die UCLA in Los Angeles dafür einfache Anweisungen und Formulare an (mit der Gewissheit, dass die Eltern es nicht erfahren werden).[221] »Alle Studenten, einschließlich transgender, gendernonkonform, gendervariabel oder nicht cisgender, die ihren Namen ändern wollen, können dies auf dem Namensänderungsformular tun«, steht auf der Website der University of Pennsylvania zu lesen. Hochschulen zeigen auch einfache Schritte für die Änderung des Geschlechtskennzeichens auf und bieten die Möglichkeit an, in genauso wenig Zeit, wie man sie zum Ausfüllen einer Amazon-Rezension benötigt, seiner Identität ein schnelles Update zu verpassen.

Ein Studienanfänger hat einem Abiturienten vielleicht nur 3 Monate an Reifezeit voraus, aber mit 18 Jahren – in manchen Bundesstaaten sogar noch früher – eröffnet sich ihm ein wahres Fest neuer Möglichkeiten.[222] Und für jene Studenten, die zu beweisen bereit sind, dass eine Transidentität mehr als nur ein Name und Pronomen ist, hält die Universität eine gut sortierte Discountapotheke bereit. Mehr als hundert Universitäten übernehmen im Rahmen ihrer Krankenversicherung inzwischen die Kosten für Transgenderhormone, darunter alle Ivy-League-Schulen.[223] Und mindestens 87 Colleges und Universitäten bieten Geschlechtsumwandlungen an. In Yale betragen die Kosten für eine Testosteronbehandlung für ein gebärfähiges Mädchen im Rahmen des studentischen Gesundheitsplans 10 Dollar pro Monat – weniger als die Kosten für einen Kinobesuch.[224]

Trotzdem gehen die meisten jungen Frauen aufs College, ohne an eine Geschlechtsumwandlung zu denken. Wie effektiv der Schutz vor der intersektionalen Wut ihrer Kommilitonen auch immer sein mag, die Vorstellung einer Geschlechtsumwandlung erscheint den meisten von ihnen dann doch zu extrem. Du bist 18 Jahre alt, hast in der Highschool vielleicht einen Freund gehabt. Du weißt vielleicht nicht alles über dich, aber du bist dir ziemlich sicher, eine Frau zu sein.

Doch dann schlägt eine psychische Krise zu. Vielleicht verfällst du wieder in alte Gewohnheiten, beispielsweise Magersucht, oder fängst wie in der Mittelstufe wieder mit dem Ritzen an. Vielleicht gehen angesichts der vielen Prüfungen deine Ängste und Unsicherheiten mit dir durch. Vielleicht streitest du dich mit deiner Mitbewohnerin, verlierst deine Freunde und findest alle anderen so gestresst und seltsam. Du hängst ständig mit deiner Mutter am Telefon, die dir aber auch nicht wirklich helfen kann, und hast keine Ahnung, wie du die nächsten 4 Jahre auf diese Weise überleben sollst.

Und jetzt nimmt die Geschichte eine erstaunliche Wendung. Du bist seit der Mittelstufe, als deine Mutter dich angemeldet hat, in Therapie. Du weißt, dass Angstblocker deine besten Freunde sind. Folglich scheint dir der beste Weg zu sein, mit einem Therapeuten über deine Ängste zu sprechen.

Angesichts der Tatsache, dass Studentinnen heutzutage, gelinde gesagt, psychisch labil sind, haben die Universitäten ein ganzes Bataillon von Beratern und Therapeuten eingestellt, die nur darauf warten, zu helfen. (An der Columbia University sind es 56.) Ihre Spezialgebiete sind »Essstörungen« und »Traumatherapie« sowie »sexuelle und Genderidentitätsfragen«. Gut möglich, dass man wegen einer Depression einen Termin bei einer Therapeutin ausmacht, nur um festzustellen, dass ihr weiteres Spezialgebiet LGBTQ ist. Du bist also traurig? Woran könnte das nur liegen? Spoileralarm: Wahrscheinlich bist du trans.

Wie bereits erwähnt, hat ein Elternteil den Unitherapeuten seiner Tochter als »Abrissbirne für Familien« bezeichnet. (Dieser Therapeut einer Topuniversität behandelt in erster Linie Angststörungen und Depressionen, ist aber gleichzeitig Mitglied des »Genderteams« der Universität.) Mit ein wenig Ermutigung, könnten solche Therapeuten Ihrer Tochter eine Testosterontherapie nahelegen, für die man praktischerweise nicht einmal mehr die Uni verlassen muss. Wie die Rutgers University geben viele Universitäten jetzt direkt Testosteron an Studentinnen ab, manche auf der Basis einer sogenannten »informierten Einwilligung« schon beim ersten Termin, und zwar ohne ärztliches Rezept.

Meredith

Als Kind war Meredith nie jungenhaft oder burschikos gewesen. In der Gymnasialzeit hatte sie einen festen Freund, war Mannschaftskapitänin und hatte so gute Noten, dass sie auf einer Eliteuniversität angenommen wurde. Dort fand sie im ersten Semester nur wenige Freunde und schien ein wenig deprimiert, als sie zu Weihnachten nach Hause kam. Ihre Eltern hofften, dass sie bis zum zweiten Jahr mehr Freunde finden würde. Doch der soziale Erfolg, den sie auf der Highschool gehabt hatte, stellte sich auf der Uni nicht ein, und der akademische Druck, den sie sich aufgebürdet hatte, erwies sich als zu hoch.

Viele Eltern und Studenten, mit denen ich gesprochen habe, bezeugen, dass ein Elitestudium heute sehr viel mehr Stress bedeutet als noch vor einer Generation. Selten verlassen die Studenten die Bibliothek, lernen mitunter die ganze Nacht hindurch – nicht nur, wenn

Prüfungen anstehen, sondern das ganze Semester über. Die Lektion so vieler Millennials, die mit ihren geisteswissenschaftlichen Studiengängen und Bergen von Schulden nur schwer einen Job fanden, scheint den heutigen Studenten nicht entgangen zu sein.

Als Meredith tagelang nicht mehr aus dem Bett kam, brachte ihre Mitbewohnerin sie in die Klinik, wo sie wegen eines Nervenzusammenbruchs behandelt wurde. Ihre besorgten Eltern holten sie von der Uni ab und brachten sie für den Rest des Semesters nach Hause. Um die versäumten Kurse nachzuholen, wollte Meredith einen Sommerkurs belegen und versprach, es ruhig angehen zu lassen. Diesmal kam sie mit kahl geschorenem Kopf und einem neuen Hang zur Geheimniskrämerei zurück. Ihre Eltern wussten nicht, was los war, aber sie wollten sie nicht unter Druck setzen. Außerdem fanden sie, sie sollte sich erst mal ausruhen. Sie hofften, dass diese Rebellion, was auch immer sie darstellte, vorübergehen würde. Haare wachsen schließlich nach.

Als sie im Herbst wieder an die Uni ging, trat sie einem akademischen Klub bei, in dem ein Teilnehmer ihr nahelegte, sie sei vielleicht transgender. Meredith teilte ihren Eltern mit, dass sie das auch so sah. Innerhalb eines Jahres hatte sie ihren Namen zu »Micah« geändert und mit einer Testosterontherapie begonnen. (Das war nicht schwer, denn schließlich verteilte die Uni die Pillen auf der Grundlage der besagten »informierten Einwilligung«.)

Diese plötzliche Veränderung machte ihre Eltern nervös, und sie sagten ihr das auch, aber sie hatten Angst um ihre labile Psyche. Als ihre Tochter ihnen dann mitteilte, dass sie nicht mehr mit ihnen sprechen wolle, waren sie alarmiert. Sie zogen in Erwägung, hinzufahren und ihre Tochter leibhaftig einzusammeln oder zumindest zu konfrontieren. Aber sie hatten mittlerweile mit anderen Eltern gesprochen, die in derselben Situation waren, und waren vorgewarnt worden: Wer gegen den Willen seiner Tochter an der Uni auftaucht, wird von den Sicherheitskräften hinauseskortiert. Sie dachten darüber nach, das Schulgeld zu streichen, damit sie gezwungen sein würde, nach Hause zu kommen, befürchteten jedoch, dass sie Meredith, falls sie dann das Studium schmeißen und trotzdem nicht nach Hause kommen würde, endgültig verlieren würden.

So wandten sich ihre Eltern an die Universität und erinnerten die Zuständigen daran, dass Meredith vor einem Jahr mit einer schweren Depression in die Klinik eingeliefert worden war. Psychisch nicht stabil, wie sie war, befand sie sich gewiss nicht in der richtigen Verfassung, mit einer Testosterontherapie zu beginnen.

Der Leiter des Gesundheitsdienstes der Universität schrieb freundlich zurück: »Wir folgen dem genderaffirmativen Ansatz und tun, was wir können, um Hindernisse für die Versorgung von Transgenderstudenten auszuräumen.«

Studenten wie »Micah« erhalten erst Hormone, wenn sie 18 Jahre alt und in der Lage sind, eine »informierte Einwilligung« abzugeben, versicherte er Merediths Mutter. »Im Falle ernsthafter medizinischer oder psychologischer Bedenken muss mit diesen sorgsam umgegangen werden. Dazu gehört je nach Bedarf eine fortlaufende Betreuung durch einen Arzt oder Therapeuten.« Da »Micah« all diese Kriterien erfüllte, sprach nichts dagegen, und es gab keinen Grund zur Sorge.

Meredith war jedoch dabei, mit dem Segen und der Unterstützung ihrer Universität ihren Körper auf unwiederbringliche Weise zu verändern. Ihre Eltern wussten, dass sie psychisch labil war. Merediths Mutter zeigte dem Abteilungsleiter für studentische Angelegenheiten Beweise: »Wir haben seitenweise Textnachrichten, in denen Meredith vorgibt, uns zu hassen. Sie sagt, sie könne nicht atmen, nicht aus dem Bett aufstehen und sei außer sich vor Angst – gefolgt von weiteren Nachrichten, dass sie uns liebt und dass es ihr leidtut. Dann droht sie wieder damit, uns aus ihrem Leben zu verbannen.«

Merediths Mutter war sich bewusst, dass ihre Tochter auf dem Papier erwachsen war und ihre eigenen Entscheidungen treffen konnte. Nur war sie offensichtlich nicht in einer angemessenen geistigen Verfassung. »Wir haben nichts dagegen, dass sie transitioniert«, flehte sie den Abteilungsleiter an, »wir wollen nur nicht, dass sie es jetzt tut.«

»Ich verstehe, dass diese Situation für Sie und Ihre Familie sehr schwierig sein muss und dass sie sehr besorgt um [Micahs] Gesundheit und Wohlergehen sind«, schrieb der Abteilungsleiter zurück. »Doch weder die Entscheidung für eine Transition noch die Wahl des Zeitpunkts liegen in der Kompetenz der Universität. Laut den neuesten medizinischen Richtlinien ist es unsere Politik, diese Entscheidungen den Studenten zu überlassen.« Und natürlich, ohne zu zögern, alle Hormone zur Verfügung zu stellen. Viel Glück!

Merediths Eltern hatten nichts in der Hand gegen die Ivy League School, die sie üppig bezahlten, um ihre Tochter auszubilden. Angesichts von deren Entscheidungen blieb ihnen nur die Verzweiflung und ein bleibendes Gefühl des Verrats. So viele Erwachsene unterstützten Merediths Geschlechtsumwandlung, als ob sie nur ihren Handyanbieter wechselte und nicht unwiederbringlich ihren Körper entstellen würde.

»Es kommt mir so vor, als würden wir sie dafür bezahlen, dass sie das Leben unserer Tochter ruinieren«, sagte mir Merediths Mutter. Dabei ist die fragliche Universität jene Art von Traumhochschule, deren Logo Eltern gerne an die Heckscheibe ihres Autos kleben würden. Jetzt würde Merediths Mutter diesen Ort am liebsten abbrennen sehen.

Aber das würde ihrer Tochter auch nicht helfen. Merediths Metamorphose war bereits im Gange. Alle, die sie zu Beginn ihres Studiums gekannt hatten, hätten sie im zweiten Studienjahr nicht mehr wiedererkannt.

Die Transformation

2005 startete Fox die TV-Serie *Bones*, die zu seiner am längsten laufenden Fernsehserie werden sollte. Sie drehte sich um ein Team, in dem Verstand auf Muskelkraft trifft und das seine Tage damit verbrachte, (natürlich) Morde aufzuklären: mit der intellektuellen und dennoch heißblütigen forensischen Pathologin Dr. Temperance Brennan (Emily Deschanel) und dem attraktiven, aber herzensguten FBI-Agenten Seeley Booth (David Boreanaz). Offenbar sind am düsteren Flussufer des Anacostia genug Leichen verstreut, um einen weiteren Museumskomplex wie die riesige Smithsonian Institution zu füllen.

Auch wenn die Serie alle strukturellen Beschränkungen ihres Fernsehjahrzehnts aufwies – jede Nebenfigur existierte nur, um dem dynamischen Hauptdarstellerduo zuzuspielen –, schien dies die 11 Millionen wöchentlichen Fans nicht zu stören. *Bones* war der perfekte Liebeskrimi.

Jede Folge lief nach dem gleichen Muster ab: Eine unbekannte Leiche wird aus dem Potomac River geborgen, in einem versenkten Kühlschrank in Fairfax gefunden oder von einer Autobombe am Kapitol verkohlt. Agent Booth sichert den Tatort und sucht nach den typischen Tatortspuren, während Dr. Brennan mit den Knochen ihrem Voodoozauber nachgeht.

Vermodert, zersplittert oder von gierigen Käfern blank geputzt, scheinen diese Knochen keine Ähnlichkeit mehr mit ihren verblichenen Besitzern zu haben. Trotzdem kann uns Dr. Brennan mit ihren scharfen Augen schon vor dem Erreichen ihres Labors sagen, wie alt das Opfer war, welche Hobbys es hatte, und manchmal sogar seine ethnische Herkunft bestimmen. Es gibt jedoch keine leichtere Aufgabe für Dr. Brennan, als zu erkennen, ob es sich um einen Mann oder eine Frau handelt.

Millionen von Zuschauern fanden das einleuchtend. Und, wie sich herausstellt, zu Recht. Ich habe mit drei forensischen Anthropologen gesprochen, und alle bestätigten mir, dass es bei einem Erwachsenenskelett sehr einfach ist, das Geschlecht zu bestimmen. Die Knochen eines Mannes sind mit durchschnittlich 50 Prozent mehr Knochenmasse nicht nur viel dicker als die von Frauen, sondern viele Knochen, darunter das Becken, der Oberschenkelknochen und der Schädel, haben eine geschlechtsspezifische Morphologie, das heißt sie sind anders geformt.[225]

Stellen Sie sich einen Ihnen bekannten Mann vor, von dem man sagt, er sehe »genauso wie seine Mutter aus«. Und womöglich ist die Ähnlichkeit wirklich frappierend, aber sie ist auch begrenzt. Er hat vielleicht ihren Teint, ihre Gesichtszüge oder ihre Körperform. Doch er sieht immer noch aus wie ein Mann und sie wie eine Frau, und dies liegt nicht nur an den unterschiedlichen Genitalien, der Körperbehaarung oder den 36 Prozent Mehr an Muskelmasse, die ihm sein Testosteron beschert hat.[226]

Vor allem beim Knochenbau sind die Unterschiede enorm: Seine Stirn ist kräftiger, stärker geneigt und endet in einem kleinen Wulst. Sein Schläfenbein hinter dem Ohr ist ausgeprägter, sein Kiefer eckiger, und seine Beine sind an der Hüfte paralleler angeordnet und weniger angewinkelt als die einer Frau. Daher ist sein Stand auch ein anderer.

Wir sind uns dessen vielleicht nicht immer bewusst, sind aber als Menschen ziemlich gut darin, diese Unterschiede zu erkennen: Wir scannen uns ständig gegenseitig und unterscheiden Männer und Frauen. Das ist auch der Grund dafür, dass wir uns zweimal umdrehen, wenn wir das Geschlecht einer Person nicht richtig einschätzen können.

Jeder Biologe wird einem sagen, dass das menschliche Geschlecht mehr ist als nur ein paar Körperteile. Die Männlichkeit oder Weiblichkeit ist auch dann noch erkennbar, wenn sich unsere Organe längst verflüssigt haben, unsere Haut sich aufgelöst hat, unsere Zellen zu Stickstoff geworden sind und sich unsere Zähne aus dem Zahnfleisch verabschiedet haben – wenn also alles, woran unsere Zeitgenossen uns erkannt haben, verschwunden ist.

Die Geschlechtsumwandlung ist auf alle Fälle ein enormer Kampf. Und doch ist es genau das, wohin die Transgenderidentifizierung führt. Schließlich kann man nur so lange behaupten, »trans« zu sein, bis die vielen zweifelnden Blicke von Gleichaltrigen einen zum Schweigen bringen und sagen: »*Liefere uns den Beweis*«.

Denken Sie daran, dass das Streben nach einer kulturellen Anerkennung der Transgenderidentität mit einem grundlegenden psychologischen Unbehagen am eigenen geschlechtlichen Körper zusammenhängt. Menschen, die unter Genderdysphorie leiden, können ihren Körper als unendlich belastend empfinden. Es gibt Behandlungen und Operationen für jede körperliche Beeinträchtigung. Da die zugrunde liegende Krankheit aber nicht körperlich und beobachtbar, sondern geistig und unbestimmt ist, gibt es kein natürliches Ende der Reihe von medizinischen Behandlungen, die sich Heilmittel nennen. Wie das Leiden selbst, so nimmt auch die Heilung kein Ende.

Lupron: chemisches Kastrationsmittel, das zur Pubertäts-»Pausentaste« wird

Erinnern Sie sich an Katherine Cave, die Mutter, deren Tochter mit 12 Jahren nach einer Schulvorführung trans wurde? Katherine – die nicht wusste, was sie sonst tun sollte –vereinbarte für ihre Tochter einen Termin in einer Genderklinik. Dort empfahlen ihr die Therapeuten, dass sie als ersten wichtigen Schritt ihrer Tochter »Pubertätsblocker« verabreichen sollte.

Die Pubertät ist eine völlige Metamorphose. Ist sich ein junges Mädchen sicher, ein Transmann werden zu wollen, wozu sollten dann Brüste, Hüften und Blutungen gut sein? Gendertherapeuten behaupten oft, dass die Verzögerung der Pubertät (meistens im Alter zwischen 8 und 13 Jahren) ein harmloser Eingriff sei, eine Art »Pausentaste«.[227] Denn sobald die Blockade wieder aufgelöst werde, setze sich die Pubertät ganz normal fort. Ähnlich wie Frauen, die ihre Eizellen einfrieren lassen, um eventuell Kinder bekommen zu können, nachdem sie Karriere gemacht haben, werden die Pubertätsblocker lediglich wie eine zusätzliche Option der Lebensgestaltung für junge Frauen dargestellt.

Lupron wurde früher bei der chemischen Kastration von Sexualstraftätern eingesetzt[228] und ist der Pubertätsblocker schlechthin, der von der amerikanischen Gesundheitsbehörde FDA (U. S. Food and Drug Administration) zugelassen wurde, um eine frühe Pubertät zu stoppen. Wenn Ihre 4-jährige Tochter spontan Brüste entwickelt, schaltet Lupron einen Teil ihrer Hypophyse aus, um die Pubertät zu verlangsamen, bis ihr Gehirn und ihre Altersgenossen nachziehen.

Nicht genehmigt hat die FDA hingegen die Verwendung von Lupron zur Unterbrechung der normalen Pubertät bei jedermann, ob er nun transgender ist oder nicht. Ärzte halten allgemein nicht viel davon, in ganz normale Funktionen endokrinologischer Botenstoffe aufgrund der Aussage von Minderjährigen einzugreifen – ganz besonders, weil Genderdysphorie keine nachweisbaren diagnostischen Kriterien besitzt. Es gibt noch keine zuverlässigen Studien, die zeigen, dass Lupron für diese Kinder sicher ist. Alle verfügbaren Studien weisen auf die »geringe Qualität« der Beweise hin oder enthalten ähnliche Vorbehalte. Trotzdem verschreiben Endokrinologen seit einem Jahrzehnt immer mehr genderdysphorischen Minderjährigen Lupron ohne amtliche Empfehlung.

Ist Lupron aber wirklich nur ein harmloser Eingriff? Stellen Sie sich vor, Sie sind ein 15-jähriges Mädchen. Doch im Unterschied zu all ihren Freundinnen haben Sie noch nie ihre Tage gehabt, haben keine Schamhaare, keine Brüste und haben auch noch keinen Orgasmus erlebt. Ihre Vagina ist von der Größe und Funktion her die eines Kindes. Klingt das nach einem harmlosen Eingriff?

Wir würden eine Droge, die das Wachstum eines Kindes aufhält, nicht als harmlosen Eingriff betrachten. Es ist ja auch keiner. Es wäre zumindest psychologisch belastend, als Zwergwüchsiger durch die Schulzeit gehen zu müssen und nie größer als ein Kind zu werden. Dennoch ist das Körperwachstum, das durch Wachstumshormone ausgelöst wird, eine viel geringere Veränderung im Vergleich zur jahrelangen Hormonflut der Pubertät, die in unseren Körpern die Geschlechtsreife auslöst.

Sexualhormone wie Testosteron beeinflussen nicht nur die Geschlechtsorgane, sondern durchfluten auch das Gehirn. Es ist anzunehmen, dass sie eine große Rolle bei der neurologischen Entwicklung von Jugendlichen spielen.[229] Warum sollten Ärzte also freigiebig Medikamente verschreiben, die diese Entwicklung blockieren?

»Ich glaube, der ganze Bereich ist politisiert worden«, sagte der Psychotherapeut Marcus Evans, der wegen mangelnder Verfahrensrichtlinien bei der Behandlung von Transgenderkindern Englands nationale Genderklinik, die Tavistock Foundation, verlassen hat. »Zunächst einmal sagen sie, dass die Medikamente – Hormonblocker – ein harmloser Eingriff sind. Was soll das heißen? Das ist ein gravierender Eingriff in die biologische Entwicklung eines Menschen«, erklärte er mir auf Skype. »Ich will damit nicht sagen, dass man es nicht machen sollte, aber man kann nicht behaupten, dies sei ein harmloser Eingriff. Man nimmt diese Kinder damit aus ihrer Peergroup heraus.«

Selbst wenn ihre Mitschüler sehr einfühlsam und hilfsbereit sind, wird die junge Heranwachsende, die Pubertätsblocker bekommt, ihre Andersartigkeit ganz genau spüren. Andere Mädchen in ihrem Alter haben Brüste, Achselhaare, Probleme mit ihrer Periode und sprechen offen über ihr sexuelles Erwachen – alles Dinge, bei denen sie nicht mitreden kann. Nachdem sie aus endokrinologischer Sicht von ihrer Altersgruppe abgeschnitten worden ist, fühlt sie sich wahrscheinlich dem Frausein entfremdet und nicht einfach nur weniger weiblich.

Es überrascht also nicht, dass in einer klinischen Studie 100 Prozent der Kinder, denen Pubertätsblocker verabreicht wurden, später eine Hormontherapie begannen.[230] Das ist ein erstaunlich hoher Anteil. Vor allem angesichts der Tatsache, dass etwa 70 Prozent aller betroffenen Kinder ohne solche Interventionen nach einer Weile aus der Genderdysphorie wieder herauswachsen.[231] Weit davon entfernt, »harmlos« zu sein, scheinen die psychosozialen Auswirkungen eher radikal zu sein.

Zu den Risiken von Pubertätsblockern gehören die Beeinträchtigung der Entwicklung der Knochendichte und ein höheres Risiko von Osteoporose, der Verlust der sexuellen Funktionsfähigkeit, eine Störung der Hirnentwicklung und eine Beeinträchtigung des IQs.[232] Da es keine Langzeitstudien von Pubertätsblockern bei genderdysphorischen Kindern gibt, kann man nur vermuten, wie ausgeprägt diese Nebenwirkungen sind. Wir wissen jedoch, dass diese Risiken bei Jugendlichen, die direkt von Pubertätsblockern zu geschlechtsverändernden Hormontherapien übergehen, extrem zunehmen. Die Unfruchtbarkeit ist bei diesen Patienten nahezu garantiert – die sexuelle Entwicklung und Orgasmusfähigkeit möglicherweise für immer gestört.[233]

Dr. William Malone ist Endokrinologe für Jugendliche und Erwachsene und einer der prominentesten Kritiker in den USA, was die Verwendung von Pubertätsblockern und geschlechtsverändernden Hormontherapien bei Minderjährigen anbelangt. Er sagte mir, dass die Risiken einer Abschaltung der Hypophyse ohne erkennbaren medizinischen Grund sehr groß sind. »Man kann sich das so vorstellen, dass nach einer Weile das ganze System einschläft, und es ist fraglich, ob es jemals wieder aufwachen wird.«

Es ist erwähnenswert, wie sehr dies vom normalen medizinischen Prozedere abweicht. Wenn wir Eltern die Zustimmung zu medizinischen Eingriffen bei Jugendlichen erteilen, dann in der Regel, um den Ärzten die Möglichkeit zu geben, ein erkennbares medizinisches Problem zu verhindern, zu heilen oder zu lindern.[234] Nur im Falle der Transgendermedizin erlauben wir den Eltern, Eingriffen zuzustimmen, die normale, gesunde biologische Funktionen unterbinden. Das ist im Grunde so, als würde man einen »Krankheitszustand« herbeiführen, der durch einen Hypophysentumor hervorgerufen wird – und das alles basierend auf selbst diagnostizierten psychischen Problemen.

Jetzt wird's ernst mit der Transition: geschlechtsbestätigende Hormone

Wenn, wie es die Artussage will, Selbstbestimmung der größte Wunsch jeder jungen Frau ist, dann ist Testosteron eine Möglichkeit, ihn erfüllt zu bekommen. Testosteron unterdrückt Ängste und kann sogar Depressionen lindern.[235] Es macht junge Frauen mutig und unerschrocken, und für die sozial gehemmten unter ihnen kann sich die damit einhergehende Freiheit wie ein Wunder anfühlen.

Natürlich kann es auch das Kurzzeitgedächtnis beeinträchtigen sowie Launenhaftigkeit und Reizbarkeit verstärken – aber das soll nicht unser Problem sein. War ich unhöflich oder provozierend zu dir? Tut mir leid! Es liegt nur einfach daran, dass ich mich *so gut fühle*.

Und dann ist da noch der verhasste Spiegel, der Feind eines jeden heranwachsenden Mädchens. Testosteron sorgt dafür, dass das Fett einer jungen Frau umverteilt wird, weg von all den Stellen, die ihr so viel Kummer bereiten – Oberschenkel, Hüften, Po. Plötzlich ist der grausame Zirkus des Online-Bodyshamings nicht mehr relevant. Niemand untersucht die Fotos eines Jungen auf Oberschenkellücken (Thigh Gap), Hüftpolster oder Zellulitis hin. Und wenn nach einigen Monaten Hormonkur die Körper- und Gesichtshaare zu sprießen beginnen, hat sie die Reihen der wegen ihres Körpers Gemobbten endgültig verlassen. Sie spielt jetzt in der Jungenmannschaft.

Es gibt verschiedene Formen von Testosteron wie beispielsweise Gel und Pflaster. Und wer es sich richtig hart geben will, kann es sich auch intramuskulär spritzen. Damit sagt man der Welt laut und deutlich wie Stentor (stimmgewaltiger Held der griechischen Mythologie, Anm. d. Lektorats), dass man nicht wie seine Mutter ist. Ja, du bist nicht einmal ein Mädchen.

Wie über 6000 YouTube-Videos zum Thema »Wie spritzt man Testosteron?« beweisen, ist es für ein transidentifiziertes Mädchen eine Vergnügungsfahrt. Bereits kurz nach Beginn der Therapie setzt die Euphorie ein. Du kannst nicht erwarten, es deinen Freundinnen und sogar der ganzen Welt zu sagen, wie unglaublich toll sich das anfühlt.

»Testosteron zu nehmen war die beste Entscheidung meines Lebens. Ich bin mit mir selbst so glücklich. Es hat nicht alle meine Probleme gelöst, aber mir die Kraft gegeben, das Beste aus meinem Leben zu machen und meine Dämonen und meine soziale Unsicherheit zu bekämpfen«, beteuert der Frau-zu-Mann-YouTuber Alex Bertie. Endlich Selbstbestimmung!

Im Jahr 2007 gab es in den Vereinigten Staaten nur eine einzige Genderklinik, während es heute über fünfzig sind. Und bei Planned Parenthood sowie den Klinikketten Kaiser und Mayo bekommt man ebenfalls Testosteron – oft auf Basis der »informierten Einwilligung« schon beim ersten Termin. Das Alter für die medizinische Einwilligung unterscheidet sich je nach Bundesstaat. In Oregon liegt es bei 15 Jahren.

Nachdem sie sich im letzten Jahr der Highschool ihrer Mutter gegenüber als trans geoutet hatte, konnte Helena es nicht erwarten, mit Testosteron zu beginnen. »Ich habe meinen Eltern erzählt, dass ich bei Freundinnen übernachte, und bin nach Chicago gefahren«, wo sich die nächste Klinik mit »informierter Einwilligung« befindet. Sie verließ das Sekretariat und begann noch am selben Tag mit ihrer Testosterontherapie, ohne dass sie das Attest eines Therapeuten vorlegen musste.

Die Klinik klärte sie zwar über ein paar Risiken auf, aber nicht über die schmerzhafte vaginale Atrophie, die sie erleiden würde. Doch wie sollen die Patienten solche Risiken überhaupt einschätzen? Liest denn irgendjemand diese Formulare? Die meisten Transjugendlichen haben jedenfalls kein Problem damit, sie zu akzeptieren.

»Manche Leute finden es wohl gefährlich«, gab der YouTube-Influencer Chase Ross zu. »Sie denken, dass dadurch das Herz-Kreislauf-System angeschlagen wird und dass man das Risiko eines Herzinfarkts und all dieser Dinge eingeht. Aber wir dürfen nicht vergessen, dass das Risiko für Herz-Kreislauf-Erkrankungen und Ähnliches bei mir jetzt genauso hoch ist wie bei Männern.« Chase glaubt, dass Testosteron ihn lediglich auf das Niveau jenes kardiovaskulären Risikos gebracht hat, mit dem er hätte geboren werden müssen – wenn er im richtigen Körper geboren worden wäre.

Anders ausgedrückt: Vergleichbar mit einer Tätowierung, die einen als Gangmitglied auszeichnet, sind Gesundheitsrisiken nur ein weiterer Vorteil. Wenn Sie ein Mann werden wollen, müssen Sie eben damit rechnen, so stark wie ein Mann, so geil wie ein Mann und, ja, auch so anfällig für einen Herzinfarkt zu sein wie ein Mann.[236]

Was die Belohnung angeht, lässt sie nicht lange auf sich warten. Schon nach wenigen Monaten sprießen Körper- und Gesichtshaare. Auf dem Bauch erscheint eine »Straße zum Glück« (Happy Trail, Behaarung vom Nabel zur Scham, Anm. d. Lektorats). Man verliert an Oberschenkel-, Hüft- und Poumfang. Man ist vielleicht ein wenig benebelt im Kopf und kann weniger klar über seine Entscheidung nachdenken, das Medikament überhaupt zu nehmen, berichteten mir mehrere Frauen nach einer Testosteronkur. Anstelle von geistiger Schärfe bietet es jedoch Stimmungsaufhellung und eine euphorisierende Risikobereitschaft. Ein neues Gefühl von Wagemut, aber auch eine gewisse Launenhaftigkeit machen sich breit. Die Angst, die einen lähmte, und die Depression, die einen festhielt, sind auf einmal wie weggeblasen.

Viele Mädchen, die von dieser Epidemie ergriffen werden, suchen vielleicht nur Zuflucht in einer medikamentösen Behandlung. Sie mögen ihren Zustand Genderdysphorie nennen, was sie aber eigentlich bekämpfen wollen, sind Angst und Depression. Die meisten haben an mindestens einer dieser seelischen Beeinträchtigungen gelitten.

Nach etlichen Monaten auf Testosteron bekommt eine junge Frau einen Stimmbruch und Akne. Vielleicht auch typisch männliche Anzeichen von Kahlköpfigkeit. Ihre Nase wird runder, ihr Kiefer eckiger, und es bauen sich mehr Muskeln auf. Sie beobachtet all diese Veränderungen im Spiegel wie eine Magersüchtige ihren Gewichtsverlust. Im Unterschied zu einer Magersüchtigen wird sie jedoch stärker, und das kann sie fühlen. Bald sieht sie aus wie ein kleinwüchsiger Mann. Ihr neuer Bartwuchs bezeugt ihre Männlichkeit. Ihr Geschlechtstrieb nimmt zu. Sogar ihre Klitoris schwillt an, teilweise bis auf die Größe einer Babykarotte.

Ihr neuer Lustgewinn bleibt aber oft auf Selbstbefriedigung beschränkt, denn eine der stärksten Nebenwirkungen von Testosteron ist die vaginale Atrophie – Trockenheit, Risse und Rückbildung. Der Geschlechtsverkehr wird schmerzhaft. Transitionierende junge Frauen werden oft so sensibel, was die dramatischen Veränderungen ihres Körpers angeht, dass sie sich scheuen, auf einen Sexualpartner zuzugehen, geschweige denn, sich vor ihm zu entkleiden.[237] Egal welcher Euphorie diese Mädchen nachjagen, diese bringt sie selten bis zu dem Punkt, eine aktive körperliche Verbindung mit einem anderen Menschen eingehen zu können.

Der größte Kick dabei ist vielleicht der der Verkleidung. Man denke nur an den Jungen, der mit ihr Schluss gemacht hat. Das unbedachte Nacktfoto, das seinen Weg zu mehreren Hundert Freunden fand. Die Clique, die sie mobbte und mit endlosen, supercoolen Selfies quälte, die alle zeigten, wie viel Spaß sie ohne sie hatten. Die bearbeiteten Fotos von ihr, die irgendjemand aus Jux gemacht und mit der ganzen Schule geteilt hatte. All diese Erniedrigungen, all diese Schmerzen sind jetzt vorbei.

Nun sind sie die Angeschmierten. Sie fühlt sich nicht mehr schlecht, damit ist nun Schluss. Denn jeder kann jetzt sehen: All das ist sie nicht mehr.

Testosteron: Die Risiken

Chase Ross hatte nicht ganz recht. Die 9 Jahre, die er mit Testosteron verbracht hat, könnten ihm mehr als nur die kardiovaskuläre Schwäche eines biologischen Mannes beschert haben. Es kann sogar sein, dass sich sein Risiko für Herz-Kreislauf-Erkrankungen dadurch deutlich erhöht hat.[238]

Testosteron verdickt das Blut. Um die erwünschten körperlichen Veränderungen zu erzeugen, erhalten Transgenderfrauen 10- bis 40-mal so viel Testosteron, wie ihre Körper normalerweise vertragen würde.[239] Es gibt Anzeichen dafür, dass biologische Frauen, die solche Mengen Testosteron nehmen, 5-mal so oft Herzinfarkte erleiden wie andere Frauen und 2,5-mal so oft wie Männer.[240]

Da die Dosis nicht zur Linderung einer physischen Krankheit, sondern der Änderung des körperlichen Erscheinungsbilds dient, hängt sie rein von ästhetischen und nicht von medizinischen Kategorien ab. Testosteron wird in der Regel als Mittel zur Behandlung von »Genderdysphorie« gerechtfertigt, aber die Endokrinologen, die es verabreichen, scheinen die Fortschritte bei der Dysphorie des Patienten kaum zu bewerten. Stattdessen untersuchen sie die Blutwerte, um sicherzugehen, dass der Testosteronspiegel eines Mannes erreicht wird.

Anstatt als Mediziner zu wirken, denen es um Heilung geht, werden Endokrinologen (und genauso oft die behandelnden Pfleger) zu so etwas wie Friseuren, die den Schönheitswünschen der Patienten entsprechen wollen. In den *Guidelines for the Primary and Gender-Affirming Care of Transgender and Gender Nonbinary People* (Richtlinien für genderaffirmative Pflege von Transgender- und nonbinären Genderpatienten), die vom Center of Excellence for Transgender Health der University of California in San Francisco herausgegeben wurden, heißt es ganz offen: »Das Ziel der maskulinisierenden Hormontherapie ist die Entwicklung männlicher sekundärer Geschlechtsmerkmale sowie die Unterdrückung/Minimierung der weiblichen sekundären Geschlechtsmerkmale.«[241]

Obwohl die Linderung der Genderdysphorie als Rechtfertigung für eine Testosterontherapie angeführt wird, scheinen sich die behandelnden Ärzte also weniger für die Bekämpfung des Krankheitsbildes zu interessieren als dafür, transidenten Patienten das gewünschte Aussehen zu geben. Solange der Haarwuchs einsetzt und die Blutwerte denen eines Mannes entsprechen, wird die verabreichte Dosierung nicht infrage gestellt.

Erste permanente Veränderungen kann man schon kurz nach Beginn der geschlechtsverändernden Hormontherapie beobachten. Wenn ein biologisches Mädchen seine Entscheidungen bedauert und das Testosteron absetzt, wird es seine Körper- und Gesichtsbehaarung wahrscheinlich behalten – genauso wie die Klitorisvergrößerung, die tiefere Stimme und vielleicht sogar die männlicheren Gesichtszüge. Während massive Dosen von Testosteron beibehalten werden müssen, um eine vollständige Transition durchzusetzen, führt das Absetzen von Testosteron nicht dazu, dass eine Heranwachsende wieder dorthin zurückkehrt, wo sie einmal angefangen hat.

Eine Testosterontherapie bringt einiges an Leid und Schmerzen mit sich. Neben der Vaginalatrophie treten auch Muskelschmerzen, schmerzhafte Krämpfe aufgrund von Endometriose, vermehrte Schweißabsonderung, Launenhaftigkeit und Aggression auf. Zu den langfristigen Nebenwirkungen gehören eine höhere Rate von Diabetes, Schlaganfällen, Blutgerinnsel, Krebs und natürlich Herzkrankheiten. Auch die Sterblichkeit nimmt allgemein zu.

Ein weiteres Risiko entsteht durch die Tatsache, dass kein Patient der Welt seine Medikamente haargenau pünktlich einnimmt. Jede junge Frau wird sich ihr Testosteron irgendwann einmal ein oder zwei Tage später als vorgesehen spritzen.

Bei einer Frau, die sich kein Testosteron zuführt, wird die schnell wachsende Gebärmutterschleimhaut von der Hypophyse gesteuert, die entweder ihr Wachstum zugunsten der Plazenta stoppt oder die Schleimhaut anweist, während der Periode abgestoßen zu werden. Testosteron unterbricht diese Signalübertragung und schaltet den Menstruationszyklus der Frau aus. Wenn eine Frau vergisst, ihr Testosteron rechtzeitig einzunehmen, stimulieren ihre Eierstöcke plötzliche Schübe von schnell wachsender Gebärmutterschleimhaut. Dies könnte das Risiko von Zellmutationen und Gebärmutterkrebs erhöhen.

Aufgrund dieses erhöhten Gebärmutterkrebsrisikos nach 5 Jahren Testosterontherapie entscheiden sich viele Frauen – oft auf Anraten der Ärzte – für eine prophylaktische Hysterektomie und Oophorektomie (Entfernung von Gebärmutter und Eierstöcken).[242] Ob nun mit Lupron oder direkt mit Testosteron, das Endresultat ist immer die Sterilität. Diese jungen Frauen haben ihre Namen, Körper und Identitäten für einen Neubeginn geopfert – doch dann kommt das Testosteron wie ein Rumpelstilzchen daher und fordert für immer ihre Fruchtbarkeit ein.

Nach all diesen Risiken und unsäglichen Opfern ist *zumindest* ihre Dysphorie verschwunden, oder? Tatsächlich gibt es keine aussagekräftigen Langzeitstudien, die darauf hindeuten, dass entweder die Geschlechtsdysphorie oder die Suizidalität nach einer medizinischen Transition abnimmt.[243] Häufig nimmt die Dysphorie einer jungen Frau mit der Testosteronbehandlung sogar zu, denn sie merkt, dass sie selbst mit einer männlichen Stimme, Körperbehaarung, kantigerem Kiefer, runderer Nase und Vollbart immer noch nicht wie ein Mann aussieht. Immerhin hat sie noch Brüste.

Wahrscheinlich bindet sie sich schon seit Monaten die Brüste mit einem Kompressionsgurt ab. Die sind unbequem und bergen ihre eigenen Risiken: Rücken-, Brust- und Schulterschmerzen, Kurzatmigkeit, geprellte und gebrochene Rippen.[244] Das Abbinden kann das Brustgewebe permanent schädigen.[245] Die Brüste sehen dann aus wie entleerte Luftballons, flach und faltig. Abbinder sind keine langfristige Lösung. Irgendwann möchte sie ja vielleicht in einer Männerbadehose an den Strand gehen.

Die »Obenrum-OP«

Es gibt ein Video von der führenden Genderkinderärztin Dr. Johanna Olson-Kennedy. Sie ist medizinische Leiterin des Center for Transyouth Health and Development im Children's Hospital Los Angeles, welches das größte seiner Art in den USA und unter den Eltern von Transjugendlichen berüchtigt ist. Dr. Olson-Kennedy ist eine der bekanntesten Fürsprecher für die frühe medizinische Geschlechtsumwandlung bei Kindern und Jugendlichen in den USA.

Obwohl sie in einem seltsamen Winkel von einer Kamera aufgenommen wurde, die wahrscheinlich halb in der Handtasche der Mutter versteckt war, ist Dr. Olson-Kennedy noch erkennbar. Ihr blondes Haar ist unordentlich zu einem lockeren Dutt zurückgebunden. Sie trägt eine schwarze Hose und ein tarnfarbenes Hemd – ein bequemes Outfit, das auch als Schlafanzug durchgehen könnte. Sie sieht eher aus wie eine Kommilitonin, die sich auf die Abschlussprüfungen vorbereitet, als die Empfängerin des ersten Stipendiums der National Institutes of Health in Höhe von 5,7 Millionen Dollar, mit dem die Ergebnisse der medizinischen Behandlung von Transgenderjugendlichen untersucht werden sollen.[246]

Ihre muntere Altstimme und ihr Rapperstil sind cool, witzig und beruhigend. Doch ihre Worte sind haarsträubend wie ein Feueralarm: »Wir wissen also, dass Jugendliche in der Lage sind, vernünftige logische Entscheidungen zu treffen. Und was die Brust-OP angeht: Wenn man sich später entscheidet, dass man doch wieder Brüste haben will, kann man sie sich immer noch rekonstruieren lassen.«[247]

Es ist eine schockierende Aussage von der Art, wie Eltern sie sich gegenseitig zuschicken, um zu beweisen, mit welcher monströsen Ideologie man es hier zu tun hat. Kein richtiger Arzt würde derart süffisant mit einer doppelten Brustentfernung umgehen, oder? Jemand, der Mädchen schon mit 13 Jahren eine Brustentfernung empfiehlt, wie es Dr. Olson-Kennedy tut,[248] sollte diese Verantwortung doch sicherlich sehr ernst nehmen. (Tatsächlich können in Kalifornien 13-jährige Mädchen bereits eine Brust-OP durchführen lassen.[249]) Sicherlich erkennen solche Ärzte den tiefgreifenden Verlust der Patientin an, auch wenn sie es letztendlich empfehlen?

Die Antwort von Dr. Olson-Kennedy auf meine Fragen werde ich mir für das Ende des Kapitels aufheben. Im Moment reicht es, wenn ich feststelle, dass ich bis zu Beginn meiner Recherchen für dieses Buch davon ausging, dass ihr Kommentar mehr oder weniger ins Schwarze trifft: Brüste können doch gegeben, entfernt und wieder gegeben werden. Oder?

Laut dem Schönheitschirurgen Dr. Patrick Lappert ist die Antwort ein entschiedenes Nein. »Ich kann die Maskulinisierung Ihrer Nase rückgängig machen, ich kann die Maskulinisierung Ihres Kiefers rückgängig machen, ich kann die Maskulinisierung Ihres Haaransatzes rückgängig machen. Was ich hingegen nicht kann, ist, eine Mastektomie wieder rückgängig machen. Ich kann ihnen einen neuen Brusthügel aufbauen. Aber das ist keine Busen. Es ist ein Buckel auf der Brust, der wie ein Busen geformt ist.«

Ein Busen ist nämlich nicht nur ein Haufen Fettgewebe, sondern ein komplexes Drüsenfasergewebe, das sich grob aus vier Quadranten zusammensetzt. Diese Quadranten bestehen aus Läppchen, die durch Drüsen verbunden sind. Der Busen funktioniert wie eine Regenwasserzisterne, bei der die Milch durch die Drüsen zur Brustwarze fließt, welche gleichzeitig eine erogene Zone darstellt und im Hirn Erregung erzeugt.

Für Ärzte, die an den hippokratischen Eid gebunden sind, ist der Unterschied zwischen einem gesunden Busen mit allen biologischen Fähigkeiten – also erotischem Empfinden und Milchproduktion – und einem nachgebildeten Fleischklumpen ziemlich signifikant. Für einen

Laien mögen die beiden Formen austauschbar erscheinen. Aber biologische Fähigkeiten nur aus ästhetischen Gründen zu eliminieren ist laut Dr. Lappert falsch und in praktisch allen anderen Bereichen der Medizin streng verboten.

»Eine natürliche Eigenschaft völlig außer Kraft zu setzen wäre so, als würde man jemandem, der blaue Augen haben möchte, die Augen ausstechen und stattdessen blaue Glasaugen verpassen, um das zu erreichen. Jetzt hat er zwar blaue Augen, aber sie funktionieren nicht. Sie haben sie ihrer Fähigkeit beraubt«, erklärte er mir. »Das ist vielleicht ein übertriebenes, aber ein lehrreiches Beispiel, weil es sich hier um eine kosmetische Veränderung handelt.« Er findet keine Entschuldigung für die Mitglieder seines Berufsstandes, die sich an dieser Art von Zerstörung beteiligen.

Man könnte einwenden, dass plastische Chirurgen dergleichen ständig tun: Sie führen riskante Operationen durch, um ästhetische oder kosmetische Ziele zu erreichen. Laut Dr. Lappert hat jedoch auch die plastische Chirurgie berufsethische Grenzen.

»Es gibt keine anderen kosmetischen Operationen, bei denen es ethisch akzeptabel ist, eine biologische Funktionsweise zu zerstören. Keine einzige«, beteuerte er. »Es gibt keinen kosmetischen Eingriff, den ich mit den Worten vor meinen Kollegen rechtfertigen kann: ›Hört mal! Ich werde seine Nase schöner machen, dafür aber seinen Geruchssinn opfern.‹ Oder: ›Dieser Junge wird schöne Ohren bekommen, aber dafür leider taub sein.‹ Jeder Kollege würde daraufhin sagen: ›Sir, wir würden gerne Ihre Diplome sehen.‹ Aber im Falle eines heranwachsenden Mädchens, das seine Fähigkeit zu stillen aufgibt, nur damit es wie ein Junge aussehen kann, wird das als moralisch korrekt betrachtet. Verzeihen Sie mir meine Skepsis.«

Viele plastische Chirurgen scheinen jedoch anderer Meinung zu sein. Die Brust-OP ist ein sehr beliebter Eingriff bei weiblich geborenen Jugendlichen, die sich als Männer identifizieren. Ich sprach mit Dr. Hugh McLean, einem bekannten »Topchirurgen« in Toronto, der maskulinisierende Mastektomien an biologischen Frauen durchführt, seitdem ihn eine Patientin 1999 erstmals darum bat.

»Am meisten freue ich mich über das Lächeln der Frauen«, sagte er mir. »Diese Gruppe von Patientinnen ist auf diesen Eingriff so sehr erpicht, dass die positiven Ergebnisse, das Glück und das Wohlbefinden der Patientinnen, einfach nur erfreulich sind.« Laut Dr. McLean hat er »weit über 1000 Brustentfernungen« vorgenommen, und zwar an Patientinnen im Alter von 16 Jahren.

Dr. McLean ist ziemlich stolz auf das, was er für seine Patientinnen tut. Und zwar so gut, dass auf dem Instagram-Account seiner Praxis ein Bild zu sehen ist, auf dem sein Kollege eine Weihnachtsmannmütze trägt und zwei weiße Fässer hochhält, die jeweils mit »Brustgewebe« beschriftet sind – offenbar wurde es gerade Patientinnen entnommen. Es scheint, als würde er mit zwei Mastektomien auf einmal Weihnachtsfreude verbreiten.

Den Befürwortern zufolge sind diese Operationen das einzig wirksame Mittel, um die Genderdysphorie der Patienten zu heilen. Wer jungen Frauen die Möglichkeit verweigert, ein Mann zu werden oder wenigstens als solcher durchzugehen, verdammt sie zu einem Leben voller Leid und Trauer.

Interessanterweise bieten Dr. McLean und vergleichbare Spitzenchirurgen maskulinisierende doppelte Mastektomien auch weiblich geborenen Patientinnen an, die sich nicht einmal als Männer identifizieren, sondern sich nur »nonbinär« nennen.

Moment mal, protestierte ich, war der Sinn dieser OP nicht, aus einer Frau einen überzeugenden Mann zu machen? Was ist die Rechtfertigung dafür, einer Frau die Brüste abzuschneiden, um sie in ein Weder-noch zu verwandeln?

»Wissen Sie, ich habe schon lange aufgehört, das alles zu verstehen«, räumte er ein. »Ich denke, mehr als Verständnis braucht man die Akzeptanz, dass der Patient so ist, wie er sich fühlt, und dass verstanden werden muss, dass er sich so fühlt.«

Wie sie sich *fühlen*? So einem gravierenden medizinischen Eingriff liegt doch sicher die Diagnose eines Therapeuten zugrunde, dass das Mädchen wirklich an Genderdysphorie leidet? Wir würden doch auch keinem Mädchen eine Brustentfernung gestatten, nur weil es zum Beispiel einen Nervenzusammenbruch erleidet.

Koryphäen wie Dr. McLean brauchen keine Überweisung vom Therapeuten, ihre Patientinnen werden allein aufgrund ihres eigenen Wunsches beim Chirurgen zugelassen, wie ein Junge (oder eine nonbinäre Person) auszusehen. Auf seiner Website heißt es: »Bei uns erstellt der Patient die Diagnose, nicht der Arzt. Genauso wie eine Patientin, die eine Brustvergrößerung will, weil sie die Diagnose erstellt hat, dass ihre Brüste zu klein sind.«

Aber es gibt doch sicherlich auch Mädchen, die sich als genderdysphorisch fehldiagnostizieren? Sie sind ja schließlich keine Ärzte. Manche von Dr. McLeans Patientinnen sind, wie gesagt, erst 16 Jahre alt. »Haben Sie Patienten abgewiesen?«, frage ich ihn. »Ja«, antwortet er »aber das kommt so selten vor, dass ich mich an keine konkreten Fälle erinnern kann.«

Es gibt zwei Vorgehensweisen bei der Brust-OP. Bei der einen wird die Empfindlichkeit der Brustwarzen geopfert, aber es werden (nicht wirklich überzeugende) Brustwarzen konstruiert und an der gewünschten Stelle platziert; bei der anderen bleiben das Aussehen und die Empfindlichkeit der Brustwarzen erhalten, aber die Platzierung ist nicht genau an der richtigen Stelle. Bei beiden bleiben häufig tiefe Narben über der ganzen Brust gleich unterhalb des ehemaligen Busens zurück. Für viele dieser Mädchen sind die Brustentfernungsnarben eine Art Stigma, das Eingeweihten signalisiert, dass du zwar wie ein Mann aussiehst, aber nicht so geboren wurdest. Das Passing (erfolgreiche Überstehen, Anm. d. Lektorats) scheint oft weit weniger wichtig zu sein als die Zugehörigkeit zur »Trans«-Gemeinde.

Die Ergebnisse fallen dabei unterschiedlich aus. Manchmal ist das Resultat ein recht eindrucksvoller Nachbau der männlichen Brust, wenn auch auf einem kleineren Körper, als die meisten Männer ihn haben würden. Das erwünschte Ergebnis stellt sich schneller ein, wenn die Patientin die Brust- und Oberkörpermuskeln gezielt trainiert. Es gibt auch weniger attraktive Ergebnisse, die in der Regel zu einer schlaffen Männerbrust führen. Der Eingriff birgt das Risiko von Infektionen, Seromen (Flüssigkeitsansammlungen unter der Haut), Schmerzen, Blutungen, Nässen, Hautlappen und Brustwarzen, die wie gekochtes Hamburgerfleisch aussehen.

Bei manchen jugendlichen Mädchen scheint die Brustentfernung – zumindest kurzfristig –die Genderdysphorie zu lindern. Ich sprach mit einer jungen Frau namens Erin, die in der Kindheit von ihrer Mutter sexuell missbraucht worden war. Sie bereute zwar ihre Geschlechtsumwandlung, aber nie ihre doppelte Brustentfernung, denn ihre Brüste hätten ihr einfach zu viel Leid gebracht, sagte sie. Ohne sie gehe es ihr besser.

Doch als Erin später zu der Einsicht gelangte, dass es ein Fehler gewesen sei, trans zu werden, war es schwierig, mit ihrer doppelten Brustentfernung klarzukommen. »Ich habe keine Brustwarzen«, erklärte sie. »Ich habe nur ein riesiges Narbengewebe, das, oberflächlich betrachtet, Brustwarzen ähnelt. Und da ich kein Testosteron mehr nehme, habe ich manchmal eine Brustdrüsensekretion, die nur halb entweicht – und das ist ziemlich nervig.«

Erin vermisst auch ihre volle sexuelle Funktionsfähigkeit. »Es ist ziemlich taub, ja, und einfach anders. In sexueller Hinsicht habe ich mit diesem Teil meines Körpers früher Spaß gehabt, wenn es intim wurde. Aber das ist jetzt vorbei.«

Ich habe im Laufe der Recherche an diesem Buch Dutzende von Bildern heranwachsender Frauen mit maskulinen Brüsten studiert. Sie sind überall im Internet zu finden. Auf einigen sieht das Ergebnis weniger glücklich aus.

Ich schrieb Dr. Lappert über eine Beobachtung, die ich im Hinblick auf die Hüften gemacht hatte. Sobald man einer jungen Frau den Busen entfernt, sehen ihre Hüften noch breiter aus. Um es in die Transsprache zu übersetzen: Könnte eine Frau nach einer Obenrum-Operation nicht »noch dysphorischer« sein?

»Wenn ein Mädchen breite Hüften hat und man einen großen Busen entfernt, wird es in der Tat schief aussehen. Ist es jedoch schlank, hat schmale Hüften und kleine Brüste, so wird das Ergebnis nicht so dramatisch ausfallen.«

Kein Grund zur Sorge. Ich habe mich bei einem Schönheitschirurgen erkundigt. Wenn es an seinen Hüften leidet, gibt es auch dafür eine Operation.

Die »Untenrum-OP«:
Phalloplastik und Metaidoioplastik

Verhältnismäßig wenige Frau-zu-Mann-Transgenderpersonen unterziehen sich tatsächlich der sogenannten »Untenrum-OP« – und das ist vermutlich auch gut so. Ich habe mit genügend Transgenderpersonen gesprochen, die an einer verpfuschten Phalloplastik leiden (oder jemanden kennen, der darunter leidet), um ein Leben lang Albträume zu bekommen. Während 36 Prozent der biologischen Frauen, die sich als Transmänner identifizieren, eine Brust-OP gehabt haben und weitere 61 Prozent sich eine solche wünschen, haben nur 3 Prozent eine Phalloplastik durchführen lassen, und laut der US-Transgenderstatistik von 2015 haben nur 13 Prozent dies überhaupt vor.[250]

Die andere, weniger aufwendige Form der »Untenrum-OP« ist die Metaidoioplastik. Dabei wird die Klitoris zu einem baumelnden, kleinen Penis geformt. Sie ist nicht dafür gedacht, steif zu werden oder zu penetrieren. Aber die Harnröhre kann durch die Klitoris geführt werden, sodass sie wie ein kleiner Penis urinieren kann (falls alles gut geht).

Dagegen ist die Phalloplastik, die Konstruktion eines Penis, nichts für schwache Nerven. Um einen Penisschaft und eine Harnröhre zu schaffen, muss der Chirurg dem Körper einen Hautlappen entnehmen – meistens durch Abschälen des Unterarms (von Haut, Fett, Nerven und Blutgefäßen). Um die Sensibilität wiederherzustellen, muss der Chirurg dann die Nerven wieder miteinander verbinden.

Wenn die besten Mikrochirurgen der Welt dies tun, so sagte man mir, kann das Ergebnis beeindruckend sein. Aber die meisten Chirurgen sind weit davon entfernt, die Besten der Welt zu sein. Auch heute noch kommt es bei dieser Operation sehr häufig zu Komplikationen.

Einen penisähnlichen Hautlappen erfolgreich zu transplantieren ist keine einfache Aufgabe. Die Funktion des Urinierens herzustellen, geschweige denn die Versteifung, ist eine Herausforderung. In einem weiteren chirurgischen Eingriff müssen Implantate in den transplantierten Phallus eingesetzt werden, um eine erektionsähnliche Wirkung zu erzielen.

Allein die Venen und Arterien zu verbinden, um das neue Glied mit Blut zu versorgen, erfordert ein mikrochirurgisches Geschick im Umgang mit winzigsten Teilchen, die einen Uhrmachermeister in Verlegenheit bringen würden – so viel filigranes Zusammensetzen von Miniaturteilen. Die Radialarterie, die den Neophallus mit Blut versorgt, muss unter dem Mikroskop mit der Arterie in der Leistengegend verbunden werden, und zwar mit Nähten, die etwa ein Viertel so dick wie ein menschliches Haar sind. Die gleiche Naht muss an den Venen entlang der Radialarterie durchgeführt werden, um den Blutfluss in die Leiste zu leiten.

Dabei treten häufig Blutgerinnsel auf, denn auch kleinste Verletzungen an der Innenwand der Blutgefäße lassen die Blutplättchen ankleben. Ein Blutgerinnsel kann aber die Plastik zerstören, wenn dadurch eine offene, entzündete Wunde entsteht, die nicht zugenäht werden kann.[251] Die neu geschaffene Harnröhre bringt ihre eigenen Risiken mit sich. Sie kann sowohl nach innen wie auch nach außen undicht sein. Eine innere, undichte Stelle kann zu Vernarbungen und Verengungen führen, wodurch der Urin nicht fließt, sondern fächerartig herausspritzt. Und dann ist da noch die Spenderstelle am Unterarm, die durch die Entnahme manchmal furchtbar entstellt ist.

Laut einem Frau-zu Mann-Transerwachsenen hat ein 19-jähriger Bekannter nach der Phalloplastik einen Wundbrand gehabt und infolgedessen die Funktionsfähigkeit des neuen Penis verloren. Dieser Bekannte hat jetzt weder männliche noch weibliche Genitalien und ist lebenslang an einen Katheter gebunden, der den Urin in einem Beutel an seinem Bein abfließen lässt.

Zwar hat Blake nicht als Teenager transitioniert, weiß aber jede Menge über gescheiterte Untenrum-OPs. Vor 5 Jahren war Blake noch eine erfolgreiche Verkäuferin und Kundenmanagerin, die als Lesbe lebte und sich vor Kurzem von ihrer Partnerin getrennt hatte. Doch dann beschloss sie, ein Mann zu werden.

Er begann mit einer Testosterontherapie, was er toll fand: »Ich habe mein ganzes Leben lang an Depressionen und Angststörungen gelitten, und das war dank des Testosterons wie weggeblasen. Ich weiß nicht warum, aber Testosteron ist für mich einfach fantastisch.« Nachdem seine Depression plötzlich verschwunden war, unterzog er sich einer Brust- und Gebärmutterentfernung (wobei zwei Anläufe nötig waren, da der Chirurg beim ersten Mal seine Blase verletzte). Er erhielt eine Metaidoioplastik nach dem Centurion-Verfahren und war mit dem Ergebnis zufrieden. Aber um als Mann Geschlechtsverkehr haben zu können und jemanden vaginal zu penetrieren, bräuchte er eine Phalloplastik.

Eine der besorgniserregendsten Aspekte der heutigen Transgendermedizin ist das Aufweichen der Pflegestandards, während Ärzte sich beeilen, den Bedürfnissen von Patienten und Aktivisten nachzukommen. 2012 änderte der Weltverband der Transgender-Gesundheitsberufe WPATH seine Richtlinien, um sogar Minderjährigen zu erlauben, eine Hormontherapie zu erhalten – auf Basis der »informierten

Einwilligung« –, und zwar ohne ärztliche Genderdysphorie-Diagnose oder Therapeutenempfehlung.[252] Plastische Chirurgen haben ihre Praxen auf geschlechtsspezifische Operationen ausgedehnt, allerdings ohne das entsprechende Fachwissen. Ein prominenter Mikrochirurg an einem der führenden Krankenhäuser des Landes sagte mir, dass genderspezifische Operationen so einträglich sind, dass sein Krankenhaus Ärzte für eben diese Operationen einstellt, die seiner Meinung nach nicht für diese Arbeit qualifiziert sind. Es handelt sich um plastische Chirurgen, die weder eine Ausbildung in Mikrochirurgie absolviert noch Erfahrung mit der Übertragung von peripheren Nerven haben. Sie haben einfach nicht das Niveau erreicht, das erforderlich ist, um diese enorm komplexen Operationen mit einem hohen Maß an Erfolg durchzuführen.

Blakes Versuch, zu einer Phalloplastik zu kommen, war eine Katastrophe. An der implantierten Harnröhre bildeten sich Verengungen, die einen zusätzlichen chirurgischen Eingriff erforderten, um einen suprapubischen Blasenkatheter zur Umleitung des Harnstrahls einzuführen, damit die Wunde heilen konnte. Der suprapubische Katheter entwickelte eine Sepsis. Ein Blutgerinnsel – ein häufiges Risiko bei Phalloplastiken – führte zu einer Lungenembolie, an der er fast gestorben wäre. Ein Ärzteteam rettete ihm das Leben, aber er litt unter quälenden Schmerzen.

Durch die Gewebeentnahme wurde sein Unterarm entstellt, er konnte keine Gegenstände mehr heben, und selbst ein Windhauch reichte aus, um schmerzhafte Schocks durch seinen Arm zu schicken. »Mein Arm ist für immer behindert«, gestand er mir. »Ich kann nichts greifen, nicht einmal eine Gabel halten.«

Von seiner infizierten Harnröhre ausgehend machte sich eine Sepsis breit. Wie sich herausstellte, wuchsen aus dem transplantierten Hautlappen seines Armes Haare nach innen. »Stellen Sie sich ein eingewachsenes Haar am Bart oder Bein vor und multiplizieren Sie das mit 1000.« Seine Harnröhre hat versagt. Zum Urinieren muss er sich jetzt hinsetzen. »Ich habe da unten einen großen Haufen Nichts«, sagte er.

Blake lebt mit einer großen Wut im Bauch, die hauptsächlich gegen seinen Chirurgen gerichtet ist, aber auch gegen eine Kultur, die seiner Meinung nach die Idee der Transition so sehr beschönigt hat, dass sie einer Lüge gleichkommt. Sogar seine Therapeutin habe ihn zur Transition gedrängt. Nach seiner gescheiterten Phalloplastik habe er seine Therapeutin damit konfrontiert – doch sie sah keinen Grund zur Reue, denn schließlich sei es für ihn ja richtig, transgender zu sein.

»Das erschreckt mich ganz besonders in Bezug auf die jungen Leute unter uns. Die Transition wird heute in den Medien so gefeiert, als wäre sie ein Klacks und überhaupt nicht problematisch«, sagt er. »Doch sie ist ein Rieseneingriff – und wenn ich das mit 42 schon nicht beurteilen konnte, wie sollen Jugendliche das erst einschätzen können? Das macht mir eine Höllenangst. War die Geschlechtsumwandlung für mich einfach? Nein, das war sie nicht.«

In manchen Fällen gelingt die Phalloplastik natürlich, aber diese OP ist so kompliziert, dass sehr viel dabei schiefgehen kann. Unter den freiwilligen chirurgischen Eingriffen ist sie mit Sicherheit einer der schwerwiegendsten. Ich bin kein Mediziner, aber die haarsträubenden Geschichten, die ich von plastischen Chirurgen und Patienten gehört habe, die sich einer Phalloplastik unterzogen haben, haben mich überzeugt, dass, wenn es irgendeine Möglichkeit gibt, mit einer Genderdysphorie ohne Phalloplastik umzugehen, man es auf jeden Fall zuerst so versuchen sollte.

Wie konnte das passieren?

Testosteron ist eine kontrollierte Substanz der Liste von Schedule III Drugs[253] und birgt langfristige Gesundheitsrisiken. Die Brustentfernung stellt einen freiwilligen Eingriff dar, der die biologische Funktion zerstört, und die Phalloplastik ist mit ernsthaften Risiken behaftet. Und doch haben Ärzte und Kliniken in den letzten 10 Jahren damit begonnen, solche geschlechtsspezifischen Behandlungen anzubieten, ohne dass dafür das Attest eines Therapeuten erforderlich ist. Und warum?

Ein Teil der Antwort liegt im Affordable Care Act von 2010, der Krankenversicherungen indirekt dazu zwang, Hormonbehandlungen und Operationen zu übernehmen, indem er ihnen die Diskriminierung aufgrund der sexuellen Ausrichtung und der Geschlechtsidentität untersagte. Folglich hatten Krankenversicherungen, die Hormone (wie jene zur Geburtenkontrolle) für Nichttransgenderpersonen bezahlten, auch für die teure geschlechtsbestätigende Version für Transgenderpersonen aufzukommen. Und wenn Krankenversicherungen Brustverkleinerungen für alle abdeckten, hatte dies nun auch für die doppelte Mastektomien von Genderdysphorikern zu gelten. Das Antidiskriminierungsgesetz verlangte dies.[254]

Teure Hormontherapien und Operationen wurden plötzlich sehr günstig oder sogar kostenlos. Ein Mann namens »Jade«, der sich in eine Frau und wieder zurück verwandeln ließ, sagte mir: »Wenn man die Kosten (von Hormontherapien und Operationen) nicht transparent macht, scheinen sie einfacher und sicherer, als sie es wirklich sind.« Heute bereut Jade es zutiefst, dass er zu einem Zeitpunkt nach dem Studium, als er sich für transgender hielt, im Rahmen der Geschlechtsumwandlung Hormone genommen hatte und sich die Hoden entfernt ließ. »Wenn etwas sehr teuer ist, dann denkt man noch mal genau nach, was für ein großer Schritt das ist. Ist es jedoch kostenlos, dann sagt man sich einfach: ›Klar, nur her damit!‹«

Manche US-Bundesstaaten wie Oregon bezahlen mittlerweile Transgenderhormontherapien und Operationen für einkommensschwache Patienten, und zwar über die staatliche Krankenkasse Medicaid.[255] Auch Obdachlose und Teenager, die von zu Hause weggelaufen sind, können nun solche aufwendigen Behandlungen und Operationen gratis erhalten. Dass dadurch die Nachfrage ansteigt, ist folgerichtig. Man wundert sich nur darüber, dass sich so viele Erben von Hippokrates darauf gestürzt haben.

Andererseits haben die Ärzte in den letzten 2 Jahrzehnten an sozialem Status verloren. Die inzwischen allgegenwärtige Rede vom »Menschenrecht auf medizinische Versorgung« impliziert das Recht des Patienten, die Arztleistung einzufordern. Sie werden nicht mehr als Männer und Frauen der Wissenschaft gesehen, sondern als »Gesundheitsdienstleister« bezeichnet – ein Prestigeverlust, der sie kaum von Kindermädchen und Vorschullehrern, also »Kinderbetreuern« unterscheidet. Da sie nur einen geringen wissenschaftlichen Anspruch zu schützen haben, ist ihr hippokratischer Eid weniger verpflichtend als die Patienten, die sie direkt vor sich haben.

Ich habe von mehreren Ärzten gehört, dass sich die Transgendermedizin von allen anderen Bereichen der Medizin unterscheidet. Nehmen wir zum Beispiel WPATH, die medizinische Organisation, die die Standards für die Behandlung von Transgenderpersonen festlegt. Einst repräsentierte sie die seriöseste wissenschaftliche Untersuchung über die Heilung und Pflege von Transgenderpatienten. Heute sind deren Konferenzen Sammelbecken für Aktivisten, wo sogar wissenschaftlich argumentierende Ärzte und Chirurgen niedergebrüllt werden.

Dr. Lisa Littman besuchte 2017 ihre erste WPATH-Konferenz. »Es war wie eine Dauerwerbesendung für die frühzeitige Geschlechtsumwandlung«, berichtete sie. Die meisten Medizinerkongresse sind trockene Veranstaltungen mit hochwissenschaftlichen Vorträgen zu Risiken und Nebenwirkungen dieser oder jener Behandlungsmethode. Doch diese hier war eine einzige Transgenderparty. Wenn es dabei Risiken geben sollte, schien keiner der Veranstalter eine Diskussion darüber zulassen zu wollen.

Als ich beschloss, den Vortrag von Dr. Johanna Olson-Kennedy in diesem Buch zu erwähnen, nahm ich zu ihr Kontakt auf. Die professionelle Journalistenehre gebietet es, ihr die Möglichkeit zu geben, ihre Aussagen zu relativieren oder richtigzustellen, falls ich etwas falsch verstanden haben sollte. Ich schrieb ihr per E-Mail, dass ich an einem Buch über die plötzliche Zunahme von Transgenderismus unter Mädchen ohne Vorgeschichte von Genderdysphorie arbeite.

Sie schrieb mir umgehend zurück.

»Hallo Abigail, Sie schreiben für den *Federalist*, ist das richtig?«

The Federalist ist eine konservative Website, auf der ich vor 2 Jahren drei Artikel veröffentlicht habe. Ich antwortete: Nein, ich schreibe aktuell nicht für den *Federalist*. Ich bin freie Journalistin und schreibe am häufigsten für das *Wall Street Journal*. Ich wiederholte meine Bitte, sie in ihrer Praxis besuchen zu dürfen, um ihre Perspektive einzuholen und zu hören, warum das Video ihres Vortrags nicht ihre tatsächliche Meinung wiedergab und was ich vielleicht falsch verstanden hatte. Ich habe nie eine Antwort erhalten.

Aber viel interessanter als ihre einzeilige Antwort war für mich ihre berufliche Signatur, auf der zwei stolze Flaggen abgebildet sind, jede etwa so groß wie eine Briefmarke: die eine ist die des LGBTQ und die andere jene der Transgendercommunity.

Nicht nur Lehrer sind zu Aktivisten geworden. Sogar Mediziner und Kliniken bezeichnen Geschlechtsumwandlungen heute routinemäßig als das »Geschlecht *bestätigende* Operationen« (*gender affirming operations*), als hätten die Ärzte das Heilen ganz aufgegeben und böten den Patienten stattdessen nur noch Unterstützung und Ermutigung.

Die meisten Ärzte können diese gestressten Patienten weder bremsen noch einer Realitätsprüfung unterziehen, denn sie schwimmen selbst in einer unwirklichen Welt. Unter ihnen sind verschwindend wenige »Gatekeeper« verblieben. Die Idee, dass Ärzte überhaupt Gatekeeper sein sollten, wird von Transaktivisten weithin verspottet, denn sie wollen anscheinend, dass der Medizinschrank immer gut gefüllt und offen ist. Das Fehlen einer ausreichenden Überwachung des Zugangs zu diesen Medikamenten ist genau die Voraussetzung für Drogenmissbrauch. Verwirrte, psychisch labile Teenager rufen in ihrer Not und Verzweiflung nach der nächsten Hormonspritze oder dem nächsten chirurgischen Eingriff, der schließlich Linderung bringen wird, und die gesamte Medizin kommt im Laufschritt herbeigeeilt.

Wenn man derart kritiklos den Wünschen seiner jungen Patienten nachgibt, kann man leicht das Fundament für eine lebenslange medizinische Abhängigkeit legen, gravierende Gesundheitsrisiken und eine Reihe von gesundheitsgefährdenden Operationen mit unberechenbaren, langfristigen Schäden bewirken. Angesichts dieser Gefahren sollte man denken, dass die pharmakologische Behandlung das letzte und nicht das erste Mittel der Wahl sein sollte. Doch perverserweise werden diejenigen, die für Vorsicht und Zurückhaltung beim Übergang plädieren, dämonisiert.

Die Gefahren sind massiv, Vorsichtsmaßnahmen existieren nicht. Das vermutlich größte Risiko für ein Teenagermädchen, das sich aus heiterem Himmel an diese Identität klammert wie an einen Rettungsring, ist vermutlich auch das verheerendste: dass sie eines Tages als erwachsene Frau ohne Brüste und Gebärmutter aufwacht und denkt: *»Ich war damals erst 16 Jahre alt. Ein Kind. Warum hat mich niemand aufgehalten?«*

Kapitel 10

Die Reue

B enji hat einen Pagenschnitt, ein Augenbrauenpiercing, eine Vorliebe für weite T-Shirts und eine Freundin. Als Highschoolschülerin brachte sie ihr Bratschentalent auf die höchste Leistungsebene, die es im kanadischen Musikunterricht gibt, nämlich Stufe 10. Mit 23 hat sie ihr biologisches Geschlecht wiedergefunden und bezeichnet sich heute als Lesbe. Da sie sich aber zwischen ihrem 13. und 19. Lebensjahr als Transmann identifiziert hatte, könnte sie auch »als Kanarienvogel in der Kohlenmine« gelten – als warnendes Beispiel.

Benji gehört zu einer wachsenden Zahl junger Frauen, die aufgrund ihrer eigenen Erfahrung Mädchen, die in den Strudel des Genderwahns geraten sind, warnen können, lieber umzukehren, bevor es zu spät ist. Hört man Benji zu, dann hat sie allerdings nicht nur eine persönliche Fehlentscheidung abgewendet, sondern ist den Fängen einer Sekte entkommen.

Wie so viele junge Frauen, die sich plötzlich als transgender identifizieren, war Benji ein intellektuell frühreifes und extrem sensibles Mädchen. Im Alter von 5 Jahren begann sie mit dem Geigenspiel, das sie sofort begeisterte, und bald kamen Harfe, Klavier und Bratsche hinzu. Bücher verschlang sie. Doch mit 9 fingen ihre Brüste an, sich zu entwickeln, was ihr sehr unangenehm war und sie verunsicherte. Sie wurde magersüchtig und verlor manchmal im Unterricht das Bewusstsein. Ihre Eltern kauften ihr nahrungsergänzende Shakes und baten sie, zu essen. Sie wurde als depressiv diagnostiziert. Ihr Talent und ihre Intelligenz blieben jedoch ein Fels in der Brandung. Wie ihre kleine Schwester wurde sie auf einer der besten staatlichen Kunstschulen in Kanada aufgenommen.

Ihrer Eltern hatten Beziehungsprobleme. Sie und ihre Schwester wurden manchmal körperlich misshandelt. Ihre Schwester ging dazu über, zu kiffen und sich zu ritzen, und litt ebenfalls an Depressionen.

Benji verfiel der Versuchung von YouTube und Tumblr. Mit 13 entdeckte sie Videos von Frauen, die ihre Verwandlung zum Mann feierten. Benji empfand sich selbst als unweiblich, fühlte sich in ihrem Körper unwohl und war zu Hause unglücklich. Die Aussicht auf eine Flucht fand sie verführerisch, und sie glaubte den Versprechen der wundersamen Wirkung der medizinischen Geschlechtsumwandlung.

Angehörige ihrer Generation mögen zwar anspruchsvoll sein, wenn es um die Nutzung von Informationstechnologie geht, merkte Benji an, seien aber erstaunlich naiv, was den Wahrheitsgehalt oder die Vollständigkeit von Inhalten angeht. »Sie wissen zwar, dass die Mainstreammedien lügen und Müll erzählen, aber wenn es von einer unabhängigen Person kommt, muss das irgendwie realistischer oder authentischer sein.« Die postmoderne Queer-Theorie messe Erfahrungen mehr Wahrheitsgehalt bei als Tatsachen, sagte sie, und ihre Generation sauge endlos viel von dieser Ideologie aus dem Internet auf. »Wenn du jemanden (auf Tumblr) siehst, der über seine Erfahrungen und seine Ansichten redet, ist dies viel glaubwürdiger als irgendwelche Daten und Fakten, jedenfalls wirkt es authentischer.«

Benji kam insgeheim zu dem Schluss, dass ihre Geschichte mit den Videoberichten der Transmänner im Internet übereinstimmte: Sie war ebenfalls trans. So richtete sie ihren ersten Tumblr-Account ein und gab sich den Zuschauern gegenüber ohne viel Aufhebens als trans aus. Sie war sich nicht sicher, ob es überhaupt jemand bemerken würde. Doch zu ihrer Überraschung wurde sie regelrecht mit Liebesbezeugungen Fremder bombardiert. »Auf einmal bekommst du persönliche Nachrichten von fremden Menschen, die dir Sachen sagen wie: ›Wahnsinn, das muss echt schwer für dich sein. Wie kann ich dir helfen?‹ oder ›Was bist du mutig! Ich bewundere dich!‹«, erzählte sie. »Es gibt so viel positive Bestätigung, dass es überhaupt keinen Platz für Kritik oder den Gedanken gibt, dass das Ganze auch schlimme Folgen haben könnte.«

Anfangs erkundete sie ihre neue Identität ausschließlich im Netz, im Austausch mit Transerwachsenen, die sie bald als ihre »wahren Freunde« empfand, denn sie verstanden sie ja wirklich. Im Netz konnte sie viel freier sein, als sie es jemals im echten Leben hätte sein können. Ihre »Onlinefreunde« kannten ja auch ihr Geheimnis. Sie standen bedingungslos hinter ihr und überhäuften sie mit Lob. »Wenn ich mein Handy verloren hatte, oder meine Eltern es mir wegnahmen, bekam ich einen Nervenzusammenbruch, weil ich völlig von meinen Onlinefreunden abhängig war.«

Manchmal suchten Erwachsene – meistens Männer, die sich als Transfrauen ausgaben –»Sexting«-Kontakt zu ihr, und mit 14 war sie zu neugierig und freundlich, um abzulehnen. Weigerte sie sich aber doch einmal, warfen sie ihr »Kink-Shaming« vor und redeten ihr ein schlechtes Gewissen ein, weil sie sexuelle Vorlieben habe – eine Todsünde in solchen Online-Communitys. Wenn Benji versuchte, sexuelle Grenzen zu setzen, wurde sie von ihren erwachsenen Gesprächspartnern der transphoben Unterdrückung beschuldigt. Das war natürlich das Letzte, was sie wollte: ihre neuen Freunde zu verärgern.

In der Highschool trat sie der Gay-Straight Alliance bei und änderte 2012 mit 15 Jahren ihren Namen und ihre Pronomina. Sie tauschte ihren alten Namen »Eva« gegen »Benji« ein, ohne ihren Eltern Bescheid zu sagen. »In der Schule war ich ›Benji‹ und ›er‹. Zu Hause dann ›Eva‹ und ›sie‹. Es war superkompliziert.«

Alsdann wurde sie zur Vorsitzenden der Gay-Straight Alliance GSA ernannt, die eine Feier für sie abhielt, auf der sie »Captain Dialogue« getauft wurde und einen Umhang mit einer Regenbogenflagge erhielt. Ihr geheimes Leben als Junge – jenes Leben, von dem ihre Eltern nichts wussten – schien gut zu laufen, ihre GSA und ihre Online-Transgemeinschaft schienen sie zu schätzen. Doch ihre Noten wurden immer schlechter, und ihre Depressionen nahmen zu.

In diesem Jahr wurde die Polizei wegen eines häuslichen Streits zu ihr nach Hause gerufen. Eine Sozialarbeiterin in Toronto begann, sich um Benji und ihre Schwester zu kümmern, und vermittelte ihnen einen Termin bei einer Therapeutin. Benji erzählte der Therapeutin ihr Geheimnis. »In dem Moment, in dem ich sagte, ich sei trans, gab es überhaupt keine Fragen mehr, und sie antwortete: ›Ja, Sie sind definitiv trans.‹ Wahrscheinlich war das einfach ihr Grundsatz. Aber ich glaube auch, dass sie voreingenommen war.«

Obwohl sich dadurch ihr Asthma verschlimmerte, begann Benji, einen Abbinder zu tragen. Sie schnitt sich die Haare immer kürzer, trug mit der Zeit nur noch Männerkleidung und fuhr einmal pro Woche mit der U-Bahn zum Büro der Therapeutin, die ihr das Antidepressivum Sertralin (Zoloft) verschrieb. Ihre Noten verschlechterten sich weiter. Benji und eine Freundin aus der Gay-Straight Alliance fuhren nach der Schule zu LGBTQ-Gruppen nach Toronto, wo sie stundenlang abhingen. Wenn ihre Eltern weg waren, hielt sie zu Hause schwule Filmabende ab, erst als »Benji, der Transmann« und irgendwann nur noch als »Mann«.

Die Welt der Genderideologie, in der sie damals lebte, sei eine »Sekte« gewesen, betont sie, denn »wenn man da drin ist, verleugnet man die Realität und glaubt an etwas, was nicht wirklich ist. Dies ging so weit, dass ich in einem queeren Umfeld nicht mehr erkennen konnte, ob jemand männlich oder weiblich war, bis sie es mir sagten. Ich hatte mir antrainiert, so zu denken. Wenn ich jemanden ansah, sagte ich mir: › Ich weiß nicht einmal, welches Geschlecht er oder sie hat, weil ich ihn oder sie noch nicht nach den Pronomina gefragt habe.‹ Ich bin einer kompletten Gehirnwäsche unterzogen worden.«

Ihre Eltern waren von ihren Noten enttäuscht und verstanden nicht, warum sie sich so burschikos präsentieren musste. Irgendwann warf ihr ihre Mutter dann einmal unter der Dusche einen Rasierer zu und sagte, »rasier dir deine verdammten Beine«. Heute glaubt Benji, dass der Stress und Leistungsdruck, den sie zu Hause spürte, eine entscheidende Rolle bei ihrer Flucht in die Transidentität gespielt hat.

»Es half mir wohl, mich von dem Menschen zu verabschieden, für den mich meine Eltern hielten, oder mich davon zu distanzieren, was innerhalb der Familie von mir erwartet wurde«, bezeugte Benji.

Wenn sie sich online über ihre Eltern beklagte, rieten ihr queere Erwachsene, von zu Hause wegzulaufen. Damals glaubte sie, *diese* Menschen – und nicht ihre Eltern – hätten ihr Bestes im Sinn und wollten ihr helfen, sich geistig und körperlich von einem kaputten Zuhause zu lösen. Das sieht sie heute nicht mehr so, sondern denkt: »Diese Leute setzten meine häuslichen Schwierigkeiten gegen mich ein, um mich verstärkt in ihre Gemeinschaft hineinzuziehen und mich von allen zu entfernen, die mir rationale Denkanstöße für mein Leben hätten geben können.«

Sie war zu der Überzeugung gekommen, dass die einzigen Menschen, denen sie vertrauen konnte, transidente Menschen waren. Das, sagt sie, sei ein Mantra, das man in der Welt der Genderideologie häufig höre: Man kann keinen »Cis«-Menschen trauen, sondern nur Transmenschen. »Sie sagen dir, dass du dich emotional oder psychologisch nicht auf deine Familie oder irgendwelche ›Cis-Hets‹ [Cisgender-Heterosexuelle] oder nicht queere Menschen verlassen kannst, weil sie dich unmöglich verstehen, sich in dich einfühlen oder dich so lieben können, wie du wirklich bist.«

Anstatt Trost zu spenden, verstärkte Benjis Transidentifizierung und Bekehrung zur Genderideologie nur ihre Dysphorie und Depression. »Meine Eltern mussten mich aus dem Bett zerren und mich unter die Dusche stellen, damit sie mich in die Schule schicken konnten.«

Sie wusste, dass ihre Eltern ihr eine geschlechtsverändernde Hormontherapie niemals erlauben würden, und hatte Angst, was passieren
würde, wenn sie heimlich die entsprechenden Drogen nähme, während sie noch bei ihren Eltern wohnte. Sie bat ihre Therapeutin um
alternative Hilfestellungen, um mit ihrer Genderdysphorie umzugehen. »Die Frage schien sie zu verwirren, denn sie sagte nur: ›Na ja, wir
geben den Leuten einfach Testosteron.‹«

Für Benji waren die Hormontherapie und die Geschlechtsumwandlung gleichbedeutend mit der Erlösung, die notwendig war, um ein
glückliches Leben zu führen. Unzählige Stunden träumte sie von dem
Tag, an dem es endlich so weit sein würde. Testosteron wurde für sie
unausweichlich. »Viele Leute bauen jahrelang in ihrem Kopf eine Vorstellung davon auf, bis sie es dann endlich bekommen und sagen können: ›Jetzt ist es endlich so weit.‹ Sie werden ganze euphorisch, wenn
sie es sich spritzen,« sagte sie. »Sie werden süchtig danach.«

Erin, eine andere Detransitioniererin, die ich getroffen habe, beschrieb ihre Erfahrung mit Testosteron ebenfalls als »süchtig ma-
chend«. Als sie mit Mitte 20 eine Testosterontherapie begann, litt sie
gar nicht mehr an Genderdysphorie, fühlte sich aber unter Druck, es
zu nehmen, weil sie trans war. »Die Menschen haben mir Testosteron
angeboten«, sagte sie, und ihr war klar, dass sie ohne Testosteron niemals als Teil der Transcommunity akzeptiert werden würde.

Schließlich ließ sich Erin mit 27 Jahren ein Rezept geben. Sie hasste
es. »Mir war schlecht und neblig im Kopf, und ich wurde wütend. Als
ich meinen Transfreunden davon erzählte, sagten sie mir: ›Du musst
mehr davon nehmen.‹«

Erin wusste genau, dass es verrückt war, freiwillig ein Medikament zu
nehmen, bei dem ihr derart übel wurde. Aber sie konnte nicht aufhören. »Obwohl es mich krank machte, dachte ich nach ein paar Monaten den ganzen Tag daran. Wenn ich heimkam, konnte ich es kaum
erwarten, wieder das Gel aufzutragen. Ich war regelrecht besessen da-

von. In den Supportgruppen war auch ständig die Rede davon. Und ich fragte mich, ob das nun Dysphorie ist oder Sucht.«

In den Transgenderkreisen, die Benji und Erin frequentierten, war Testosteron die Leitwährung – und die Brustentfernung der Goldstandard. Beim LGBTQ-Zentrum in Toronto boten ältere Transmenschen Teenagern ihr Testosteron zum Ausprobieren an und gaben ihnen Tipps, welche Ärzte transfreundlich oder selbst trans wären und Minderjährige nach Feierabend berieten. Ein Sprecher erklärte den Jugendlichen, wie man Therapeuten dazu überreden könne, eine Brustentfernung zu verschreiben. »Sie haben sich also einen Haufen Geschichten ausgedacht, warum sie eine Obenrum-OP brauchen. Und da man ja eine Operation brauchte, war jede Lüge in Ordnung, wenn sie zu einer Operation führte. Das war die Einstellung, die wir hatten. Das Gleiche gilt für die Hormone.«

Benji beschloss, dass sie unbedingt eine Hormontherapie und eine Brustentfernung haben wollte, sobald sie bei ihren Eltern ausgezogen war. Doch sie machte sich angesichts ihrer Gesundheitsprobleme auch Sorgen. Seit Jahren hatte sie mit chronischen Schmerzen und Muskelkrämpfen in den Armen zu kämpfen, die sich durch das Testosteron noch verschlimmerten.

Je mehr Veränderungen sie durch Testosteron bei Freunden beobachten konnte, desto beunruhigter wurde sie. »Man wird durch Testosteron sehr reizbar und oft auch depressiv. Man nimmt zu, und viele hatten davor schon mit Essstörungen zu kämpfen. Man bekommt einen unkontrollierbaren Appetit. Man schwitzt und stinkt wie ein Mann, was echt ziemlich eklig ist, wenn man es nicht erwartet hat.« Angesichts ihrer chronischen Schmerzen, ihres Asthmas und ihrer akuten Verdauungsprobleme hatte Benji Angst, Testosteron zu nehmen.

Das Allheilmittel der medizinischen Transition infrage zu stellen war aber strengsten verboten. Einmal wollte Benji auf sozialen Medien einem Schwulen folgen, der sich in seiner Biografie als »homosexuell, nicht ›homogenderell‹« bezeichnete, um auszudrücken, dass er die

Genderideologie ablehnte. Sie wollte ihm Fragen stellen und wissen, was er zu sagen hatte. Einer von ihren queeren Freunden machte einen Screenshot, um zu zeigen, dass Benji diesem Mann folgte und ihm erlaubte, ihr ebenfalls zu folgen. Der Screenshot wurde dann online gepostet, und Benjis queerer Freund forderte ihre gemeinsamen Bekannten auf, Benji zu blocken und zu »canceln«, wie sie berichtete, »nur weil ich diesem Typen erlaubt habe, mir zu folgen, und ihn nicht sofort geblockt habe, war das Grund genug, mich zu exkommunizieren.«

Benji war wütend auf ihren Freund und ließ es ihn wissen. Er blieb aber dabei. »Wenn du dich mit solchen Leuten unterhältst, werden sie dich in den Selbstmord treiben«, sagte er. »Du wirst deine Identität verlieren und nicht mehr trans sein. Du wirst buchstäblich sterben, wenn du mit diesen Leuten sprichst.«

Solches Onlinemobbing ist in der Welt der Genderideologen allgegenwärtig, beteuert Benji, und ein wichtiger Mechanismus, um die plötzlich Transidentifizierten bei der Stange zu halten. Wenn deine Freunde dich dabei erwischen, wie du das falsche Vokabular verwendest, werden sie versuchen, dich umzuerziehen. Sie glauben, dass sie dir damit helfen, und wollen weder, dass man dich bloßstellt, noch dass sie dazu gezwungen sind, dich zu canceln.

Nach der Highschool zog Benji aus dem Haus ihrer Eltern aus und zu ihrer Großmutter. Sie bekam einen Job in einem Café und belegte zusätzliche Kurse, um ihre Chancen auf eine gute Uni zu verbessern, was auch klappte. Doch das erste Studienjahr war für sie verwirrend, denn sie stellte überrascht fest, dass sie sich von Frauen angezogen fühlte. So plante sie eine Brustentfernung, sobald ihr Gesundheitszustand es zulassen würde.

Doch dann besuchte Benji einen schwulen Freund, der sich wegen Leukämie einer Chemotherapie unterzog. »Er hatte so viel Chemo in sich drin, dass seine Leber versagte«, erzählte sie, »und er eine Lebertransplantation brauchte. Sie entnahmen ihm Knochenmark, bestrahlten es und pflanzten es wieder ein. Er musste alle möglichen

Operationen über sich ergehen lassen, und die waren eben nicht optional.«

In dem Moment sagte ihr Freund etwas, was sie nie vergessen sollte: »Ich werde tatsächlich sterben, wenn ich diesen medizinischen Eingriff nicht machen lasse.« Und fügte hinzu: »Du aber, warum solltest du dich freiwillig unter das Messer und die Narkosemaske legen und diesen ganzen möglichen Komplikationen aussetzen, wenn du *nicht* wirklich an deinen Brüsten sterben wirst?«

Das war ein Aha-Erlebnis für Benji. Sie wusste, dass dieser Freund jahrelang an einer körperdysmorphen Störung gelitten hatte. Er konnte ihre Genderdysphorie also durchaus nachvollziehen. Auf seine Frage hatte sie keine zufriedenstellende Antwort. Was hatte sie sich da in den Kopf gesetzt?

Sie hatte Angst, die Transgemeinschaft zu verlassen, und glaubte nicht, dass sie es sich leisten könnte, deren Unterstützung zu verlieren, ohne sie zu ersetzen. Also suchte sie sich eine andere Onlinegemeinschaft – »genderkritische«, radikale Feministinnen und Lesben wie sie selbst. Sobald sie begann, sich selbst als Lesbe zu akzeptieren, erkannte sie, dass sie nicht weniger Frau war, nur weil sie sich von Frauen angezogen fühlte oder gewisse Weiblichkeitsstandards nicht erfüllte.

Bald wurde ihr bewusst, dass viele junge Lesben sich mit ihren weiblichen Geschlechtsteilen unwohl fühlen, während sie gegen verinnerlichte Homophobie ankämpfen und mit ihrer aufkommenden Sexualität zurechtkommen müssen. Geschlechtsdysphorie, erkannte sie, macht sie nicht zwangsläufig »trans«.

Mit 19 beendete sie die Onlinefreundschaften mit allen Genderextremisten und kündigte nun an, den Namen Benji zwar beibehalten zu wollen, allerdings als Frau. Sie wusste, dass viele Genderextremisten sagen würden, ihr »Desistieren« zeige nur, dass sie »nie wirklich trans« gewesen sei. Das ist die zirkuläre Logik der Transideologie:

Die Reue

Wenn du es bereust, dann warst du nie wirklich trans. Sich transgender zu nennen kann kein Fehler sein, denn wer es sich anders überlegt, hat nie dazugehört. Es ist ein unwiderlegbarer Zirkelschluss.

»Ich würde von diesen Leuten gerne wissen, unter welchen Umständen eine Lesbe von einem Gendertherapeuten gesagt bekommen würde: ›Nein, du bist nicht trans. Du bist eine Lesbe.‹ Ich habe noch nie gehört, dass so etwas passiert ist. Wie kann es eine medizinische Diagnose geben, die automatisch zutrifft, sobald man durch die Tür des Therapeuten tritt?«

Benji schmiss das Studium und zog, um ihr Leben in den Griff zu bekommen, wieder bei ihren Eltern ein. Mit 23 wohnt sie jetzt bei ihrem Vater, der sich inzwischen von ihrer Mutter getrennt hat. Sie spielt wieder Bratsche und bewirbt sich an Musikhochschulen in England und Québec.

Je mehr sie liest und über ihre eigenen Erfahrungen nachdenkt, desto mehr ist sie davon überzeugt, dass transidente Jugendliche durch ein medizinisches System geschädigt werden, das ihre Forderungen ohne Rücksicht auf ihr tatsächliches Wohlergehen im Schnellverfahren erfüllt. »Da ist noch eine andere Sache, die mich beschäftigt: Es gibt verschiedene Grade der Dysphorie, aber keine unterschiedlichen Formen der Behandlung. Wenn jemand an Magersucht leidet, wird ihm nicht gleich eine Ernährungssonde gelegt. Aber wenn jemand an Dysphorie leidet, heißt es gleich: ›Du brauchst Hormone.‹«

Ihrer Meinung nach sollten die behandelnden Therapeuten lieber eine Bandbreite an Behandlungsmöglichkeiten anbieten, um die unterschiedlichen Grade der Dysphorie zu berücksichtigen. Mildere Fälle sollten allein durch eine Therapie behandelt werden. Der viel gravierendere Eingriff der Geschlechtsumwandlung sollte auch als solcher kommuniziert werden. Therapeuten sollten Patienten nicht dazu ermutigen, den täglichen Stress auf sich zu nehmen, den es bedeutet, »als Mann durchzugehen«.

Solche Vorstellungen haben Benji zu einer Geächteten unter ihren ehemaligen »echten Freunden« gemacht. Sie befindet sich mittlerweile auf 125 Twitter-Blockierlisten, damit deren Benutzer ihre Tweets nicht lesen müssen. »Diese ganzen Leute haben mich blockiert, damit sie nie mehr etwas mit mir zu tun zu haben müssen«, sagt sie.

Twitter und Medium bieten dabei gerne Unterstützung: Bei beiden ist Benji aufgrund angeblicher »Hassreden« gesperrt. Ihr Verbrechen scheint »Misgendern« gewesen zu sein: In einem Tweet hatte sie den biologischen Mann und Transaktivisten Katy Montgomery als Mann bezeichnet.[256]

Benji ist sicher nicht die Einzige, die eine solche Kehrtwende auf ihrem Transgenderweg vollzogen hat. 2017 schuf die Detransitioniererin Jade, mit der ich gesprochen habe, ein Reddit-Forum für Detransitionierer, dessen Ziel es ist, Fragen zu beantworten oder Erlebnisse zu teilen . Das Forum hat heute über 7000 Mitglieder.[257]

Man kann sich nur schwer ein Bild davon machen, wie viele Menschen ihre Transition tatsächlich bereuen und rückgängig machen wollen. Laut den Transaktivisten existieren solche Menschen gar nicht,[258] und die Therapeutenzunft scheint von ihnen auch nichts wissen zu wollen. »Anders als bei ähnlichen Diagnosen gibt es im Diagnosehandbuch *DSM-5* gar keine Kategorie für ›in Remission‹, ›vollständige Remission‹ oder ›teilweise in Remission‹«, schrieb Dr. Blanchard in einem Tweet. »Es gibt also für klinische oder Forschungszwecke keine valide Beschreibung für Detransitionierer.«[259]

Aber Detransitionierer sind ein Faktum. Sobald man ein paar von ihnen kennengelernt hat, wird einem klar, wie weit man auf dem Weg zum medizinischen Übergang gehen kann, bevor man umkehrt. Es stellte sich heraus, dass Benji noch glimpflich davonkam.

Mit 21 Jahren war Helena eine wütende junge Frau. Als Tochter polnischer Einwanderer aus Cincinnati – ihr Vater war Ingenieur, ihre

Mutter Endokrinologin, die auf Gewichtsreduktion spezialisiert war – empfand sie ihre schwer beschäftigten Eltern als emotional distanziert. Sie stritt sich oft mit ihnen und spürte ihre Enttäuschung sehr deutlich.

Die Mittelstufe war für Helena noch eine relativ glückliche Zeit. Sie hatte viele Freunde, war eine hervorragende Schlittschuhläuferin und organisierte gerne Ausflüge mit ihren Mitschülern – nächtliches Schlittschuhlaufen oder Sternsingen für wohltätige Zwecke. Ende der achten Klasse »begann sich alles zu ändern«, sagte sie.

»Die anderen Mädels begannen über das Küssen von Jungs zu reden. Sie waren alle auf Instagram und besprachen Schminktipps und Modetrends«, schrieb sie später über diese Zeit. »Sie redeten über Follower und Promis – Menschen, von denen ich noch nie gehört hatte.«

Helena interessierte sich nicht für Make-up oder Mode. Es machte ihr mehr Spaß, ihre Freundinnen zum Lachen zu bringen, als sich für die Jungs hübsch zu machen. »Dieselben Dinge, die mich früher zum Klassenclown gemacht hatten – und die Jungs durchaus weiterhin witzig und cool fanden –, machten mich jetzt zur Aussätzigen unter den Mädchen.«[260]

Sie verlor immer mehr Freunde und nahm an Gewicht zu. Ihre Mutter zwang sie zu einer Diät, woraufhin sie zu trinken begann. Sie organisierte keine Schlittschuhabende mehr und aß meistens allein. »Ich habe ziemlich viele Pickel gekriegt. Und statt eines seltsamen Mädchens wie alle anderen wurde ich zu DEM seltsamen Mädchen schlechthin.«[261]

Im ersten Jahr an einer katholischen Privatschule hatte sie keine Freunde. Keines der anderen Mädchen schien ihre Interessen für alte Rockklassiker und Fernsehsendungen zu teilen. Sie kam sich immer ausgeschlossener vor. »Ich hatte eine Phase, wo ich mir sagte, ›Ich bin nicht wie andere Mädchen, ich hasse Mädchen.‹«

Helena begann zu hungern und experimentierte mit anderen Arten der Selbstverletzung wie beispielsweise, sich zu ritzen oder zu verbrennen. Sie fand ihren Weg auf Tumblr zu den »Pro-Ana«-Seiten (für »pro-anorexisch«), die potenziellen Magersüchtigen Tipps, Ermutigung und Rechtfertigung geben. Das faszinierte sie.

»Diese Selbstverletzungsblogs waren nicht nur Tagebücher depressiver Teenager, sondern eine blühende Gemeinschaft, in der psychische Erkrankungen zu einer Identität wurden«,[262] schrieb sie später. Eine Identität war genau das, wonach Helena gesucht hatte, und Opferidentitäten passten gut zu ihrem psychischen Zustand.

Sie wechselte von der katholischen Privatschule auf eine angesehene öffentliche Schule in der Gegend. Zu diesem Zeitpunkt interessierte sie sich auf Tumblr unter anderem für klassischen Rock und Harry-Potter-Fangruppen »Aber die Sache mit solchen Mainstream-Fangemeinden ist die, dass es dort ständig um soziale Gerechtigkeit geht.«

Zuerst machte sich Helena über die Posts zum Thema soziale Gerechtigkeit lustig, die sie online fand. Sie erschienen ihr so fromm und inbrünstig. »Aber je mehr ich darüber las, desto mehr zog es mich in seinen Bann«, erinnerte sie sich. Und es waren nicht nur die Kämpfer für soziale Gerechtigkeit, die sie faszinierten, sondern auch die Zeugenaussagen von Transmenschen. »Die Geschichten einzelner Menschen, die sich als trans outeten, und wie sie zu kämpfen hatten«, sagte sie. »Sie sagten Dinge wie: ›Ich hasse meinen Busen, ich hasse meinen Körper, ich hasse einfach alles.‹«

Helena sah sich ein Transvideo nach dem anderen an und begann, große Sympathie für Transmenschen zu entwickeln. Bald merkte sie, dass ihr deren Ansichten immer vernünftiger vorkamen. »Je mehr ich mich damit beschäftigte, desto mehr hatte ich dieses eindringliche Gefühl, kein Mädchen zu sein.« Doch noch hielt sie sich nicht für einen Jungen, sondern eher für »alles andere als ein Mädchen«.[263]

Ich wollte von Helena wissen, aus welchen Gründen eine junge Frau heutzutage das Gefühl habe, als Mädchen eine derartige Versagerin zu sein. Woher bekommen all diese jungen Frauen die abstruse Vorstellung, dass jedes Mädchen, das nicht wie eine Schönheitskönigin aussieht, eine Versagerin ist? Schließlich besetzen Frauen heutzutage fast alle Jobs, von Busfahrerin bis Sportlerin und Ärztin. Warum müssen sie also wie Barbiepuppen aussehen – die Eltern ihren Töchtern sowieso nicht mehr kaufen?

Online, sagte sie. Pornos, sagte sie. Die Medien, sagte sie.

Moment mal, protestierte ich. Ich hatte mir gerade *A Star is Born* angesehen und wies Helena darauf hin, dass die überaus talentierte und erfolgreiche Schauspielerin und Sängerin Lady Gaga es geschafft hatte, auch ohne Kätzchennase 27 Millionen Schallplatten zu verkaufen. Ich dachte, Helena würde mir Recht geben. Sie hielt mich aber für verrückt und informierte mich: »Über Frauen wie Lady Gaga macht man sich doch lustig.«

Dann lüftete sie mir gegenüber das Geheimnis: Frauen meiner Generation sahen Lady Gaga auf der Leinwand oder hörten ihre Musik im Auto. Aber Helena und ihre Mitstreiterinnen drehten Lady Gagas Persönlichkeit in den sozialen Medien gründlich durch die Mangel. Sie machten sich über ihre Looks lustig, spotteten über ihr Gewicht und verrissen ihr Auftreten in der Öffentlichkeit. Für mich schien Lady Gaga jene Art von Star zu sein, dem eine talentierte junge Frau nacheifern wollte. Aber wenn junge Mädchen beobachteten, wie auf sozialen Medien über Lady Gaga hergezogen wurde, sahen sie eine Frau, die man völlig auseinandergenommen hat.

Später stellte ich einer weiteren Detransitioniererin namens Dagny eine ähnliche Frage. Dagny wollte ein Junge sein, weil sie keine starken weiblichen Vorbilder hatte. »Warum denkst du, dass eine Frau feminin sein muss?« fragte ich. »Ist deine Mama denn keine ›richtige‹ Frau?« Sie versuchte, nicht zu lachen: »Ja schon, aber sie ist halt eine Mutter.«

Ihrer Meinung nach zählte ihre Mutter also nicht. Sie hätte genauso
gut ein Yeti sein können. Ich verstand: Kein Mädchen im Teenageralter wollte so sein wie seine Mutter.

Auf der Highschool übernahm Helena plötzlich die Gendersprache,
die sie im Internet entdeckt hatte. Später untersuchte sie die Einträge,
die sie damals auf ihrem Blog geführt hat: Innerhalb von 2 Wochen
veränderten sich ihre Blogbeiträge von »depressiven« Posts zu Posts,
in denen Wörter wie »queer, trans, genderfluid, nonbinär, Halbjunge,
problematisch, cis hetero oder gender« dominierten. Nur noch solche
Wörter. Es war wie ein Virus.«[264]

Allmählich fand sie neue Freunde. Ihre beste Freundin in der Schule
hatte ebenfalls das Gefühl, als Mädchen zu versagen, weil sie bei Weitem nicht weiblich oder glamourös genug war. Als sie bei einem
Freund zu Besuch waren, begannen sie gemeinsam die Möglichkeit zu
erwägen, trans oder zumindest nonbinär zu sein. »Wir saßen in diesem Haus und unterhielten uns, und ich sagte, ›ich glaube, ich bin
kein Mädchen. Ich fühle mich einfach nicht wie ein Mädchen.‹« Dieser Freund war schwul, und seine Eltern zogen ihn damit auf, dass er
sich so mädchenhaft benahm. Deshalb beschloss er, ebenfalls trans zu
sein. Als sie einer Freundin davon erzählten, schloss diese sich so-
gleich an und wollte auch trans sein.

Und dann geschah etwas Magisches. Helena »outete« sich auf Tumblr,
und die Zahl ihrer Follower schnellte in schwindelerregende Höhen.
Ihre neuen »Onlinefreunde« schwärmten von ihrer Entscheidung,
sich zu outen, und waren von ihrem »süßen« neuen Namen begeistert.[265] Online fühlte sie sich freier, als sie es je im echten Leben gewesen war. Die sozialen Medien boten ihr die Möglichkeit, sich eine
neue Persönlichkeit zu erschaffen, die nur das Beste von ihr zeigte –
und zwar nur, wenn sie es wollte.

Bisher war Helena immer nur ein ganz normales weißes Mädchen gewesen. Plötzlich gehörte sie zu einer unterdrückten Minderheit. Sie
hörte mit dem Schlittschuhlaufen auf, schnitt sich die Haare kurz und

begann, sich die Brüste abzubinden. Sie gründete an ihrer öffentlichen Schule eine GSA und änderte ihren Namen und ihre Pronomina, ohne ihren Eltern Bescheid zu sagen. Ihre beste Freundin tat es ihr
gleich. Helena hatte sich eine Nische geschaffen. Ihre Welt war jetzt
vielleicht enger geworden, aber sie musste sich nicht mehr die Frage
stellen, wo sie hingehörte. Es passte einfach.

Von einem Tag auf den anderen investierte sie die ganze Energie, die
zuvor in die Pro-Anorexie-Onlinegemeinde geflossen war, in das
Transthema. »Meine Zielsetzung verlagerte sich von Diätpillen auf
Testosteron. Ich fantasierte nicht mehr darüber, mein Oberschenkel-
fett zu entfernen, sondern nun waren es meine Brüste. Ich band sie
mit Klebeband ab. Ich bekam keine Luft mehr. Ich bekam Panik. Aber
ich fühlte mich ungeheuer mutig.«[266]

Ihre Noten waren eine Katastrophe. Sie wandte sich an die Schulpsy-
chologin, die Helenas Transgenderidentität bestätigte und Optionen
für eine Geschlechtsumwandlung mit ihr zu erwägen begann.

In ihrem letzten Schuljahr eröffnete sie ihrer Mutter während einer
Autofahrt, dass sie transgender war. Ihre Mutter solle doch bitte damit anfangen, ihre neuen Namen und Pronomina zu verwenden, wie
es in der Schule schon seit Langem der Fall sei. Schockiert fragte
ihre Mutter, wo das denn plötzlich alles herkäme. »Da servierte ich
ihr die übliche Leier, von wegen, ›schon als ich klein war, wusste ich,
dass ich kein Mädchen bin‹ – was überhaupt nicht stimmte«, berichtet Helena. Zu diesem Zeitpunkt hatte Helena das Drehbuch aber
schon auswendig gelernt. »Sie geben dir tatsächlich Tipps, wie du
deine Geschichte besser verkaufst, damit du Hormone verschrieben
bekommst.«

Helena gab ihre ganzen Hobbys auf, sogar das Malen. Am Ende der
Highschoolzeit hatte sie nur noch ein einziges Hobby, und das war
Transsein. »Meine ganze Leidenschaft für das Leben war dahin. Ich
fokussierte mich nur darauf, eines Tages zu transitionieren und wieder ins Leben zurückzukehren.«

Sobald sie 18 Jahre alt war und ohne Einwilligung ihrer Eltern ein Rezept bekommen konnte, beabsichtigte Helena, mit der Testosterontherapie zu beginnen. »Ich wollte auf der Uni ein neues Leben anfangen und meine bisherige Existenz als Mädchen auslöschen«, bekannte sie. In diesem Moment kam ihre beste Freundin jedoch zu dem Entschluss, ihr Transitionsvorhaben sei ein Fehler gewesen und sie wolle zu ihrem Geburtsnamen und den alten Pronomina zurückkehren. Helena war stinksauer. Sie schickte ihrer Freundin wütende Textnachrichten, und nach einigem Hin und Her war ihre Freundschaft beendet.

Im April 2016, einige Wochen nach ihrem 18. Geburtstag, stand Helena frühmorgens auf, sagte ihren Eltern, sie würde eine Freundin besuchen, und begab sich auf eine 6-stündige Fahrt nach Chicago, wo sie nachmittags einen Termin bei einer Klinik hatte, die nach dem Prinzip der »informierten Einwilligung« (*Informed Consent*) arbeitet.

»Dort stellte eine Sozialarbeiterin Fragen in der Art: ›Wie lange leidest du schon an Dysphorie?‹ Und ich antwortete: ›Schon ewig!‹ Dann fragte sie mich, ob dies bereits seit meiner Kindheit der Fall gewesen sei, woraufhin ich erwiderte: ›O mein Gott, ja total! Ich habe mir die Kleider vom Leib gerissen und jedes Mal geheult, wenn mich jemand als Mädchen bezeichnete‹ – was überhaupt nicht stimmte«, gestand Helena mir gegenüber. Trotzdem war es genau das, was die Sozialarbeiterin hören wollte. Nach einer kurzen Aufklärung, wie man sich spritzt, verließ Helena die Klinik mit einem Rezept für eine Testosterontherapie.

Sie fühlte sich siegessicher. Endlich hatte sie ihr Schicksal in den eigenen Händen. »Ich rief eine meiner besten Freundinnen an und weinte vor Freude. Ich war total begeistert. Ich hatte noch nie einen solchen Endorphinrausch erlebt wie nach meiner ersten Spritze, und die ersten zwei oder drei Injektionen fühlten sich so richtig gut an.«

Sie fühlte sich wie neugeboren – genauso, wie sie gehofft hatte –, begann ihr Studium unter einem neuen Namen und Pronomen und fand gleich eine Gruppe von Transgenderfreunden. Ihre regelmäßigen Spritzen sollten sich jedoch als Herausforderung erweisen. Die Nadeln waren sehr lang, und sie musste sie tief in ihren Oberschenkelmuskel hineinstechen. Anfangs half ihr die Aufregung über ihre Angst hinweg, doch irgendwann genügte dies nicht mehr. »Manchmal brauchte ich eine Stunde, um die Spritze zu setzen«, erinnerte sie sich. »So eine Nadel ist fast 8 Zentimeter lang, und du musst sie richtig tief reinstechen.«

Deshalb begann sie, Transfreunde zu bitten, sie zu spritzen – was diese auch taten. Folglich machte sie mit der Testosterontherapie weiter. Zwar bekam sie nicht besonders viel Körperbehaarung, aber es gefiel ihr, wie sich ihr Körperfett umverteilte und ihre Stimme tiefer wurde.

Als Helena als Mann nach Hause zurückkehrte, geriet sie mit ihrer Mutter in einen Streit, da diese sich weigerte, ihren neuen Namen zu verwenden. Ihre Mutter sagte, sie solle erst wieder nach Hause kommen, wenn sie wieder bei Sinnen sei. »Ich hielt meine Mutter für schrecklich transphob, aber gleichzeitig bestätigte ihre Reaktion alles, was die Transgemeinde über Intoleranz und Unterdrückung gesagt hatte.« Endlich wurde auch sie mal unterdrückt. Sie blockierte die Nummern ihrer Eltern. Ihr Vater rief die Uni an und ließ Helena eine Nachricht übermitteln, aber Helena wollte sie sich gar nicht erst anhören. Sie nannte ihn einen Stalker und bat ihn, nicht mehr anzurufen.

Trans zu sein linderte Helenas psychisches Leid jedoch nicht, sondern schien es nur zu verschlimmern. Sie war gelähmt vor Traurigkeit und besessen von ihrer angeblichen Unterdrückung als Transmann im heutigen Amerika. »In meinem Kopf lief beinahe rund um die Uhr eine Gedankenschleife. Ich fühlte mich ganz elend vor lauter Selbsthass.«

Helena begann an dem eingeschlagenen Weg zu zweifeln. Doch als sie dies online kundtat, beeilten sich andere Transjugendliche, ihr zu versichern, dass sie weitermachen müsse. Sie sei doch so mutig und könne es schaffen. Sie müsse nur dranbleiben. Wenn sie erst einmal die vollständige Geschlechtsumwandlung hinter sich hätte, würde sie glücklich sein. Genauso wie Benji bestätigte auch Helena, ohne dass ich sie danach fragte, dass sich die Welt der Genderideologie wie eine Sekte anfühlt. Ich habe diese Einschätzung von Detransitionierern häufig gehört. Aussteigen war also keine Option.

Eines Tages schickte ihr eine Studienkollegin, die sie schon von der Highschool her kannte, eine Videomontage mit Bildern von ihnen beiden aus dem vergangenen Jahr. Helena war schockiert. »Ich sah das und dachte mir: ›Das bin doch nicht ich. Was habe ich nur getan?‹« Sie hatte zwar nicht viel Körperbehaarung, aber ihr Körper war in anderer Hinsicht vielleicht unwiederbringlich verändert.

Helena geriet in Panik. Sie brach das College ab, und ihr wurde klar, dass sie sich ihrer Familie gegenüber grausam verhalten hatte. Sie hatte sich von zwei Freunden entfremdet, die ihr den Laufpass gegeben hatten. Nun hatte sie nur noch einen Gedanken, nämlich sich umzubringen.

Sie begann die Welt, in der sie gelebt hatte, nicht nur als unglücklich, sondern als krankhaft zu betrachten.

»Es gibt so viele Depressionen, Selbstverletzungen und Fälle von Drogenmissbrauch in der Transcommunity. Sie sind alle gottverdammt unglücklich und feiern irgendwie ihr Elend. Natürlich triffst du auch Leute, die mit so einem Lächeln herumlaufen, als seien sie supertrans und superglücklich – aber wenn du dich mit ihnen unterhältst, stellt sich heraus, dass ihr Leben ebenfalls eine Katastrophe ist.«

Helena kämpfte sich ihren Weg zurück und versöhnte sich mit ihrer Familie. Sie erzählte ihre Geschichte online und machte sich daran, ein Subreddit mitzubetreuen, das Menschen, die vielleicht Detransitionieren wollen, Unterstützung bietet und ihnen eventuell hilft, sich gegen die Horden von Ideologen zu wehren, die ihnen »Transhass« vorwerfen.

Sie hat immer noch mit Magersucht und Depressionen zu kämpfen. Als Mann zu leben war kein Allheilmittel. Ihr Geburtsgeschlecht wieder anzunehmen hat ihre Probleme auch nicht aus der Welt geschafft. Aber jetzt hat sie wenigstens Klarheit.

2019 begründete sie mit drei anderen jungen Frauen das Pique Resilience Project, eine Gruppe von Detransitionierern und Desistern, die jedem Jugendlichen, der bereit ist zuzuhören, erklärt: Du musst nicht transgender sein. Eigentlich sollte diese Botschaft selbstverständlich sein, doch viele reagieren schockiert und abweisend auf sie. Es spricht nichts dagegen, als Transgender zu leben, wenn man das wirklich möchte. Aber es muss genauso gut möglich sein, seine Entscheidung zu revidieren, wenn man zu dem Entschluss kommt, einen Fehler gemacht zu haben.

Erstaunlicherweise erzählten mir alle Detransitionierer, mit denen ich mich unterhalten habe, eine ähnliche Geschichte: Sie alle hatten bis zur Pubertät keinerlei Anzeichen von Genderdysphorie, bis sie im Internet plötzlich entdeckten, dass sie trans waren. Manche wie Chiara nahmen schon vor der Testosterontherapie wieder Abstand davon. (Chiaras Mutter schickte sie ein Jahr lang auf eine Pferderanch, wo sie keinen Internetzugang hatte. Die physische Arbeit dort half ihr, sich mit ihrem Körper wieder anzufreunden, und der Internetentzug, ihre Transidentität hinter sich zu lassen.)

Andere wie Desmond kehrten erst nach einer langwierigen Testosteronkur um, als sie sich aufgrund der durch die Testosteroneinnahme verursachten Gebärmutteratrophie vor Schmerzen nur noch krümmten. Die einzige Möglichkeit, die Schmerzen zu lindern, beteuerten die Ärzte, sei eine Hysterektomie, weshalb sie sich vor einem Jahr diesem Eingriff unterzog. Als sie ohne Gebärmutter aufwachte, wurde ihr klar, dass ihre gesamte Genderreise ein schrecklicher Fehler gewesen war. »Irgendwie kam ich zu dem Entschluss, dass es das Risiko einfach nicht mehr wert war.« Nachdem sie einen horrenden Preis für ihre neue Identität bezahlt hatte, hatte Desmond nur noch Gewissensbisse.

Fast alle Detransitionierer, mit denen ich gesprochen habe, werden von Reue geplagt. Selbst wenn sie nur ein paar Monate Testosteron genommen haben, verfügen sie über eine auffallend männliche Stimme, die sich nicht mehr heben lässt. Wenn sie länger auf Testosteron waren, leiden sie überdies unter der Peinlichkeit, eine ungewöhnliche intime Geografie zu haben. Eine vergrößerte Klitoris, die wie ein kleiner Penis aussieht. Bartstoppeln und Körperbehaarung. Sie müssen mit tiefen Narben auf der Brust und maskulinen (kleineren oder quergestreckten) Brustwarzen oder Hautlappen leben, die nur von Ferne an Nippel erinnern. Wenn sie ihre Eierstöcke behalten haben und setzen Testosteron ab, schwillt bei der Rückkehr ihrer Periode das Brustgewebe an und füllt sich mit Flüssigkeit, die oft nicht richtig abfließen kann.

Bei Erin schien die Transidentifizierung ihre Geschlechtsdysphorie noch verstärkt zu haben. Sich als Mann zu präsentieren linderte vielleicht ihr Leid, war aber zugleich emotional extrem anstrengend, sagte sie. »Es war einfach eine andere Art von Dysphorie, zu versuchen, männlich und ein Mann zu sein. Mein Körper passt nicht in Männerkleidung. Es ist immer frustrierend, eine Hose zu finden. Ich habe einfach nicht den richtigen Körperbau. Wenn ich Männerjacken oder Sweatshirts trage, komme ich mir wie ein Kind in den Klamotten seines Vaters vor. Ich habe eben Kurven, und es macht mich unglücklich, permanent daran zu denken, dass ich vielleicht mehr Sport betreiben oder meine Körperhaltung ändern sollte. Meine Gedanken kreisen ständig um diese eine Sache.«

Alle Detransitionierer und Desister, mit denen ich gesprochen habe, waren sich zu 100 Prozent sicher gewesen, trans zu sein – bis sie es plötzlich nicht mehr waren. Und fast alle geben den Erwachsenen in ihrem Leben die Schuld, vor allem den medizinischen Fachkräften, die sie ermutigt und ihnen die Umwandlung erleichtert haben.

»Wenn du fälschlicherweise eine Transition begonnen hast, hast du das nicht eines Tages blindlings entschieden«, möchte Benji diejenigen wissen lassen, die eine Detransition erwägen. »Vermutlich hat dein Schulpsychologe, Therapeut, Sozialarbeiter, Arzt, Psychiater, ein Elternteil oder ein Lehrer dich ermutigt und gesagt, dass wäre eine gute Idee und würde dir guttun, oder mit dir in allen Einzelheiten besprochen, weshalb das gut für dich sein könnte. Du hast diese Entscheidung nicht allein getroffen – vor allem, wenn du noch unter 18 warst, da warst du ja noch ein Kind. Andere Leute hätten sich um dein Wohlergehen kümmern müssen.«

Genau das ist ein Teil des Problems: Mit 18 mag man vielleicht volljährig sein, aber das ist heutzutage immer noch sehr jung. So viele Mädchen, die in die Transgenderwelt gelockt werden, haben bereits mit Magersucht, Angstzuständen und Depressionen zu kämpfen. Sie sind einsam. Sie sind zerbrechlich. Und mehr als alles andere wollen sie dazugehören. Dessen sollten sich die Erwachsenen in deren Leben bewusst sein. Doch in dem Moment, in dem diese Mädchen das Zauberwort »Ich bin trans« aussprechen, werden sie von fast allen Erwachsenen, sogar vom medizinischen Fachpersonal, mit einer Ehrfurcht betrachtet, die man einem Propheten schuldet, und nicht mit der Skepsis, die man normalerweise einem leidenden Teenager entgegenbringt.

Benji schlägt ein Gedankenexperiment vor: »Stell dir vor, es gäbe eine Sekte, in der jedes Mitglied einen Magenbypass will, da man laut den Sektenregeln schlank zu sein hat. Ein ethisch handelnder Arzt würde diesen Frauen keinen Magenbypass legen, nur weil ihre Sekte dies fordert. Wenn ich also Menschen sehe, die jahrelang auf Tumblr indoktriniert wurden und dann zum Arzt gehen – dann hat der Arzt die Verpflichtung, sich zu fragen, ob dieser Mensch in der Lage ist, für sich selbst die richtige Entscheidung zu treffen und zu beurteilen, was real ist und was nicht.«

Viele junge Frauen, die detransitionieren, haben inzwischen erkannt, dass sie einfach Lesben sind, die aufgrund einer verinnerlichten Homophobie glauben, nicht weiblich zu sein – und zwar einfach deshalb, weil sie nicht weiblich genug aussehen. Fast alle hatten mit psychischen Problemen und selbstverletzendem Verhalten zu kämpfen.

Während unserer Gespräche fragte ich mich immer, wie viel einfacher es für sie gewesen wäre, mit ihren Freundinnen ins Einkaufszentrum zu gehen, sich Ohrlöcher stechen zu lassen und heimlich Zigaretten zu rauchen, anstatt die ganze Zeit alleine vor dem iPhone herumzuhängen.

Diejenigen, die sich umwandeln, gehen oft davon aus, dass es kein Zurück mehr gibt. Und es ist das Lieblingsdogma der Genderideologen, dass der epistemische Zugang zur eigenen Geschlechtsidentität perfekt ist: *»Kinder wissen, wer sie sind.«* Wenn sich niemand in seiner Geschlechtsidentität irren kann, gibt es auch keinen Grund, seine Meinung jemals zu ändern.

Eltern, die sich der Umwandlung ihrer Töchter widersetzen, beteiligen sich unwissentlich an der Fiktion, dass die Tochter, die sie einmal hatten, für immer verschwunden ist. Viele Eltern, mit denen ich gesprochen habe, beklagen die Transition ihrer Tochter als eine Art Tod. Doch Detransitionierer existieren – und werden immer zahlreicher.

Und das ist der springende Punkt: Es gibt ein Leben nach der Detransition.

Die psychologischen Kämpfe, die junge Frauen dazu bringen, ihr Geschlecht verändern zu wollen, sind oft akut und bleiben auch nach einer Detransition bestehen, denn irgendwann müssen wir alle uns unseren Ängsten und Sorgen stellen.

Aber es gibt schlimmere Fehler als die Transition. Man hat vielleicht seinen Körper verändert, und der wird sich nicht von selbst in seine Ausgangsgestalt zurückverwandeln. Dafür gibt es jedoch die plastische Chirurgie und die Laserhaarentfernung.

Dieses abscheuliche öffentliche Tagebuch, das sich »soziale Medien« nennt und uns mit so vielen kleingeistigen Äußerungen und peinlichen Bildern verhöhnt, spielt keine Rolle. Nicht wirklich. Früher als wir denken, werden wir alle es als die größte Ablenkung der Menschheit betrachten – als eine endlose Dauerschleife der Zeitverschwendung.

Wir sind alle dazu verdammt, irgendwann einmal jene zu verletzen, die wir lieben. Die meisten unter uns bereiten ihren Eltern irgendwelche Enttäuschungen. Zumindest sind wir nicht genau so, wie unsere Eltern es sich gewünscht hätten, wenn sie ein wenig mehr Mitspracherecht gehabt hätten. Noch schlimmer aber ist, dass wir uns selbst enttäuschen.

Doch dann wachen wir Tag für Tag auf und erleben ein Wunder: die Chance, es noch einmal versuchen zu dürfen. Um Vergebung zu bitten. Unsere Mütter anzurufen. Mit uns selbst ein wenig liebevoller umzugehen. Wenn du glaubst, dass du mit der Transition einen Fehler gemacht hast, ist jetzt der beste Zeitpunkt, umzukehren. Je weiter du dich auf diesen unerreichbaren Horizont zubewegst, desto schwieriger wird es, deine Schritte zurückzuverfolgen und jene Person zu finden, die du wieder sein möchtest. Doch ebenso gilt: Wenn jemand richtig gut darin ist, dich neu zu erfinden, dann bist du es.

Die Berichte über deinen Tod sind stark übertrieben. Und das ist keine Kleinigkeit, sondern könnte sogar das Entscheidende sein.

Der Weg zurück

Der international gefeierte Pornostar Buck Angel ist einer der berühmtesten Transmänner der Welt. Ich habe ihn in einem Copyshop in West Hollywood getroffen, wo er wohnt. Er ist 57, sieht aber mindestens 10 Jahre jünger aus. Er trägt einen roten Bart, eine schwarze Baseballkappe mit dem Logo seiner Cannabisfirma und ein T-Shirt, das sich über seine tätowierten und beeindruckend muskulösen Armen spannt. Nur seine kleine Statur und der feminine Tonfall seiner rauen Stimme deuten auf die Jahrzehnte hin, die er als Mädchen und Frau verbracht hat.

Vielleicht lag es daran, dass ich seine Geschichte schon kannte, aber in seinen sanften, hellblauen Augen lag eine Liebenswürdigkeit, die mich sofort überzeugte. Er kam mir auf Anhieb wie ein vertrauter Freund vor, und ich wurde das Gefühl nicht los, dass ich allen Äußerlichkeiten zum Trotz – der sommersprossige, von jahrzehntelangem Testosteronkonsum kahl gewordene Schädel – in Wahrheit mit einer Frau sprach.

Als ich ihm das sagte, war Buck keineswegs beleidigt. Er bekennt sich bereitwillig zu seiner weiblichen Biologie, die, wie er sagt, nur zu seinem Vorteil ist: Sie hilft ihm, mit den Frauen, die er umwirbt, auf eine

Weise eine Beziehung aufzubauen, wie es nur wenige Männer können. Er zieht den Begriff »transsexuell« – für jemanden, der sich medizinisch umwandeln lässt – dem Begriff »transgender« vor. Auch tut
er nicht so, als wäre er »in Wirklichkeit« schon immer ein Mann gewesen.

Ich mochte ihn auf Anhieb. Die bewundernswerte Leichtigkeit, mit
der er unterwegs ist. Die hoffnungsvolle Zuneigung, mit der er Textnachrichten an mich unterzeichnete (»In Liebe, Bucky«). Der unver-
blümte Hinweis auf seine bewegte Vergangenheit: die Jahre als weibliches Teenagermodel, dann als Cracksüchtiger, der von seinen Eltern
rausgeschmissen wurde und auf der Straße herumlungerte. Buck Angel lügt einen nicht an. Und er belügt auch sich selbst nicht.

Wir trafen uns, um über eine Frage zu sprechen, die uns beide um-
trieb: Ob Transjugendliche heutzutage gut beraten, psychologisch
und medizinisch versorgt seien oder nicht. Buck antwortete, ohne zu
zögern: »Nein.« Und fuhr fort: »Das ist für sie wie Süßigkeiten. Etwas,
wodurch sie sich besser fühlen. All diese Transjugendlichen haben
ihre eigenen YouTube-Kanäle und sozialen Medien, und ich denke,
das hat einen großen Einfluss auf sie. Wir wären Idioten, wenn wir
behaupten würden, dies wäre nicht der Fall. Das beeinflusst sie
100-prozentig.«

Buck Angel muss es wissen. Als weltberühmter Pornostar, Filmpro-
duzent und erfolgreicher Verkäufer von Sexspielzeug für die spezifi-
sche Anatomie von biologischen Frauen, die auf Testosteron sind, ist
er jemand, den transidentifizierte Teenager oft um Rat fragen. Er weiß
ganz genau, dass ihr plötzlicher Drang, transgender zu sein, nicht immer einer gesunden Einstellung oder nüchternen Erwägung ent-
springt. »Wir sehen, wie diese Kids alle dieselbe Sprache sprechen,
dieselben Sachen machen und alle sofort transitionieren wollen, weil
sie glauben, das sei ein Allheilmittel. Denn genau das tun sie. Sie denken: ›Das wird all meine Probleme lösen‹, und genau das ist das Gefährliche daran. Es wird überhaupt nichts in Ordnung kommen, bevor man sein Gehirn in Ordnung gebracht hat.«

Buck war einer der ersten Transsexuellen, die in Los Angeles eine Frau-zu-Mann-Geschlechtsumwandlung an sich durchführen ließen. Er begann 1991, Testosteron zu nehmen, und unterzog sich später einer Brustentfernung sowie einer Metaidoioplastik,[267] worüber er sehr glücklich ist. Dennoch besteht er darauf, dass jede medizinische Maßnahme von einer umfassenden Therapie begleitet werden muss.

Zu den Aufgaben eines Therapeuten gehöre es auch, die Selbsteinschätzung der Jugendlichen zu hinterfragen und ihnen dabei zu helfen, herauszufinden, ob sie überhaupt trans sind. Denn viele von ihnen, sagt er, sind es vielleicht gar nicht. »16-Jährige denken vielleicht, dass sie trans sind – aber wissen sie es wirklich? Ich sage das als 57-jähriger Mann. Man wächst und lernt durch Erfahrung. Wie viel Erfahrung hat man schon mit 16?«

Es ist wichtig anzuerkennen, wie viel Mut es für einen Transmann erfordert, so etwas zu sagen – und wie viel Aufrichtigkeit. Buck hat schon als Mädchen mit seinem Geschlecht zu kämpfen gehabt und kennt das nagende Gefühl, das mit der Genderdysphorie einhergeht. Es ist schwierig, sich als Mitglied des anderen Geschlechts ein neues Leben aufzubauen. Immer wieder betont er, wie hart eine Transition sei. Wie viel einfach wäre es da, alle Zweifel in den Wind zu schlagen und sich in die begeisterten Arme der vielen neuen Transjugendlichen zu werfen, ohne die Frage zu stellen, ob das wirklich das Richtige für einen ist.

Doch dazu kann er sich nicht durchringen. »Stell dir vor, du bist 16, nimmst Hormone und schneidest dir deinen Busen ab – um 10 Jahre später dann festzustellen: ›Das war gar nicht mein Weg.‹ Allein der Gedanke daran ist für mich verheerend.«

Buck wirft der Transcommunity vor, dass sie der plötzlichen Epidemie angeblicher Transmädchen nicht mit größerer Skepsis gegenübertritt. »Wie kann es sein, dass wir das nicht hinterfragen? Wie kann unsere eigene Gemeinde so etwas nicht infrage stellen? Am allermeisten stört mich daran, dass meine eigene Community nicht sagt: *»Hey, wir müssen die Verantwortung für diese Kids übernehmen.«*

Er glaubt etwas, das früher ziemlich unumstritten war, nämlich dass Teenager eben Teenager sind. Es liegt in der Natur der Sache, dass sie erst herausfinden müssen, wer sie sind. Und so sollten die Erwachsenen sie auch behandeln. Viele, ja vielleicht sogar die meisten dieser Mädchen sind überhaupt nicht dafür gemacht, »transgender« zu sein. »Du könntest durchaus auch lesbisch sein. Und jetzt drängen wir Mädchen, die gerne Jungsklamotten anziehen, dazu, trans zu sein. Man kann doch nicht einfach sagen, dass jemand, der sich gerne wie ein Junge anzieht, automatisch ein Junge ist.«

Das soll nicht heißen, dass Buck Angel den potenziellen Nutzen der medizinischen Geschlechtsumwandlung anzweifelt. Im Gegenteil, er glaubt, dass sie ihm das Leben gerettet hat. Aber er glaubt auch, dass wir nie in der Lage sein werden, denjenigen zu helfen, die es wirklich nötig haben, wenn wir die Transition problembelasteter Mädchen beschleunigen, die sich sozial angesteckt haben. »Ich musste viele Hürden überwinden, um dort anzukommen, wo ich heute bin. Ich musste zur Therapie. Ich brauchte ein Attest. Dass ich diesen ganzen Prozess Schritt für Schritt zu durchlaufen hatte, hat mir eine sichere Transition ermöglicht.« Er hat diesen Prozess nicht in schlechter Erinnerung behalten, denn der hat ihn mental darauf vorbereitet, jenes Leben zu führen, das er jetzt führt.

Ich erzählte Buck, einer der beunruhigendsten Aspekte des aktuellen Transphänomens sei für mich die ungeheure Wut: diese Wir-gegen-die-anderen-Hysterie, das Beharren darauf, Feinde zu benennen und zu bestrafen. Und es gibt noch etwas anderes, das mich stört: die scheinbare Asexualität dieser Gruppe. Würden diese Teenager jemals Sex haben wollen? Je dramatischer diese Transteenager ihre Körper verstümmelten, desto schlimmer wurde ihre Dysphorie – und desto mehr verdrängten sie jegliche Möglichkeit sexueller Intimität.

Ich will damit keine Lanze für Teenagersex brechen, aber die Arbeit an diesem Buch hat meinen Blickwinkel auf dieses Monster verändert – jetzt, wo es so zahnlos daherkommt. Es fällt mir heute schwer, die uralten Balztänze dieser bekanntermaßen notgeilsten Bevölkerungsgruppe nicht als ekstatisch zuckende Feier des Lebens zu sehen – als fleischgewordenen Akt der Hoffnung.

Teenager, die keinerlei Interesse dafür zeigen, haben etwas furchtbar Trauriges an sich. Heranwachsende Mädchen, die lieber zu Hause sitzen und davon träumen, sich Hormone zu besorgen und zu spritzen, und online gegen »TERFs« wettern, als sich der Fantasie hinzugeben, einen anderen Teenager zu küssen oder zu berühren.

Die Transidentifizierung mag als Moment der Befreiung gefeiert werden, aber für viele Teenager, die sich plötzlich als transgender identifizieren, scheint er eher einem traurigen Kult der Asexualität anzugehören – der solch ein handgemaltes Schild mit der Aufschrift »Bitte nicht anfassen« vor sich dahinträgt, wie man es in Antiquitätenläden findet. Vielleicht wollen sich diese Mädchen nur vor dem endlosen Ansturm gewalttätiger Pornos oder vor den hyperglamourösen Internetbildern schützen, mit denen sie niemals mithalten können.

Brustabbinder und -entfernungen werden so zu einem modernen Keuschheitsgürtel, der sicherstellt, dass einem ja niemand zu nahe kommt. Die unerbittliche Dysphorie dieser Teenagermädchen während und sogar nach der Transition scheint so völlig unvereinbar mit dem Selbstvertrauen, das notwendig ist, um seinen Körper mit einem anderen zu teilen.

Haben diese Kids überhaupt Sex? Ob er das wisse, fragte ich Buck. Nein, das hätten sie nicht, antwortete er. Ist das alles ein Akt des Rückzugs aus der Sexualität und der Vermeidung von Sex? Ja, meinte er, das könne schon sein. Und es macht ihm sehr zu schaffen.

Männer haben es besser, oder?

Im Leben sehr vieler Mädchen schlägt die Pubertät zu wie ein Orkan – brutal und ohne Vorwarnung. Ein Mädchen hat gerade die Hälfte einer Sozialkundeprüfung hinter sich, als sie mit Schrecken feststellt, dass etwas durch ihre Jeans hindurchgesickert sein könnte.

Oder sie sitzt im Chemielabor und bekommt Krämpfe, die sie regelrecht umhauen und dazu zwingen, gekrümmt zur Schulkrankenschwester zu stolpern.

Der Grazie und Eleganz so vieler Frauen zum Trotz ist der Weg zum Frausein weder einfach noch elegant. Vielleicht dachten sich junge Frauen schon immer, spätestens aber seitdem Viola in William Shakespeares *Was ihr wollt* als Schiffbrüchige in Illyrien anlandete und beschloss, sich als Mann zu verkleiden: Es wäre so viel einfacher, ein Mann zu sein. Beyoncés Hit *If I Were a Boy* aus dem Jahr 2008 handelt davon. Die Vorstellung, Männer hätten es leichter, geht vielleicht sogar bis auf Eva zurück, die den Apfel vom Baum der Erkenntnis aß und dafür mit Geburtswehen und einem herrschsüchtigen Ehemann bestraft wurde. Die einzige Strafe, die Adam für seine Sünde erhielt, war, für seinen Lebensunterhalt arbeiten zu müssen. (Immerhin.)

Weit davon entfernt, nur eine flüchtige Idee oder eine Quelle der Belustigung für Frauen zu sein, hat sich dieser Gedanke zu einem Weltbild verfestigt. Er steckt in der Kritik, Frauen, die sich eine Auszeit für ihre Familien nehmen, würden sich beruflich »nicht genug reinhängen«. Und in der immer noch landläufigen Vorstellung, dass Berufe, die von Frauen bevorzugt werden – wie beispielsweise Lehrerin, Germanistin, Psychologin oder Gynäkologin –, irgendwie weniger wert sind als männerdominierte Berufe, zu denen Firmenchef, Softwareingenieur, Mathematikprofessor, Psychiater und Orthopäde zählen. Die Tatsache, dass Männer auch viele gefährliche und gering geschätzte Jobs von niedrigem Status ausüben – Bauarbeiter, Holzfäller, Gärtner, Dachdecker, Taxifahrer und Wachmann –, wird dagegen unter den Tisch gekehrt.

Obwohl es oft als Beleidigung angesehen wird, haben Frauen in der Arbeitswelt andere Vorlieben: Wie mir einmal jemand sagte, neigen wir dazu, die »Arbeit mit Menschen« der »Arbeit mit Dingen« vorzuziehen.[268] Dies hat bei Feministinnen große Bestürzung hervorgerufen. Aus Verlegenheit über die natürlichen Unterschiede zwischen Männern und Frauen geben sie der Gesellschaft die Schuld und bestehen darauf, dass Frauen andere Vorlieben beigebracht werden müssen. Dahinter verbirgt sich jedoch die Vorstellung, dass die Vorlieben von Frauen minderwertig sind. Jungen Mädchen wird damit suggeriert, sie sollten sich bemühen, Männern nachzueifern, und statt eines Romans lieber ein Programmierhandbuch in die Hand nehmen. Sie müssen Dinge wollen, die Männer wollen, *weil Männer sie wollen*.

Das ganze Gerede über den Mangel an weiblichen Managerinnen ist ein klassischer Fall. Dass es weniger weibliche Chefs gibt, kann man aber auch anders deuten. Firmenchefs führen ein sehr unausgeglichenes Leben. Sie verdienen sehr viel Geld und haben dafür sehr wenig Freizeit. Darunter leiden häufig ihre Beziehungen, und sie haben eine hohe Scheidungsrate. Vielleicht erkennen Frauen diesen Mangel und verstehen, dass es eigentlich die Männer sind, die Mitleid verdienen.

Wir könnten genauso gut sagen: Frauen handeln so viel angemessener und weiser, da sie Beziehungen über Dollars stellen. Und natürlich ziehen Frauen Literatur der Softwaretechnik vor! Sie ist ja auch viel interessanter, hat die Kraft, einen mitzureißen und Herz und Geist zu bewegen. Literatur ist die Geschichte, die eine Generation der nächsten erzählt. So viele Frauen studieren, lehren und produzieren große Literatur. Wer ist also das klügere Geschlecht?

Stattdessen glauben wir, dass die männerdominierten MINT-Fächer die Crème de la Crème der akademischen Laufbahn sein müssen. Wenn CEOs überwiegend männlich sind, dann heißt das, dass Frauen ungerechterweise ausgegrenzt werden – durch Männer, die sie überlisten, ein System, das sie herabsetzt, und natürliche Neigungen, die sie in die Irre führen. Wir wollen beides: sotto voce zugeben, dass Sumner Redstone, Rupert Murdoch und Jeff Bezos kein beneidenswertes Privatleben haben, und gleichzeitig darauf bestehen, dass jede Frau an ihrer Stelle stehen sollte oder würde, wenn sie nur halbwegs eine Chance hätte.

Nichts von dem, was ich hier geschrieben habe, soll junge Frauen davon abhalten, CEOs oder Mathematikprofessorinnen zu werden. (Muss das überhaupt gesagt werden?) Es geht nur darum, dass Frauen sich eine harte Wahrheit eingestehen müssen: Wir nehmen sehr oft und fraglos an, Männer hätten es besser, und dementsprechend *müsse* auch alles, was Männer wollen, *besser sein.*

Wir erlauben anderen, das Mutterdasein zu verunglimpfen; ja, wir verunglimpfen es selbst. Wir behandeln Frauen, die zu Hause bleiben und sich um ihre Kinder kümmern, wie die allergrößten Versager. (Ich muss es wissen, denn ich war jahrelang eine von ihnen. Meine Universitätsabschlüsse waren nur ein kläglicher Schutz gegenüber den verächtlichen Blicken und Bemerkungen von Frauen mit »echten Jobs«.)

Wir müssen damit aufhören. Es ist eine dumme Angewohnheit, gedankenlos und gemein. Sie spiegelt eine ungeschminkte Unsicherheit wider, der wir nicht nachgeben sollten. Der Neid, der ihr zugrunde liegt, deutet darauf hin, dass wir glauben, Frauen seien nicht wirklich fähig, oder aber irgendwie überlistet und Opfer eines »Systems« geworden, das uns Generation für Generation ausschließt und hinter gläserne Wände sperrt. Es ist ein deprimierendes Konstrukt aus Unwahrheiten. Und das Schlimmste von allem ist, dass Mädchen es hören.

Sie wissen nicht, dass das alles nicht so gemeint ist. Sie wissen nicht, dass wir lediglich Unterstützung für die Anliegen der Frauen sammeln und mit der Gesellschaft um bessere Arbeitsplätze und höhere Löhne verhandeln. Sie wissen nicht, dass wir damit nur die Politik unter Druck setzen wollen. Sie glauben uns wirklich.

Was können wir für unsere Mädchen tun?

Seitdem ich begonnen habe, dieses Buch zu schreiben, haben mich viele Eltern von plötzlich transidentifizierten Mädchen kontaktiert. Die meisten wollten mir ihre Geschichten erzählen, aber manche erhofften sich auch Hilfe.

Eltern, deren Töchter mitten in einer Genderkrise stecken, sollten sofort professionelle Hilfe suchen, beispielsweise in einer Therapiegruppe. Ist diese gut, so wird sie Ihnen helfen, die Beziehung zu Ihrer Tochter aufrechtzuerhalten, ohne sich an ihrer Indoktrination zu beteiligen. »Am wichtigsten für Eltern ist es, zu verstehen, dass es überhaupt nicht um Gender geht«, so die Therapeutin Sasha Ayad, die mit Hunderten von Transjugendlichen gearbeitet hat. »Wenn diese Kids online gehen, werden sie im Prinzip mit Propaganda überhäuft.«

Sasha Ayad bestätigt die Genderidentitäten von Jugendlichen nicht und ermutigt Eltern auch nicht, das zu tun. »Ich sage Eltern, dass man sein Kind und dessen Beschäftigung mit Genderidentität unterstützen kann, ohne das Ganze gleich für bare Münze zu nehmen.«

Denise, die den Blog 4thWaveNow gründete, nachdem ihre Tochter sich als trans identifiziert hatte, rät davon ab, den neuen Namen und die neuen Pronomina des Kindes zu übernehmen. Unsere Kinder »brauchen von uns einen Bezug zur Wirklichkeit, deshalb glaube ich nicht, dass Eltern alles mitmachen sollten, was ihre Kinder von ihnen fordern – etwa nach dem Motto: ›Ja, klar, was immer du willst. Männliche Pronomina, männlicher Namen.‹ Wie die Grenzen genau aussehen, muss aber jeder für sich selbst festlegen.«

Für diejenigen, die ihre Töchter einfach vor der schnell um sich greifenden sozialen Ansteckung bewahren wollen, habe ich noch einen Rat. Schulen, Lehrer und sogar Eltern anderer Kinder beflügeln diese Genderverwirrung zurzeit. Sich ihnen entgegenzustellen erfordert kein Studium der Psychologie, sondern vor allem gute Argumente. Sich auf einer Schulveranstaltung gegen Transgenderismus auszusprechen braucht es etwas, was mir als Journalistin ganz besonders am Herzen liegt: den Mut zur Wahrheit.

1. Kaufen Sie Ihrem Kind kein Handy

Eltern werden jetzt stöhnen und sich widersetzen. Eine völlig unmögliche Forderung, werden sie sagen. Wie soll ich einem pubertierenden Mädchen sein iPhone wegnehmen? Aber diese Empfehlung ist so offensichtlich, dass sie eigentlich selbstverständlich sein sollte. Sie drängt sich förmlich auf.

Beinahe jedes Problem, das Teenager heute plagt, kann man auf die Einführung des iPhones 2007 durch Steve Jobs zurückführen. Die Epidemie der Selbstverletzung, die wir heute unter Teenagern erleben, deckt sich so haargenau mit dem Siegeszug des Smartphones, dass Forscher wenig Zweifel daran haben. Hätte ich Ihnen 2007 gesagt, ein einziges Gerät würde eine explosionsartige Zunahme an Selbstverletzungen unter Teens und Twens auslösen, so hätten Sie vermutlich geschworen, Ihrem Kind niemals eines zu kaufen. Doch es ist anders gekommen: Mobbing, Ritzen, Magersucht, Depression und Transgenderismus lassen sich relativ eindeutig mit der Anleitung zu Selbstverletzung, Manipulation, Missbrauch und gnadenlosem Psychoterror verbinden, die ein einziges Smartphone mit sich bringen kann.

2. Geben Sie Ihre elterliche Autorität nicht auf

Sie sind nicht ohne Grund Eltern. Haben Sie keine Angst, sich zu wehren; Ihr weiblicher Teenager kann damit umgehen. Sie müssen nicht mit allem einverstanden sein, was sie sagt (auch nicht mit Behauptungen über ihre Sexualität oder Identität).

Viele Eltern, mit denen ich gesprochen habe, erzählten, sie hätten ihre (sagen wir mal) 13-jährige Tochter sofort unterstützt, als sie verkündete, sie sei lesbisch. Viele von ihnen hissten quasi eine Regenbogenfahne über ihrem Zuhause. Aber, ob Hetero oder Lesbe, eine 13-Jährige bleibt eine 13-Jährige. Unsere wahre Sexualität ist keine Identität, die wir uns im Internet aussuchen, sondern ein Gefühl der Zuneigung, das sich nach und nach herausbildet und weiterentwickelt. Um dies zu verstehen, müssen wir in die Welt hinausgehen und persönliche Erfahrungen mit anderen Menschen machen.

Laut Sasha Ayad haben viele Eltern heute Angst, ihre Teenager vor den Kopf zu stoßen, weil sie denken, es sei ihre Aufgabe, »dafür zu sorgen, dass ihr Kind die ganze Zeit über glücklich und ausgeglichen ist«. Doch das ist nicht nur ein unsinniges Ziel, sondern auch ein Missverständnis der turbulenten Phase der Adoleszenz. Teenager müssen wütend und emotional werden. Eltern müssen ihnen Grenzen setzen.

Wenn Sie sich mit Ihrer Jugendlichen streiten, wird sie vielleicht sauer auf Sie sein, aber auch merken, dass es eine Leitplanke gibt. Manchmal reicht es schon aus, um deren Existenz zu wissen. Vielleicht wird sie Ihnen sagen, sie hasse Sie, und glaubt das sogar. Aber auf einer tieferen Ebene könnte dadurch auch ihr Bedürfnis nach Rebellion und Selbstverwirklichung Futter bekommen. Wenn Sie durch endloses Einverständnis und Unterstützung alle Konflikte aus der Welt schaffen, ermutigen Sie sie vielleicht nur dazu, die Dinge noch weiter zuzuspitzen.

3. Unterstützen Sie die Genderideologie in der Schule ihrer Kinder nicht

Meine beste Freundin ging auf eine elitäre Mädchenschule in Washington, D.C. Einmal im Jahr wurde dort eine Veranstaltung zum Thema Essstörungen abgehalten. Für die paar Mädchen, die schon mit Magersucht zu kämpfen hatte, sei das vielleicht hilfreich gewesen, sagte sie mir wiederholt, doch für den Rest der Klasse eher wie ein Lehrseminar. »Ach, also so lässt man Mahlzeiten aus, ohne dass die Eltern es merken!«

Psychologen wissen es schon seit Jahren: Wenn man Magersüchtige zusammen auf einer Krankenstation unterbringt, kann sich die Magersucht hartnäckig halten.[269] Wie Autor Lee Daniel Kravetz schreibt, ist »Bulimie dermaßen ansteckend, dass Selbsthilfegruppen und Behandlungseinrichtungen, die den Patienten helfen sollen, zugleich primäre Verbreitungsfaktoren sind«.[270] Behandlungszentren können dabei helfen, Essstörungen zu heilen, aber sie können auch Vorbilder liefern und einen unbewussten Wettbewerb um die schlimmsten Symptome fördern, wodurch es dann allen schlechter geht.

Eine Schulveranstaltung nach dem Selbstmord eines Teenagers wird zwar das Bewusstsein dafür schärfen, möglicherweise aber um den

Preis weiterer Selbstmorde.[271] Dasselbe gilt für Depression, Ritzen – und für Transidentifikation.[272]

Eine kleine Anzahl von Schülern mag auf jeder Schule von Natur aus genderdesorientiert oder genderdysphorisch sein. Macht man dies aber zum Thema einer Versammlung, so stiftet man nur Verwirrung. Es gibt einfache Möglichkeiten, sich gegen Mobbing zu wehren, ohne die Genderideologie in den Vordergrund zu stellen: Man bestraft Mobbing einfach, und zwar egal, weshalb gemobbt wird. Es gibt keinen Grund, die Verwirrung zwischen den Geschlechtern zu schüren, nur um den Kindern zu vermitteln, wie wichtig es ist, *alle* anderen mit Anstand zu behandeln.

4. Führen Sie zu Hause die Privatsphäre wieder ein

Fast alle Eltern, mit denen ich gesprochen habe, erzählen, dass die Ankündigung ihrer Transgenderidentität auf den sozialen Medien einen Wendepunkt für ihre Töchter darstellte. Von da an wussten alle Bescheid, und auch wenn ihnen gelegentlich Zweifel kamen, fühlten sie sich jetzt festgenagelt. Eine solche Entscheidung kann man aber nicht mehr so leicht rückgängig machen.

Hören Sie deshalb auf, jeden Aspekt Ihres Lebens (und des Lebens Ihres Kindes) ins Netz zu stellen. Und hier kann ich nur meine eigene Heuchelei eingestehen, denn bevor ich dieses Buch schrieb, war mir mein Fehlverhalten in dieser Hinsicht nicht bewusst. Aber ein Kind hat das Recht, mit dem Klavierunterricht aufzuhören, ohne dass alle Welt fragt, warum. Es darf auch kurzzeitig verknallt sein und auf die Nase fallen, ohne all dies feierlich und mit öffentlichem Dekret zurückzunehmen.

Dasselbe gilt natürlich auch für Ankündigungen der Genderidentität – egal, ob schwul, lesbisch, hetero, trans oder was auch immer. Teenager mögen glauben, dass sie sich so zu Erwachsenen erklären, senden aber gleichzeitig ein Signal an tatsächlich Erwachsene, die sie sofort kontaktieren und unter dem Vorsatz, ihnen »Support« anzubieten, von ihnen zu profitieren. Verschicken Sie die Fotos vom Abschlussball per E-Mail, wenn es sein muss, aber posten Sie sie nicht auf sozialen Internetmedien vor wildfremden begierigen Augen. Finden Sie einen anderen Weg, um mit Menschen, die Ihnen wichtig sind, in Verbindung zu bleiben.

5. Erwägen Sie große Schritte, um ihre Tochter vor Schaden zu bewahren

Eines haben viele der Erfolgsgeschichten von Eltern gemeinsam, die es schafften, ihren Töchtern zu helfen, sich von ihren neuen Transidentitäten loszusagen: Sie unternahmen, wie sie mir erzählten, große Schritte, um ihre Töchter physisch aus jenen Schulen, Peergroups und Online-Communitys herauszuholen, die die selbstzerstörerischen Tendenzen ihrer Töchter befeuerten. Der Lebensweg von Chiara, den ich im letzten Kapitel erwähnt habe, änderte sich radikal, als ihre Mutter ihr einen Aufenthalt auf einer Pferderanch organisierte, wo es kein Internet gab. Brie aus Kapitel 5 kündigte ihren Job, um mit ihrer Tochter auf Reisen zu gehen, und zog dann in eine Stadt auf der anderen Seite der USA. Und eine weitere Familie brach, wie wir im Nachwort sehen werden, ihre Zelte ab und wechselte von einer linksprogressiven Stadt in eine Einwanderergemeinde mit konservativen Werten.

Das kann funktionieren. Wenn Sie feststellen, dass Ihre Tochter mitsamt ihren Kameradinnen in die Genderideologie abgetaucht ist, versuchen Sie, sie da herauszuholen. Sollte sie noch zu Hause wohnen, kann – vor allem im frühen Stadium der Transidentifikation – ein Umzug sehr hilfreich sein. Wohnt sie zum Studium bereits woanders, holen Sie sie nach Hause zurück. Eine Auszeit in der Familie und ein Reisejahr waren in mindestens einem Fall sehr effektiv. Am erfolgreichsten aber waren unter den Eltern, mit denen ich gesprochen habe, die wenigen, die sich die Mühe gemacht hatten, alles zusammenzupacken und an einen anderen Ort aufzubrechen. In fast allen Fällen gab die junge Frau dann auf. Nicht eine der Familien hat es bereut.

6. Hören Sie auf, das Mädchensein zu pathologisieren

2013 brachte ich ein Mädchen zur Welt. Sofort machten sich kleine Unterschiede zu ihren Brüdern bemerkbar – Dinge, die, wie ich später erfuhr, typisch für Mädchen sind. Zuneigung war ihr sehr wichtig. Sie kuschelte lieber, als dass sie gestillt wurde. Mit 4 Jahren verblüffte sie uns mit ihren sprachlichen Fähigkeiten und erwies sich bald als beeindruckende Imitatorin, die meine Sprachmuster nachahmte, wenn ihre Großeltern anriefen und sie das Telefon in die Hand bekam.

Sie hatte ein großes Einfühlungsvermögen. Oft fragte sie mich, wie denn mein Tag gewesen sei. Wenn sie mich schlafend auf der Couch vorfand, küsste sie mich auf die Stirn. Sie schien zu wissen, dass tief im Inneren dieser erwachsenen Frau noch immer ein kleines Mädchen schlummerte.

Mädchen sind anders. Nur weil es ihnen angesichts der Not und des Leids von Freunden manchmal an zielstrebigem Selbstinteresse fehlt, sind sie noch lange keine mit Mängeln behaftete Jungs. Sie verfügen über völlig andere Neigungen und Talente – eine ganze Bandbreite von Emotionen und Verständnisfähigkeiten, die Jungs im Allgemeinen nicht kennen. Wenn wir ihnen deshalb nur kein schlechtes Gewissen einreden würden!

Für Mädchen ist die Pubertät eine ganz besonders schwierige Zeit. Sie quellen nur so über vor lauter Emotionen, werden bockig und ticken aus wie wild gewordene Pferde. Wenn Eltern dann denken, irgendetwas stimme mit ihnen nicht, kann man ihnen das verzeihen. Vielleicht sogar, wenn sie ihre Töchter gerne auf Medikamente setzen würden, um ihre Stimmungsschwankungen auszugleichen und diese verrückten Pubertätsjahre etwas erträglicher zu machen. Es ist eine Art Dornröschenfantasie: Als könnte man ein Mädchen einfach in ein Schlafkoma versetzen, bis es eines Tages zu einer anmutigen Frau herangewachsen und bereit ist, ruhig und erfrischt wieder aufzuwachen. (In der Tat habe ich mich beim Schreiben dieses Buchs gefragt, ob der sehnliche Wunsch, einen widerspenstigen Teenager in ein kurzes Koma zu versetzen, nicht der eigentliche Ursprung von Schneewittchen, Dornröschen und ähnlichen Märchen ist.)

Das ist aber leider nicht möglich. Die aufbrausenden Emotionen einer jungen Frau in der Pubertät, der Wirbelsturm der Hormone und die Selbstzweifel, das alles ist vermutlich eingebaut und kein Konstruktionsfehler. Das soll nicht heißen, dass die Eltern keine Grenzen setzen oder Fehlverhalten bestrafen sollten. Aber wenn es nicht um ernsthafte psychische Probleme geht, sollten Eltern auch nicht danach streben, alle Höhen und Tiefen der Pubertät ihrer Tochter glattzubügeln.

Ihre Teenagertochter treibt Sie vielleicht in den Wahnsinn. Doch dieser Wahnsinn hat Methode. Vielleicht ist das für sie nur ein Betatest. Sie lässt ihre Muskeln spielen und entdeckt die Kraft und das Ausmaß ihrer intellektuellen und emotionalen Fähigkeiten, die sie in die Lage versetzen, eines Tages eine liebevolle Mutter und fürsorgliche Freundin zu sein.

Frauen haben tiefe Gefühle. Wir sind empathisch. Wenn man Männer nach ihrem besten Freund fragt, nennen die meisten ihre Ehefrauen, und die meisten Frauen eine andere Frau.[273] Soldaten schreiben ihrer Mutter aus dem Krieg. Und kleine Kinder rufen in der Nacht nur nach dieser einen Person.

Das Gefühlsleben einer Frau ist ihre Stärke. In der Jugend muss sie lernen, mit ihren überwältigenden Gefühlen klarzukommen, und wenn sie erwachsen ist, diese nicht verblassen zu lassen.

Wir müssen aufhören, Männer als das Maß aller Dinge zu betrachten – die Sprache, die sie verwenden, die Art von Karriere, die sie verfolgen, die offensichtliche Selbstsucht, auf die wir so unendlich neidisch sind. Wir geben Männern die Schuld, dass wir so sein wollen wie sie. Aber es ist unsere eigene Schuld.

7. Geben Sie es ruhig zu: Es ist toll, ein Mädchen zu sein

In meinem ersten Jahr an der Highschool war ich Stammtorwartin in meiner Fußballmannschaft, die schließlich die Meisterschaft gewann. Ich war keine großartige Spielerin, aber gut genug. Körperliche Angriffsbereitschaft kann im Mädchensport vieles kompensieren.

Aber dann veränderte sich etwas. Nichts Körperliches, nichts, was ich sehen konnte. Eine Art Bewusstsein stellte sich allmählich ein. Es war, als wäre ich eines Morgens aufgewacht und hätte gemerkt, dass die Brüste, der weiche Bauch, die Oberschenkel – und all das gehörte mir – meine Stärke kompromittierten. Wenn mich Männer anschauten, sahen sie nicht nur, was an meinem Körper dran war, sondern sie sahen *mich* an.

Diese ganzen Veränderungen riefen etwas in mir hervor, dass im sportlichen Wettbewerb fatal ist: Zweifel. Als ich in der zehnten Klasse wieder im Tor stand, dachte ich in dieser winzigen Sekunde, bevor der Ball den Fuß des Gegners verlässt, plötzlich an meine Nase, meine Brüste, meinen Bauch, all diese Stellen, die plötzlich verwundbar zu sein schienen. Ich hatte plötzlich Angst, verletzt zu werden. In der nächsten Saison stand ich nicht mehr im Tor.

In einem gewissen Sinne transitionieren wir alle, und das ist sogar unter den besten Umständen schwer. Man gibt dabei viel auf. Und man braucht Mut.

Eine Frau zu werden heißt, einen Körper einzubüßen, der in Sachen Kraft und Widerstandsfähigkeit kaum von dem eines Jungen zu unterscheiden ist und den man gegen einen Körper eintauscht, der weicher, sexuell attraktiver, aber auch verletzlicher ist. In den ersten Jahren kann man sich wie ein Einsiedlerkrebs fühlen, der sein Haus abgeworfen hat und blindlings nach einem neuen sucht. Der Panzer, den du dir zulegst, ist von einer anderen Art. Nie wieder wirst du dich mit einem Jungen im Armdrücken messen und dabei die Chance haben, zu gewinnen.

Du bist gezwungen, dich auf subtilere Talente zu verlassen, und entwickelst diese auch. Du lernst, mit einem Blick anzugreifen oder zu trösten. Wenn du es richtig anstellst, füllst du deinen Köcher mit Worten, Witzen, Intrigen und Gefühlen. Du verbringst dein Leben damit zu lernen, wie man wann und welche weiblichen Waffen mit größtmöglichem Effekt einsetzt – und wann nicht.

Aber egal, welche Art von Frau ein junges Mädchen wird, sie sollte auf jeden Fall auf die Feministinnen früherer Zeiten hören und Sexstereotypen nicht so ernst nehmen. Eine junge Frau kann heute Astronautin oder Krankenschwester werden. Ein Mädchen kann mit Puppen oder Lastwagen spielen. Und sie kann sich zu Männern oder zu anderen Frauen hingezogen fühlen. Nichts davon macht sie weniger zu einem Mädchen oder weniger geeignet für das Frausein.

Jungen Frauen stehen in Bildung und Karriere mehr Optionen zur Verfügung als je zuvor. Denken Sie daran, Ihrer Tochter dies zu sagen. Und sagen Sie ihr auch, dass die einzigartige Fähigkeit einer Frau – das Gebären eines Kindes – vielleicht das größte Geschenk des Lebens ist.

Was immer Sie Ihrer Tochter beibringen, vergessen Sie nicht, ihr das Allerwichtigste zu sagen. Sagen Sie es ihr, weil die Gesellschaft es so oft bestreitet. Sagen Sie es ihr, weil man versuchen wird, sie zum Opfer zu stilisieren. Sagen Sie es ihr, weil es natürlich ist, an sich zu zweifeln. Und sagen Sie es ihr vor allem, weil es wahr ist:

Sie hat Glück. Denn sie ist etwas ganz Besonderes: ein Mädchen. Und eine Frau zu sein ist ein Geschenk, das viel zu viele Freuden enthält, um es sich entgehen zu lassen.

Warum das wichtig ist

Im Oktober 2019 hatte ich den Großteil der Interviews für dieses Buch abgeschlossen. Und obwohl mich diese leid- und qualvollen Geschichten immer wieder berührten, gewöhnte ich mich an sie. Mir stockte nicht mehr der Atem und kamen keine Tränen mehr. Doch ich werde nie das Bild des Unterarms einer jungen Frau vergessen, dem für eine Phalloplastik Haut entnommen worden war. Ihrer Nerven, Venen und Fettgewebe beraubt, klebten nur noch hauchdünne, runzlige Hautreste wie Zellophan am Knochen. Und die verzweifelten Zeugenaussagen jener Menschen, die sich dieser mittelalterlich anmutenden Praxis unterzogen hatten, nur um dann zu dem Entschluss zu kommen, dass sie einen Fehler gemacht hatten,[274] waren mehr als genug, um meine Gedanken wie eine zerkratzte CD aus der Bahn zu werfen und sich sogar den Weg in meinen Schlaf zu bahnen.

Irgendwann aber hatte ich es mehr oder weniger geschafft, mit den Fakten eines verwirrenden Wahnsinns zu leben, an dem ich nicht persönlich beteiligt war. Wie bei jedem Thema, über das man berichtet, gewöhnt man sich allmählich daran.

Doch dann kam eine gute alte Freundin in die Stadt und fragte, ob ich mit ihr zum Essen gehen wolle. Nach einer Weile wurde mir klar, dass sie es vermied, über mein Vorhaben zu sprechen. Um die Spannung zu lösen oder den Elefanten im Raum wenigstens zu benennen, erwähnte ich dieses Buch. Da wurde sie sofort wütend. Sie sagte, es würde Transmenschen verletzen, die schon genug auszuhalten hätten, und wahrscheinlich hätte ich ihnen bereits geschadet. Sie wollte wissen, warum ich so etwas täte. Von all den Themen der Welt, über die man schreiben kann, warum ausgerechnet dieses? Transmenschen könnten sich infolge meiner Schreibtätigkeit etwas antun. Warum konnte ich sie nicht einfach in Ruhe lassen?

Da ich diese Freundin sehr liebe und bewundere, hat mich dieses Gespräch erschüttert. Natürlich hasste ich den Gedanken, dass meine Recherchen über eine psychische Epidemie, die die westliche Welt erfasst hatte, Menschen schaden könnte. Ich bringe den Transgendererwachsenen, die ich interviewt habe, den allergrößten Respekt entgegen. Sie zählen zu den nachdenklichsten, anständigsten und nüchternsten Menschen, die ich im Laufe der Recherche an diesem Buch kennengelernt habe.

Genauso machte ich mir jedoch Sorgen über eine andere Personengruppe, die ich für noch gefährdeter hielt. Eine Gruppe, die wir in unserem Streben nach Identitätspolitik und progressivem Gutmenschentum offenbar im Stich gelassen haben. Eine Gruppe, die uns eigentlich stolz machen müsste, die stattdessen aber am Rande der Verzweiflung und kurz vor einer Katastrophe zu stehen scheint: Teenagermädchen. Sie sind die Hüterinnen unserer Zukunft – wenn sie nur nicht dabei wären, sich selbst zu zerfleischen.

Die Besorgnis über Jugendliche, die sich plötzlich als Transgender identifizieren, ist zu etwas politisch Unklugem und gesellschaftlich Verbotenem geworden – per Definition hassenswert und angeblich ein Angriff auf alle Transgendermenschen, ob sie es nun von Haus aus sind oder diese Identität nur als Ersatz gewählt haben. Aber natürlich hat die soziale Ansteckung, die Teenager erfasst, nichts mit denjenigen zu tun, die seit ihrer Kindheit unter Geschlechtsdysphorie leiden und sich im Erwachsenenalter ein transsexuelles Leben aufgebaut haben.

Die Fanatiker – ob transgender oder nicht transgender – machen sich einen ehrlichen Kampf, den einige wenige führen, zunutze, um jeden zu schikanieren, zu belästigen und zu bekehren, der auf die Verrücktheit hinweisen könnte, die unsere verzweifelte Jugend plötzlich in ihren Bann zieht. Viele Transerwachsene, mit denen ich gesprochen habe, haben sich für die radikalen Transaktivisten entschuldigt, die behaupten, in ihrem Namen zu sprechen. Man muss sich immer vor Augen halten, dass die Aktivisten stets die extremsten Mitglieder einer Gruppe sind.

Alle Institutionen, die wir aufgebaut haben, damit sie junge Menschen vor irreparablen Fehlern beschützen, haben sie im Stich gelassen. Universitäten, Schulen, Ärzte, Therapeuten und sogar Kirchen haben sich von einer verbissenen Ideologie vereinnahmen lassen, die vorgibt, für eine wichtigere Kategorie von Opfern zu sprechen.

Jene Mädchen, denen das Versprechen einer Metamorphose verkauft wurde, halten jetzt die Quittung in den Händen. Aber sie haben noch einen letzten Vorzug: ihre Eltern, die nie aufgehört haben, sich zu sorgen, und immer noch auf einen Anruf hoffen. Soweit ich das beurteilen kann, läuft dieser Kreditkarte nie ab.

Solltest du ein Transteen sein, der seiner Familie den Rücken gekehrt hat und jetzt aus irgendeinem Grund dieses Buch liest: Ich weiß, dass deine Eltern nicht die »Glitzerfamilie« sind, die du dir vielleicht erträumt hast. Sie hängen weiterhin an dem Geburtsnamen, den sie dir dummerweise gegeben haben, als sie dich zum ersten Mal im Arm hielten, weil Eltern das seit Menschengedenken eben so machen. Und obwohl du es ihnen oft erklärt hast, verstehen sie den Unterschied zwischen »genderqueer« und »transgender« immer noch nicht. Ja schlimmer noch, sie werden dich vielleicht nie als das Geschlecht betrachten, dass du gerne sein würdest.

Doch selbst wenn du »cis« und 10 Jahre älter wärst und Kinder hättest, würden sie dir wahrscheinlich genauso sagen, dass du alles falsch machst. Wenn Eltern zu dumm sind, um zu merken, dass ihre Kinder an einem gewissen Punkt erwachsen geworden sind, dann befinden sie sich zumindest in guter Gesellschaft. Denn diese Aufgabe, über dein Leben zu wachen, die sie in der Stunde deiner Geburt auf sich genommen haben, ist ziemlich schwer abzuschütteln.

Vielleicht haben deine Freunde und deine Therapeuten recht: Deine Eltern sind »toxisch« geworden und den Ärger, den sie dir bereiten, nicht wert. Es sind bloß Loser, die bei jedem Albtraum, den du hattest, zu dir ins Bett gekrochen kamen und klaglos eine weitere schlaflose Nacht auf sich genommen haben – um das Ganze in der nächsten Nacht noch einmal zu wiederholen. Sie hielten deinen zappelnden Körper bei jeder Spritze und jeder Wundnaht und verbrachten zahllose Nächte damit, dem Geräusch deines Atems zu lauschen.

Sie haben jede Menge verbockt. Sie waren viel zu aufgeregt wegen deiner Schulaufführung in der sechsten Klasse, als dass sie dein gebrochenes Herz hätten mitkriegen können. Und jetzt, wo du sie nicht mehr brauchst, scheinen sie – hilflos und gelähmt, wie sie sind – nicht loslassen zu können. Natürlich sollten sie dich als den Erwachsenen sehen, der du inzwischen geworden bist. Stattdessen sehen sie, wenn sie dich anschauen, ihre ganze Welt.

Vielleicht werden sie dich nie verstehen. Vielleicht weißt du, wie du leben willst, und tust es bereits. Dann hast du ja nichts mehr zu verlieren. Wie wäre es, wenn du sie mal anrufst?

Das Update

Lucy

Nach 3 Monaten auf Testosteron hörte Lucy (aus der Einleitung dieses Buches) damit auf. Es hatte aber ausgereicht, um ihre Stimme für immer zu verändern, und sie fühlte sich so schrecklich, dass sie das Ganze hinter sich lassen wollte. Dann brach sie die Schule ab, um als »Transmann« mit einer biologischen Frau als »Freundin« zusammenzuleben, beendete diese Beziehung aber wieder, um in die Schule zurückzukehren. Mittlerweile identifiziert sie sich nicht mehr als »Transmann«, hat mit 23 Jahren ein Studium begonnen und ihre Kurzhaarfrisur bunt gefärbt.

Ich habe ihrer Mutter dazu gratuliert, dass Lucy wieder studiert und kein Testosteron mehr nimmt. Ihrer Mutter schien jedoch noch nicht zum Feiern zumute. Lucy hatte immer noch das Transgenderzeichen-Tattoo auf dem Unterarm. Seit sie wieder studiert, lebt ihre Mutter in ständiger Angst, sie könnte es sich anders überlegen und erneut mit der Testosterontherapie beginnen.

Momentan scheint es Lucy jedoch besser zu gehen. Sie hat einen Notendurchschnitt von 1,0, und ihre Beziehung zu ihren Eltern ist weniger konfrontativ, solange das Genderthema vermieden wird. Sie gehört der »Queer«-Community ihrer Uni an. Ihre Mutter muss wohl noch ein paar Jahre lang die Luft anhalten.

Julie

Julie – die aufstrebende Balletttänzerin und Tochter zweier Mütter – begann mit einer Testosterontherapie und unterzog sich einer Brustentfernung. Nachdem sie 2 Jahre lang kein Wort mit ihrer Mutter Shirley gewechselt hatte, nahm sie einmal im Monat Kontakt zu beiden Müttern auf. Sie hat nie ein College besucht und arbeitet immer noch in einem Restaurant, wurde aber von der Kellnerin zur Vorköchin befördert.

Sie tanzt jetzt in einem Ensemble, in dem sie als Mann auftreten darf, und hat ihre Mütter zu den Aufführungen eingeladen. Shirley fiel es schwer, sie auf der Bühne zu erkennen. Beide Mütter gratulierten ihr jedoch zu ihrem Auftritt.

An ihrem Geburtstag ging Julie mit ihrer Mutter Shirley spazieren. »Ich gab mir alle Mühe, ja nichts zu sagen, was sie aus der Ruhe hätte bringen können«, gestand ihre Mutter. Als ihre Mutter die Gefahren der langfristigen Testosterontherapie anzusprechen versuchte, verweigerte Julie das Gespräch. Mit 20 Jahren ist Julie immer noch felsenfest überzeugt, ein Transmann zu sein, ist dabei aber weniger konfrontativ.

Shirley wird von all den Dingen umgetrieben, die sie ihrer Tochter gerne sagen würde. Aber sie weiß sich glücklich zu schätzen, dass Julie überhaupt wieder mit ihr spricht. »Nicht alle Eltern können das von sich sagen.«

Sally

1½ Jahre nachdem Sally ihr Studium abgeschlossen hatte, sah es für sie ziemlich düster aus. Die ehemalige Schulmeisterschaftsschwimmerin und Elitestudentin lehnte jeden Kontakt zu ihren Eltern ab. Sie ließ ihren Namen amtlich ändern und tauschte den Namen ihrer Großmutter gegen »irgendeinen Meme-Namen aus dem Internet« ein, wie es ihre Mutter nannte. Laut ihrem Instagram-Account verbrachte sie ziemlich viel Zeit mit Kiffen und ließ sich mehrfach großflächig tätowieren. »Sie sieht aus wie ein Knacki«, äußerte sich ihre Mutter Mary zu den Onlinebildern.

Thanksgiving und viele Geburtstage kamen und gingen, ohne dass sich Sally gemeldet hätte. In den sozialen Medien verkündete sie, dass ihre eigentliche Familie jetzt ihre »queere Familie« sei. Mary war außer sich. »Ich würde ihr so gerne sagen: ›Du bist so was von blauäugig. Das hier sind doch deine Blutsverwandten – wir sind die Menschen, die für dich da sein werden.‹ Ich bin *immer* noch für sie da. Wie schrecklich sie auch war, wenn sie zurückkäme und sagte, ich brauche Hilfe oder Geld oder Unterstützung, dann würden wir sofort aufspringen.«

Marys Mann Dave wurde schwer krank, was Mary Sally über einen Bruder ausrichten ließ. Trotzdem hörten sie nichts von Sally.

Einige Monate später nahm Sallys drogenabhängiger Bruder eine massive Überdosis. Es war nicht zu erwarten, dass er sich davon erholen würde. Als Sally davon erfuhr, rief sie ihre Mutter an.

Mary erkannte Sallys Stimme zuerst nicht, da diese durch das Testosteron tiefer geworden war. Aber Mary freute sich sehr, von ihr zu hören. »›Mir wurde klar, dass ich immer nur eine Mutter haben werde,‹ sagte sie.«

Sally besuchte ihre Mutter einige Male und nahm sogar an einem Brunch mit Marys Arbeitskollegen teil. Als Mary sie mit ihrem Vornamen vorstellte, korrigierte Sally sie nicht – auch nicht, als Mary die Pronomina »sie« und »ihr« benutzte. Tatsächlich erfuhr Mary, dass Sally auch bei der Arbeit ihren ursprünglichen Vornamen und die weiblichen Pronomina verwendete. Sie scheint in Moment kein Testosteron zu nehmen. Die einzige auffällige körperliche Veränderung an ihr ist momentan die tiefere Stimme, offensichtlich hat sie sich keiner Brustentfernung unterzogen. Sie spricht davon, sich an einer Hochschule zu bewerben.

Was das alles zu bedeuten hat, wagt Mary nicht zu fragen. Im Moment ist sie einfach nur dankbar, wieder mit ihrer Tochter in Kontakt zu sein. Es ist ihr nicht entgangen, dass diese Entspannung kurz nach Sallys fünfundzwanzigstem Geburtstag stattgefunden hat – in jenem Alter, in dem der präfrontale Kortex angeblich seine Reife erreicht. »Ist das nicht verrückt?«, sagte Mary und lachte.

Gayatri

Gayatris indisch-amerikanische Eltern kamen zu dem Schluss, dass ihr Integrationsexperiment ein Fehler gewesen ist. Sie verließen mit der ganzen Familie die politisch eher als progressiv einzuordnende amerikanische Stadt, in der sie gewohnt hatten, und zogen auf die andere Seite des Landes in eine Stadt, wo sie indische Verwandte hatten und mit der indischen Community in Kontakt treten konnten.

Der Umzug hatte im Prinzip den gewünschten Effekt. Gayatri legte ihre »Transidentität« mehr oder weniger ab. Sie meldeten sie unter ihrem Geburtsnamen an der Schule an, den sie noch nicht geändert hatte. (Im Onlineaustausch mit ihren alten Freunden blieb sie allerdings bei ihrer Queeridentität und bezeichnet sich ihren Eltern gegenüber als »bisexuell«.) Beim Umzug hatte ihre Mutter heimlich ihren Abbinder weggeworfen, und Gayatri hat sich noch keinen neuen besorgt. Sie trägt sogar wieder Röcke. Es ist eine Weile her, dass Gayatri über Hormone geredet hat.

Joanna

Joanna unterzog sich im letzten Collegejahr einer Mastektomie und hat seither ihre Arme voller Tätowierungen. Nach dem Studium absolvierte sie ein einjähriges Praktikum, das gerade zu Ende gegangen ist. Sie hat immer noch eine enge Beziehung zu ihren Eltern, was viele Vorteile mit sich bringt, unter anderem den, dass ihre Eltern sie finanziell unterstützen.

Ich sprach mit Rachelle kurz nach den Winterferien, in denen Joanna nach Hause gekommen war. »Sie haben eine Woche hier verbracht und sind gerade abgereist«, sagte mir Rachelle.

»Wer war denn noch dabei?«, fragte ich dummerweise.

»Ach so, ich benutze die Präpositionen ›sie/ihnen‹«,[275] antwortete ihre Mutter und senkte ihre Stimme. »Ich sage nicht so gerne ›er‹«, gestand sie im Flüsterton wie eine Geisel am Telefon.

Richard hilft »ihnen« einen Job zu finden. Doch nach langem Kampf gegen die Arbeitslosigkeit hat Joanna beschlossen, dass »transgender« vielleicht nicht der wichtigste Begriff in ihrem Lebenslauf sein sollte.

Joanna scheint mit ihrer Genderidentität glücklich, wenn auch nicht unbedingt in ihr gefestigt zu sein. Sie trägt jetzt wieder Make-up, wodurch sie ein bisschen wie ein »Zwitterwesen« aussieht, wie ihre Mutter sagt. Rachelle weiß nicht so recht, was sie davon halten soll. Aber das ist vielleicht der Sinn der Sache.

Meredith

Im Juniorjahr an ihrer Eliteuni begann sich Meredith bei ihren Eltern über chronische Bauchschmerzen zu beklagen. Ihre Mutter deutete das als Hilferuf und bot ihr an, nach Hause zu kommen. Dass Meredith den Abschluss vielleicht nicht erreichen würde, kümmerte niemanden, nicht einmal Meredith, die sagte, der ganze akademische Druck habe ihr den Spaß verdorben. Eine Reihe von Ärzten bestätigte, dass mit Meredith physisch alles in Ordnung sei, aber angesichts der Unterleibschmerzen gab sie den Abbinder auf.

Meredith nimmt immer noch Testosteron. Sie machte das zur Bedingung, als sie nach Hause zurückkam, auch wenn ihre Eltern nicht mehr dafür zahlen wollten (»Wir bezahlen dir ja auch kein Heroin«, soll laut der Mutter der Vater gesagt haben.) Ihre Eltern haben das vorerst akzeptiert. Sie warten auf die richtige Gelegenheit, es zu thematisieren.

Hat Merediths Mutter noch einen Rat für andere Eltern? »Ich denke«, sagt sie, »ich würde sagen: Bleibt in Kontakt. Und das haben wir getan, wir haben nie eine Woche lang gar nicht mit ihr gesprochen, normalerweise waren es sogar ein paar Mal pro Woche, aber vielleicht hätten wir es noch öfter tun sollen. Womöglich hätten wir sie im September auch zweimal besuchen sollen. Anderen Eltern würde ich nur raten, *wirklich* in Kontakt zu bleiben. Es wundert mich, wie schlecht manche Kids auf das College vorbereitet sind.«

Danksagung

Wenn man mit Freunden einen Blitzableiter aufstellt und das fotografisch festhalten will, stellt man sie dann direkt neben den Blitzableiter oder lässt sie vorsichtshalber einen großen Schritt zurücktreten? Ohne die Hilfe vieler hätte ich dieses Buch nicht schreiben können. Manche werden hier namentlich erwähnt, andere nicht – sie sind aber nicht in Vergessenheit geraten.

Mein großartiger Agent, Glen Hartley, hat sich von Anfang an für dieses Buch eingesetzt. Er half mir, an der Wahrheit dranzubleiben, und sagte mir immer die Meinung – ein wahrhaftiger Freundschaftsbeweis. Er und Lynn Chu sind ein unschlagbares Team.

Die Frauen und Männer beim Regnery-Verlag haben sich mutig und tapfer an Themen herangewagt, vor denen andere zurückscheuten. Tom Spence war geduldig und einfühlsam, und ich schätze mich glücklich, ihn zu kennen. Elizabeth Kantor ist eine brillante Lektorin; dass sie auch als meine Therapeutin einsprang, hat uns beide überrascht. Von Anfang an hatte John Caruso eine geniale Vision für das Cover. Kathleen Curran bewahrte mich vor Fehlern. Alyssa Cordova hat das Buch geschickt beworben, und Gillian Richards als Faktencheckerin wertvolle Arbeit geleistet.

Dieses Buch wäre nicht möglich gewesen ohne die Unterstützung des *Wall Street Journal*, auf dessen Seiten es entstanden ist. James Tarano ist der beste Redakteur und Mensch. Matthew Hennessey hat mich oft davon abgehalten, mit Speiseresten zwischen den Zähnen in die Welt hinauszugehen. Bill McGurn bot mir seine Freundlichkeit und Unterstützung an. Mary Kissel rettete mich aus der Versenkung und wurde eine gute Freundin.

Die Doktoren und Doktorinnen Kenneth Zucker, Lisa Littman, Ray Blanchard, Paul McHugh, Will Malone, Michael Laidlaw, Patrick Lappert, J. Michael Bailey, Paul Hruz und Lisa Marchiano ergänzten geduldig mein mangelndes Wissen über Genderdysphorie, menschliche Psychologie, Anatomie und Endokrinologie. Prof. Heather Heying lieferte tiefe Einsicht in die heutige Universitätskultur. Viele von ihnen waren großzügigerweise dazu bereit, Kapitel dieses Buchs gegenzulesen. Sämtliche Fehler, die sich dennoch eingeschlichen haben, gehen auf meine Kappe.

Brenda Lebsack, Raechel Olson, Linda Cone und Gracey van der Mark öffneten mir ihre Türen und halfen mir, Dokumente über jene extreme Genderideologie aufzuspüren, die Kindern vom öffentlichen Schulsystem in Kalifornien aufgezwungen wird, das ihnen eigentlich dienen sollte. Damit gingen sie persönlich ein großes berufliches Risiko ein. Sie taten es für die Kinder Amerikas.

Allen Estrin und Marissa Streit wurden nicht müde, mich zu unterstützen. Ich bin dankbar für ihre Hilfe und ihre Freundschaft. Lange bevor die meisten Menschen in den Medien bereit waren, diesen Wahnsinn anzuerkennen, lud mich Candace Owens freundlicherweise in ihre Sendung ein, um darüber zu sprechen.

Ich schulde vielen Freunden und Familienmitgliedern Dank für ihre Ermutigungen sowie das Zusenden von Artikeln. Ich lasse ihre Namen weg, weil dieselbe Welt, in der wir uns an Freundschaften erfreuen, offenbar auch voller Verrückter ist. Mein Dank gilt auch denjenigen, die bereits in der Klemme sitzen und mir dennoch Ermutigung und Hilfe angeboten haben: Emily Zinos, Hacsi Horvarth, Walt Heyer, Julia D. Robertson, Kara Dansky, Julia Beck, Dr. Marian Rutigliano, Brandon Showalter und Madeleine Kearns.

Brie Jontry war unendlich großzügig; Denise sprühte vor Einsicht. »Miz Nobis«, »Emma Zane«, »Katherine Cave«, Barbara Price und so viele Mütter und Väter haben sich gemeldet, mir ihr Fachwissen zur Verfügung gestellt, Unmengen von Artikeln geschickt und bei der Analyse von Daten geholfen. Sie haben ihre tiefsten Ängste mit mir geteilt, ohne einen anderen Grund als die Aussicht, anderen helfen zu können. Ich hoffe, ich konnte ihr Vertrauen rechtfertigen.

Sue Zuckerman hat mir alles beigebracht, was ich über Journalismus weiß.

Mein Vater lehrte mich das Schreiben. Ob burschikos und unbeholfen, ängstlich und voller Wut – in jeder Phase, die ich durchlaufen habe, wusste ich, weil er es mich wissen ließ, dass ich stets sein Mädchen bleiben würde. Meine Mutter hat mir während des gesamten Projekts und, solange ich zurückdenken kann, immer geholfen und mich unterstützt. Ich kann über ihre Energie, ihren Elan, ihren Mut und ihre Anmut, die sie auch unter Druck bewahrt, nur staunen. Meine Schwiegereltern sind Vorbilder an Anstand und Großzügigkeit. Ich werde für ihre Liebe immer dankbar sein.

Mein Ehemann vollbringt täglich das Wunder, mich nicht anders haben zu wollen, als ich bin. Er hat jedes Wort in diesem Buch gelesen und an jedem Gedanken mitgefeilt – und noch viel mehr als das: Denn mit dem Versprechen, dass ich nicht alleine bin, ermöglichte er es mir, all diesen prüfenden Blicken und enorm viel Hass standzuhalten.

J, R & D: Ihr habt für dieses Buch bezahlt, denn ich war sehr abgelenkt und musste euch oft ins Bett zurückschicken, damit ich weiterarbeiten konnte. Ich weiß, dass es ein Rätsel für euch ist, weshalb ich so viel Zeit mit den Geschichten von Eltern und Kindern verbracht habe, die wir überhaupt nicht kennen. Ich kann euch nur sagen, dass ich nie diejenige war, die euch wieder zusammenflicken konnte, wenn ihr verletzt wart, euch die Torah beizubringen vermochte, wie es andere taten, oder lebensrettende Operationen durchführen konnte, als wir sie brauchten. Bei all dem haben wir uns auf die Eltern anderer Kinder verlassen. Dieses Buch steht für das, was ich zu tun weiß. Vielleicht genügt das. Denkt immer daran, dass es sich lohnt, für das Beste im Leben zu kämpfen. Und fürchtet euch nie vor der Wahrheit.

Ausgewählte Bibliografie

Anderson, Ryan T.: *When Harry Became Sally: Responding to the Transgender Moment*, Encounter Books, New York, NY, 2018.

Bailey, J. Michael: *The Man Who Would Be Queen: The Science of Gender-Bending and Transsexualism*, Joseph Henry Press, Washington, D.C., 2003.

Colapinto, John: *As Nature Made Him: The Boy Who Was Raised as a Girl*, HarperCollins Publishers, New York, NY, 2000.

Flanagan, Caitlin: *Girl Land*, Little, Brown and Company, New York, NY, 2013.

Frances, Allen: *Saving Normal: An Insider's Revolt Against Out-of-Control Psychiatric Diagnosis, DSM-5, Big Pharma, and the Medicalization of Ordinary Life*, HarperCollins Publishers, New York, NY, 2013.

»Gender Identity Disorder« in: *DSM-IV: Diagnostic and Statistical Manual of Mental Disorders*, 4. Auflage, American Psychiatric Association, Washington, D.C., 1994.

»Gender Dysphoria« in: *DSM-5: Diagnostic and Statistical Manual of Mental Disorders*, 5. Auflage, American Psychiatric Association Washington, D. C., 2013.

Kravetz, Lee Daniel: *Strange Contagion: Inside the Surprising Science of Infectious Behaviors and Viral Emotions and What They Tell Us about Ourselves*, HarperCollins Publishers, New York, NY, 2017.

Lukianoff, Greg, Haidt, Jonathan: *The Coddling of the American Mind: How Good Intentions and Bad Ideas Are Setting Up a Generation for Failure*, Penguin Press, New York, NY, 2018.

McHugh, Paul R.: *Try to Remember: Psychiatry's Clash Over Meaning, Memory and Mind*, Dana Press, New York, NY, 2008.

Penrose, Lionel S.: *On the Objective Study of Crowd Behaviour*, H. K. Lewis & Co., London 1952.

Steele, Shelby: *White Guilt: How Blacks and Whites Together Destroyed the Promise of the Civil Rights Era*, HarperCollins Publishers, New York, NY, 2006.

Twenge, Jean M.: *iGen: Why Today's Super-Connected Kids Are Growing Up Less Rebellious, More Tolerant, Less Happy – and Completely Unprepared for Adulthood.* Simon & Schuster, New York, NY, 2017.

Watters, Ethan: *Crazy Like Us: The Globalization of the American Psyche*, Simon & Schuster, New York, NY, 2010.

Endnoten

Sämtliche Links in den Quellenangaben waren bei Redaktionsschluss online zugänglich. Möglicherweise haben Seitenbetreiber in der Zwischenzeit Links hinter einer Paywall versteckt. Dies liegt nicht im Verantwortungsbereich von Autoren und Verlag. Für Links, die nach der Veröffentlichung von den Seitenbetreibern gelöscht oder verändert wurden, übernehmen Autor und Verlag keine Verantwortung. Manche verlorenen Links können mithilfe der Wayback Machine im Internet Archive aufgefunden werden: *archive.org/web/*.

1   Joel, Billy: »She's Always a Woman to Me« aus dem Album: *The Stranger*, 29. September 1977; *www.billyjoel.com/song/shes-always-woman-6/*.

2   Beck, Julie: »›Americanitis‹: The Disease of Living Too Fast« in: *The Atlantic*, 11. März 2016; *www.theatlantic.com/health/archive/2016/03/ the-history-of-neurasthenia-or-americanitis-health-happiness-and-culture/ 473253/*.

3   Watters, Ethan: *Crazy Like Us: The Globalization of the American Psyche*, Simon & Schuster, New York, NY, 2010, S. 34.

4   McHugh, Paul M.: *Try to Remember: Psychiatry's Clash over Meaning, Memory, and Mind*, Dana Press, New York, NY, 2008, S. 69. (Wobei anzumerken ist, dass Patienten mit dem False-Memory-Syndrom beziehungsweise Erinnerungsverfälschung überwiegend Frauen sind.)

5   Van Deven, Mandy: »How We Became a Nation of Cutters« in: Salon, 19. August 2011; *www.salon.com/2011/08/19/tender_cut_interview/.*

6   Bartholomew, Robert: »Why Are Females Prone to Mass Hysteria?« in: *Psychology Today*, 31. März 2017; *www.psychologytoday.com/us/blog/ its-catching/201703/why-are-females-prone-mass-hysteria.*

7   Singman, Brooke: »New California Law Allows Jail Time for Using Wrong Gender Pronoun, Sponsor Denies That Would Happen« in: Fox News, 9. Oktober 2017; *www.foxnews.com/politics/new-california-law-allows-jail- time-for-using-wrong-gender-pronoun-sponsor- denies-that-would-happen.*

8   Blackman, Josh: »The Government Can't Make You Use ›Zhir‹ or ›Ze‹ in Place of ›She‹ and ›He‹« in: *Washington Post*, 16. Juni 2016; *www.washingtonpost.com/news/ in-theory/wp/2016/06/16/the-government- cant-make-you-use-zhir-or-ze-in-place-of-she-and-he/.*

9   Siehe *Diagnostic and Statistical Manual of Mental Disorders*, 4. revidierte Auflage, American Psychiatric Association, 2000, S. 579.

10   Zucker, Kenneth J.: »The Myth of Persistence: Response to ›A Critical Commentary on Follow-Up Studies and Desistance Theories about Transgender and Gender Non-Conforming Children‹ by Temple New- hook et al. (2018)« in: *International Journal of Transgenderism*, Mai 2018; siehe auch Ristori, Jiska, Steensma, Thomas D.: »Gender Dysphoria in Childhood« in: *International Review of Social Psychiatry*, 28, Nr. 1, 2016, S. 13–20.

11   Graaf, Nastasja M., u. a.: »Sex Ratio in Children and Adolescents Referred to the Gender Identity Development Service in the UK (2009–2016)« in: Archives of Sexual Behavior, 47(1), April 2018; *www.researchgate.net/ publication/324768316_Sex_Ratio_in_Children_and_Adolescents_Referred_ to_the_Gender_Identity_Development_Service_in_the_UK_2009-2016.*

12   Parekh, Ranna, u. a.: »What Is Gender Dysphoria?« in: American Psychiatric Association, Februar 2016 (*DSM-5*-Eintrag über »Gender Dysphoria«); *www.psychiatry.org/patients-families/gender-dysphoria/ what-is-gender-dysphoria.*

13   Twenge, Jean: »Teens Have Less Face Time with Their Friends – And Are Lonelier Than Ever« in: *The Conversation*, 20. März 2019; *theconversation.com/teens-have-less-face-time-with-their-friends-and-are- lonelier-than-ever-113240.*

14   Wind, Rebecca: »U. S. Teen Pregnancy, Birth and Abortion Rates Reach Historic Lows« in: Guttmacher Institute, 5. Mai 2014; *www.guttmacher.org/news-release/2014/us-teen-pregnancy-birth-and- abortion-rates-reach-historic-lows.*

15   Boonstra, Heather D.: »What Is Behind the Declines in Teen Pregnancy
     Rates?« in: Guttmacher Institute, 3. Dezember 2014; *www.guttmacher.org/
     gpr/2014/09/what-behind-declines-teen-pregnancy-rates*.

16   Twenge, Jean M.: *iGen: Why Today's Super-Connected Kids are Growing Up
     Less Rebellious, More Tolerant, Less Happy — and Completely Unprepared
     for Adulthood*, Simon and Schuster, New York, NY, 2017.

17   Twenge, Jean M.: »Teens Have Less Face Time with Their Friends – And
     Are Lonelier Than Ever« in: *The Conversation*, 20. März 2019;
     *theconversation.com/teens-have-less-face-time-with-their-friends-and-are-
     lonelier-than-ever-113240*.

18   Boonstra, Heather D.: »What Is Behind the Declines in Teen Pregnancy
     Rates?« in: Guttmacher Institute, 3. Dezember 2014; *www.guttmacher.org/
     gpr/2014/09/what-behind-declines-teen-pregnancy-rates*.

19   JRE Clips: »Joe Rogan & Jonathan Haidt – Social Media is Giving Kids
     Anxiety« auf: YouTube, 7. Januar 2019;
     www.YouTube.com/watch?v=CI6rX96oYnY; siehe auch: Lukianoff, Greg,
     Haidt, Jonathan: *The Coddling of the American Mind: How Good Intentions
     and Bad Ideas Are Setting Up a Generation for Failure*, Penguin Press,
     New York, NY, 2018, S. 160 f.

20   Resnick, Brian: »Have Smartphones Really Destroyed a Generation?
     We Don't Know« in: Vox, 16. Mai 2019; *www.vox.com/science-and-health/
     2019/2/20/18210498/smartphones-tech-social-media-teens-depression-
     anxiety-research*.

21   Levine, David: »Why Teen Girls Are at Such a High Risk for Depression«
     in: *U. S. News*, 22. August 2017; *health.usnews.com/health-care/
     patient-advice/articles/2017-08-22/why-teen-girls-are-at-such-a-high-risk-
     for-depression*.

22   JRE Clips: »Joe Rogan & Jonathan Haidt – Social Media is Giving Kids
     Anxiety« auf: YouTube, 7. Januar 2019;
     www.YouTube.com/watch?v=CI6rX96oYnY; siehe auch: Lukianoff, Greg,
     Haidt, Jonathan: *The Coddling of the American Mind: How Good Intentions
     and Bad Ideas Are Setting Up a Generation for Failure*, Penguin Press,
     New York, 2018, S. 160 f.

23   Ebd.

24   Twenge, Jean: »Have Smartphones Destroyed a Generation?« in: *The
     Atlantic*, September 2017; *www.theatlantic.com/magazine/archive/2017/09/
     has-the-smartphone-destroyed-a-generation/534198/*.

25   Schlosser, Kurt: »New Research Finds 95% of Teens Have Access to a
     Smartphone; 45% Online ›Almost Constantly‹« in: *GeekWire*, 1. Juni 2018;

www.geekwire.com/2018/new-research-finds-95-teens-access-smartphone-45-online-almost-constantly.

26 See, Helena: »How Mental Illness Becomes Identity: Tumblr, a Callout Post, Part 2« in: 4thWaveNow, 20. März 2019; *4thwavenow.com/2019/03/20/tumblr-a-call-out-post/.*

27 Ebd.

28 »Facetune« in: *Wikipedia*, 23. März 2023, 20:18 UTC; *en.wikipedia.org/wiki/Facetune#Criticism.*

29 Boston Medical Center: »A New Reality for Beauty Standards: How Selfies and Filters Affect Body Image« in: EurekAlert!, 2. August 2018; *www.eurekalert.org/pub_releases/2018-08/bmc-anr080118.php.*

30 Twenge, Jean: »Teens Have Less Face Time with Their Friends – And Are Lonelier Than Ever« in: *The Conversation*, 20. März 2019; *theconversation.com/teens-have-less-face-time-with-their-friends-and-are-lonelier-than-ever-113240.*

31 Ebd.: Twenge hat untersucht, wie viel Zeit 8,2 Millionen Teenager in den USA seit den 1970er-Jahren tendenziell mit Freunden verbringen.

32 Diesen Aspekt haben Greg Lukianoff und Jonathan Haidt in ihrem bemerkenswerten Buch beleuchtet: *The Coddling of the American Mind: How Good Intentions and Bad Ideas Are Setting Up a Generation for Failure*, Penguin Press, New York, NY, 2018, S. 19–32.

33 Twenge, Jean: »Have Smartphones Destroyed a Generation?« in: *The Atlantic*, September 2017; *www.theatlantic.com/magazine/archive/2017/09/has-the-smartphone-destroyed-a-generation/534198/.*

34 Gannon, Megan: »How Babies Learn to Fear Heights« in: *Live Science*, 26. Juli 2013; *www.livescience.com/38432-how-babies-learn-to-fear-heights.html.* Bis zu einem Alter von etwa 9 Monaten sind Babys schwindelfrei.

35 »U.S. Transgender Survey 2015« in: National Center for Transgender Equality; *www.transequality.org/sites/default/files/docs/ USTS-Full-Report-FINAL.PDF.*

36 Deviant Art Forum: »Why is DeviantArt So In Favour of the Transgender Community?«, 26. November 2016; *forum.deviantart.com/community/complaints/2251465/.*

37 Zucker, Kenneth J., u. a.: »Gender Dysphoria in Adults« in: *Annual Review of Clinical Psychology*, 12, Nr. 1, März 2016, S. 217; *doi.org/10.1146/annurev-clinpsy-021815-093034.*

38 Zucker, Kenneth J., Bradley, Susan J., Sanikhani, Mohammed: »Sex Differences in Referral Rates of Children with Gender Identity Disorder: Some Hypotheses« in: *Journal of Abnormal Child Psychology,* 25, 1997, S. 217–227.

39 Sole-Smith, Virginia: »Why Are Girls Getting Their Periods So Young?« in: *Scientific American,* Mai 2019, S. 38–40, *www.scientificamerican.com/article/why-are-girls-getting-their-periods-so-young/.*

40 »They/them« stammen aus dem altenglischen Sprachgebrauch und werden in der heutigen englischen Sprache als genderneutrale Pronomina eingesetzt. Im Deutschen findet man unterschiedliche Ansätze, unter denen wir uns für »xier, xien« entschieden haben.

41 Randel, Jane, Sanchez, Amy: »Parenting in the Digital Age of Pornography« in: *HuffPost,* 26. Februar 2017; *www.huffpost.com/entry/parenting-in-the-digital-age-of-pornography_b_9301802.*

42 Julian, Kate: »Why Are Young People Having So Little Sex?« in: *The Atlantic,* Dezember 2018; *www.theatlantic.com/magazine/archive/2018/12/the-sex-recession/573949/.*

43 American Society of Plastic Surgeons: »2017 Plastic Surgery Statistics Report«; *www.plasticsurgery.org/documents/News/Statistics/2017/body-contouring-gender-confirmation-2017.pdf.* Dieser Punkt wurde in einem fantastischen Tweet von einer Mutter, die unter dem Pseudonym »Emma Zane« auftritt, angesprochen (@ZaneEmma, Twitter, 30. November 2018, 16:22 Uhr; *twitter.com/zaneemma/status/1068616160218738688?s=12*): »In den Jahren 2016–2017 hat sich die Zahl der geschlechtsangleichenden Operationen in den USA für als Frauen Geborene VERVIERFACHT und das Verhältnis gedreht, wobei die Frau-zu-Mann-Umwandlungen jetzt 70 Prozent aller geschlechtsangleichenden OPs ausmachen (ein Jahr zuvor waren es noch 46 Prozent gewesen). Dies ist eine öffentliche Gesundheits-EPIDEMIE, die junge Frauen unverhältnismäßig stark betrifft!«. (Anm. d. Lektorats: Dieser Tweet wurde inzwischen gelöscht.)

44 Rayner, Gordon: »Minister Orders Inquiry Into 4,000 Percent Rise in Children Wanting to Change Sex« in: *The Telegraph,* 16. September 2018; *www.telegraph.co.uk/politics/2018/09/16/minister-orders-inquiry-4000-per-cent-rise-children-wanting/.*

45 De Graaf, Nastasja M., u. a.: »Sex Ratio in Children and Adolescents Referred to the Gender Identity Development Service in the UK (2009–2016)« in: Archives of Sexual Behavior, 47(1), April 2018, *www.researchgate.net/publication/324768316_Sex_Ratio_in_Children_and_Adolescents_Referred_to_the_Gender_Identity_Development_Service_in_the_UK_2009-2016*; Gender Identity Development Service: »Referrals to

GIDS, 2014–15 to 2018–19«, 25. Juni 2019, *gids.nhs.uk/number-referrals*; Aitken, Madison, u. a.: »Evidence for an Altered Sex Ratio in Clinic-Referred Adolescents with Gender Dysphoria« in: *Journal of Sexual Medicine*, 12, Nr. 3, Januar 2015, S. 756–763.

46 Zucker, Kenneth J., u. a.: »Demographics, Behavior Problems, and Psychosexual Characteristics of Adolescents with Gender Identity Disorder or Transvestic Fetishism« in: *Journal of Sex and Marital Therapy*, März 2015, S. 152 f.

47 Littman, Lisa: »Parent Reports of Adolescents and Young Adults Perceived to Show Signs of a Rapid Onset of Gender Dysphoria« in: *PLoS One*, 14, Nr. 3, 16. August 2018; *journals.plos.org/plosone/article?id=10.1371/journal.pone.0202330*.

48 Ebd.: »Die erwartete Prävalenz von Transgenderpersonen unter jungen Erwachsenen liegt bei 0,7 %.« [Dies geht aus einer Schätzung von 2016 hervor]. »Doch in mehr als einem Drittel der in dieser Studie beschriebenen Freundschaftsgruppen wurden 50 % oder mehr der Jugendlichen und jungen Erwachsenen in der Gruppe in einem ähnlichen Zeitrahmen als transgender identifiziert, ein lokaler Anstieg auf mehr als das 70-Fache der erwarteten Prävalenzrate.«

49 Penrose, Lionel S.: *On the Objective Study of Crowd Behaviour*, H. K. Lewis & Col, Ltd., London 1935, S. 18 f.

50 Ebd., S. 19.

51 Keating, Shannon: »Gender Dysphoria Isn't a ›Social Contagion‹, According to a New Study« in: BuzzFeed, 22. April 2019, *www.buzzfeednews.com/article/shannonkeating/rapid-onset-gender-dysphoria-flawed-methods-transgender*; siehe auch Restar, Arjee J.: »Methodological Critique of Littman's (2018) Parental-Respondents Accounts of ›Rapid-Onset Gender Dysphoria‹« in: Archives of Sexual Behavior, 22. April 2019, *link.springer.com/article/10.1007/s10508-019-1453-2*.

52 McKinnon, Rachel (@rachelvmckinnon): »The Littman ›study‹ was similarly terribly designed and has caused *serious* harm. This is NOT low risk« auf: Twitter, 6. Mai 2019, 16:51 Uhr; *twitter.com/SportIsARight/status/1125548559053524994?s=20*. (Anm. des Lektorats: Dieser Account existiert inzwischen nicht mehr, vermeldet Twitter.)

53 Tannehill, Brynn: »The Discredited Brown Study on Trans Youth Isn't Just Junk Science – It's Dangerous« in: Into, 19. September 2018; *www.intomore.com/you/the-discredited-brown-study-on-trans-youth-isnt-just-junk-science-its-dangerous*.

54 Flier, Jeffrey S.: »As a Former Dean of Harvard Medical School, I Question Brown's Failure to Defend Lisa Littman« in: *Quillette*, 31. August 2018; *quillette.com/2018/08/31/as-a-former-dean-of-harvard-medical-school-i-question-browns-failure-to- defend-lisa-littman.*

55 Heber, Joerg: »Correcting the Scientific Record on Gender Incongruence – And an Apology« in: PLoS Blogs, 19. März 2019; *blogs.plos.org/everyone/2019/03/19/correcting-the-scientific-record-and-an-apology/.*

56 O. A.: »Why Are So Many Teenage Girls Appearing in Gender Clinics?« in: *The Economist*, 1. September 2018; *www.economist.com/united-states/2018/09/01/why-are-so-many-teenage-girls-appearing-in-gender-clinics.*

57 Olson, Kristina, R., u. a.: »Mental Health of Transgender Children Who Are Supported in Their Identities« in: *Pediatrics*, 137, Nr. 3, März 2016; *sdlab.fas.harvard.edu/files/sdlab/files/olson_2016_pediatrics_mental_health_of_transgender_children.pdf.*

58 O. A.: »The 2018 Altmetric Top 100« in: Altmetric; *www.altmetric.com/ top100/2018/.* Darin ist zu lesen: »Im vergangenen Jahr hat Altmetric über 25 Millionen Erwähnungen von 2,8 Millionen Forschungsergebnissen erfasst. Auf dieser Seite finden Sie die 100 meistgenannten wissenschaftlichen Artikel des vergangenen Jahres – also diejenigen, die die Öffentlichkeit wirklich beeindruckt haben.« Der Littman-Artikel kam auf Platz 81.

59 Beispielsweise Zucker, Kenneth J. (@ZuckerKJ): »Die wichtige Arbeit von Lisa Littman über schnell einsetzende Geschlechtsdysphorie ist jetzt bei *PLoS One* online. Sie ist frei zugänglich, sodass jeder den Link herunterladen kann« auf: Twitter, 17. August 2018, 11:07 Uhr; *twitter.com/zuckerkj/status/1030154133452480512?lang=en.* Siehe auch Bailey, J. Michael (@profjmb): »Die Littman-Studie über Rapid Onset Gender Dysphoria (ROGD) ist ein sehr wichtiger, notwendigerweise unvollkommener Beitrag zur Literatur. Wenn wir auf eine perfekte Studie warten, wird es sie nie geben. (Alle Studien sind unvollkommen.)«, auf: Twitter, 25. August 2018, 9:40 Uhr; *twitter.com/profjmb/status/1033393586782564352?lang=en.*

60 Charles Murray hat auf diesen wichtigen Punkt hingewiesen. Murray, Charles (@charlesmurray): »Halten Sie inne, um darüber nachzudenken, dass Lisa Littman an der Brown lehrt, ohne Festanstellung, und trotzdem ihre Daten ohne Furcht oder Gefallen aufgeschrieben und dann die Ergebnisse ohne einen älteren Fakultätsmitautor veröffentlicht hat, der ihr ein wenig Deckung hätte geben können. Hut ab.« Auf: Twitter, 31. August 2018, 4:09 Uhr; *twitter.com/charlesmurray/status/10354847020214 80448?lang=en.*

61   Siehe Littman, Lisa, Littman, Michael:»A Parable About Contributing to
      the Well Being of Society« in: *HuffPost*, 25. Mai 2011;
      www.huffpost.com/entry/a-parable-about-contribut_b_152781.

62   Zahlreiche Unterzeichner aus der Wissenschaft:»Psychology Today
      Response« in: GDA, 5. Dezember 2018;
      www.gdaworkinggroup.com/letter-to-psychology-today.

63   American Psychiatric Association: *Diagnostic and Statistical Manual of
      Mental Disorders*, 5. revidierte Auflage, Washington, D. C., 2013.

64   Goodman, M., Nash, R.: *Examining Health Outcomes for People Who Are
      Transgender*, Patient-Centered Outcomes Research Institute, Washington,
      D. C., 2019; *www.pcori.org/research-results/2013/examining-health-
      outcomes-people-who-are-transgender.*

65   Johns, Michelle M., u. a.:»Transgender Identity and Experiences of
      Violence Victimization, Substance Use, Suicide Risk, and Sexual Risk
      Behaviors among High School Students – 19 States and Large Urban
      School Districts, 2017« in: *Morbidity and Mortality Weekly Report*, 68,
      Nr. 3, 25. Januar 2019, S. 67–71; *www.cdc.gov/mmwr/volumes/68/wr/
      mm6803a3.htm.*

66   Rayner, Gordon:»Minister Orders Inquiry Into 4000 Percent Rise in
      Children Wanting to Change Sex« in: *The Telegraph*, 16. September 2018;
      *www.telegraph.co.uk/politics/2018/09/16/minister-orders-inquiry-4000-
      per-cent-rise-children-wanting/.*

67   Gilligan, Andrew:»Surge in Girls Switching Gender« in: *The Times*,
      29. Juni 2019; *www.thetimes.co.uk/article/surge-in-girls-switching-gender-
      c69nl57vt*; siehe auch Steensma, Thomas D., Cohen-Ketenis, Peggy T.,
      Zucker, Kenneth J.:»Evidence for a Change in the Sex Ratio of Children
      Referred for Gender Dysphoria: Data from the Center of Expertise on
      Gender Dysphoria in Amsterdam (1988–2016)« in: *Journal of Sex &
      Marital Therapy*, 44, Nr. 7, 2018, S. 713–715.

68   Siehe beispielsweise Gender Identity Development Service:»Referrals to
      GIDS, 2014–15 to 2018–19«, 25. Juni 2019; *gids.nhs.uk/number-referrals.*

69   Frisén, Louise, Söder, Olle, Rydelius, Per-Anders:»Dramatic Increase
      of Gender Dysphoria in Youth« in: *Lakartidningen*, 22. Februar 2017;
      www.ncbi.nlm.nih.gov/pubmed/28245038.

70   Aitken, Madison, u. a.:»Evidence for an Altered Sex Ratio in Clinic-
      Referred Adolescents with Gender Dysphoria« in: *Journal of Sexual
      Medicine*, 12, Nr. 3, Januar 2015, S. 756–763.

71   Graaf, Nastasja M., u. a.:»Sex Ratio in Children and Adolescents Referred
      to the Gender Identity Development Service in the UK (2009–2016)« in:

Archives of Sexual Behavior, 47(1), April 2018; *www.researchgate.net/ publication/324768316_Sex_Ratio_in_Children_and_Adolescents_Referred_ to_the_Gender_Identity_Development_Service_in_the_UK_2009-2016.*

72   American Society of Plastic Surgeons:»2017 Plastic Surgery Statistics
     Report«; *www.plasticsurgery.org/documents/News/Statistics/2017/body-contouring-gender-confirmation-2017.pdf.*

73   Siehe beispielsweise den Eintrag von barabobam:»Having a psych eval.
     soon« in: Reddit, 29. November 2014, *www.reddit.com/r/asktransgender/ comments/2nt8gi/having_a_psych_eval_soon/*; O. A.:»Is It Best to Be
     Completely Honest, or Lie a Little Bit to Get on HRT Faster?« in: Reddit,
     14. März 2016, *www.reddit.com/r/asktransgender/comments/4agf76/is_it_ best_to_be_completely_honest_ or_lie_a/*; O. A.: »What Things Should I
     Never Tell My Psychologist?« in: Reddit, 8. May 2016, *www.reddit.com/r/ asktransgender/comments/4ihwar/what_things_should_i_never_tell_my_ psychologist/.*

74   Dennis, Riley J.:»Why is the Trans Suicide Rate So High?« auf: YouTube,
     8. Juli 2018; *www.YouTube.com/watch?v=Kx_7biZoNaY.* Dieses Video
     wird von YouTube als»nicht verfügbar« und»privat« vermeldet (Anm.
     d. Lektorats).

75   Edison, Laurie Toby:»›Rapid Onset Gender Dysphoria‹: Weaponized
     Science from the Right Wing« in: Body Impolitic, 27. September 2018;
     laurietobyedison.com/body-impolitic-blog/2018/09/rapid-onset-gender-dysphoria-weaponized-science-from-the-right-wing/.

76   Schwartz-Mette, Rebecca A., Rose, Amanda J.:»Co-Rumination Mediates
     Contagion of Internalizing Symptoms Within Youths' Friendships« in:
     Developmental Psychology, 48, Nr. 5, 2012, S. 1355–1365, *pubmed.ncbi.nlm. nih.gov/22369336/*; Rose, Amanda J.:»Co-Rumination in the Friendships
     of Girls and Boys« in: *Child Development,* 73, Nr. 6, November–Dezember 2002 (Erstveröffentlichung), S. 1830–1843,
     srcd.onlinelibrary.wiley.com/doi/10.1111/1467-8624.00509.

77   Pettit, Jeremy, Joiner, Thomas E.:»Negative-Feedback Seeking Leads to
     Depressive Symptom Increases Under Conditions of Stress« in: *Journal of Psychopathology and Behavioral Assessment,* 23, März 2001, S. 69–74;
     www.researchgate.net/publication/226298968_Negative-Feedback_Seeking_ Leads_to_Depressive_Symptom_Increases_Under_Conditions_of_Stress.

78   Ross, Chase:»Anti-LGBT Ads on My Trans Videos: YouTube Hypocrisy«
     auf: YouTube, 2. Juni 2018; *www.YouTube.com/watch?v=0ZcYaoovQhw.*

79   Kaya, Emre (@emrelds) auf: Instagram; *www.instagram.com/emrelds.*

80 Turner, Ty: »How to Tell If You Are Transgender« auf: YouTube,
20. Februar 2015; *www.YouTube.com/watch?v=f1rT7xOumO4&t=22s.*

81 Edwards, Jake: »You don't need dysphoria to be trans« auf: YouTube,
10. Oktober 2018; *www.YouTube.com/watch?v=havm9yfTphU.*

82 Turner, Ty: »How to Tell If You Are Transgender« auf: YouTube,
20. Februar 2015; *www.YouTube.com/watch?v=f1rT7xOumO4&t=22s.*

83 Shrier, Abigail: in einem persönlichen Interview mit Chase Ross,
23. Mai 2019, bei der Autorin hinterlegt.

84 Wylde, Ashley: »Changing the Way You Identify« auf: YouTube,
9. Mai 2016; *www.YouTube.com/watch?v=YZY7kkYzWIc.*
(»Ich möchte darauf hinweisen, dass, wie auch immer man sich identifiziert, dies eine optionale und persönliche Angelegenheit darstellt,
die Veränderungen unterworfen ist.«)

85 Wylde, Ashley: »HELP! I'm confused about my gender« auf: YouTube,
27. Juni 2016; *www.YouTube.com/watch?v=M7d4SKYJRg8&t=8s.*

86 Ross, Chase: »Why I Stopped T« auf: YouTube, 5. Juli 2011;
www.YouTube.com/watch?v=FSAqVa-NltQ&t=399s.

87 Korol, Kaylee (@kaylee.cake): »Ich glaube, es ist wirklich wichtig, die
Ungewissheit anzuerkennen, die mit dem Transitionieren einhergeht.«
auf: Instagram, 16. Juni 2019; *www.instagram.com/p/ByyH326FVYx/
?utm_source=ig_web_button_share_sheet.*

88 James, Elliott: »My First Binder: FTM Transgender« auf: YouTube,
11. Mai 2017; *www.YouTube.com/watch?v=pl8jI1idlt4.*

89 Cumming, R., Sylvester, Karl, Fuld, Jonathan P.: »Understanding the
Effects on Lung Function of Chest Binder Use in the Transgender
Population« in: *Thorax,* 71, Nr. 3, 2016, *thorax.bmj.com/content/71/
Suppl_3/A227.1?utm_source=TrendMD&utm_medium=cpc&utm_
campaign=Thorax_TrendMD-1*; Tsjeng, Zing: »Inside the Landmark,
Long Overdue Study on Chest Binding« in: *Vice,* 28. September 2016,
*www.vice.com/en_us/article/7xzpxx/chest-binding-health-project-
inside-landmark-overdue-transgender-study.*

90 Brown, Harrison: »My Dysphoria Got Worse After Top Surgery« auf:
YouTube, 29. Dezember 2018; *www.YouTube.com/watch?v=NKoeJCg9tFw.*
(In diesem Video wird dokumentiert, dass die Brust-OP zwar über die
Brüste die Dysphorie verringerte, sie über das Fehlen einer Beule in der
Hose aber noch verstärkte.)

91 Ross, Chase: »Trans 101: Ep. 8 – Medical Transition« auf: YouTube,
8. August 2017; *www.YouTube.com/watch?v=AfHsoQLbYe8.*

92   Korol, Kaylee (@kaylee.cake): »Trans tip number 2! Everyone seems to forget this!« Instagram, 12. Juni 2019; *www.instagram.com/p/Byn-zdMBLLz/ ?utm_source=ig_web_button_share_sheet.*

93   Ebd.

94   Bertie, Alex: »IM ON TESTOSTERONE!! 17« auf: YouTube, 19. April 2016; *www.YouTube.com/watch?v=IBie5_3WllQ.*

95   95 Ebd.

96   Taylor, Jett: »FTM – Manipulative Parents« auf: YouTube, 4. Februar 2017; *www.youtube.com/watch?v=oRHwNMptWyw.*

97   McKinnon, Rachel: »Mother's Day 2017 Special: Should Trans Women Also Get to Celebrate ›Mother's Day?‹ Trans101, #3« auf: YouTube, 14. Mai 2017; *www.YouTube.com/watch?v=_8HIUJF--ho.*

98   Kergil, Skylar: »To Parents Who May Have a Transgender Child« auf: YouTube, 13. Januar 2015; *www.youtubeYouTube.com/ watch?v=ByG1DZmdoX0.*

99   Siehe beispielsweise Toomey, Russell B., Syvertsen, Amy K., Shramko, Maura: »Transgender Adolescent Suicide Behavior« in: *Pediatrics,* Oktober 2018, S. 142. Diese Rate ist wahrscheinlich überhöht, weil sie auf Selbstauskünften beruht (Selbstauskünfte über Selbstmordversuche führen aus offensichtlichen Gründen häufig zu überhöhten Zahlen). Nichtsdesto-trotz gibt es allen Grund zu der Annahme, dass die Selbstmord- und Selbstverletzungsrate unter transidentitären Jugendlichen tatsächlich sehr hoch ist. Siehe auch Horvath, Hacsi: »The Theatre of the Body: A Detransitioned Epidemiologist Examines Suicidality, Affirmation, and Transgender Identity« in: 4thWaveNow, 19. Dezember 2018; *4thwavenow.com/tag/41-transgender-suicide/.*

100   Kergil, Skylar: »To Parents Who May Have a Transgender Child« auf: YouTube, 13. Januar 2015; *www.youtubeYouTube.com/ watch?v=ByG1DZmdoX0.*

101   Littman, Lisa: »Parent Reports of Adolescents and Young Adults and Perceived to Show Signs of a Rapid Onset of Gender Dysphoria« in: *PloS One,* 14, Nr. 3. 16. August 2018, Abb. 1; *journals.plos.org/plosone/ article?id=10.1371/journal.pone.0202330.*

102   Ebd.

103   Siehe Hardell, Ash: *www.hardellmedia.com/.*

104   Hardell, Ash: »Testosterone? For Non-binary People?« auf: YouTube, 16. Mai 2017; *www.YouTube.com/watch?v=-KJP2264wJk.*

105 McKinnon, Rachel: »Mother's Day 2017 Special: Should Trans Women Also Get to Celebrate ›Mother's Day?‹ Trans101, #3« auf: YouTube, 14. Mai 2017; *www.YouTube.com/watch?v=_8HIUJF--ho.*

106 Siehe beispielsweise Littman, Lisa: »Parent Reports of Adolescents and Young Adults Perceived to Show Signs of a Rapid Onset of Gender Dysphoria« in: *PLoS One,* 14, Nr. 3, 16. August 2018, Abb. 1; *journals.plos.org/plosone/article?id=10.1371/journal.pone.0202330.*

107 Tucker, Wes: »Where Has Wes Tucker Been« auf: YouTube, 25. März 2018; *www.YouTube.com/watch?v=DSGVfz_0Y0E.*

108 California Teachers Association: »Calendar: CTA State Council«; *www.cta.org/Professional-Development/Events/Calendar/Conference/2019/ 06/CTA-State-Council.aspx.* Der »State Council of Education« (Erziehungsstaatsrat) trifft sich viermal jährlich und hat fast 800 Delegierte.

109 California Teachers Association: *Report of Board of Directors, Committees, and Items of New Business, State Council of Education,* Los Angeles, Kalifornien, 1.–2. Juni 2019. Dokument bei der Autorin hinterlegt.

110 California Teachers Association: *Report of Board of Directors, Committees, and Items of New Business* in: Attorney General Opinion, Nr. 04-112, 29. November 2004; *www.stdhivtraining.org/resource.php?id=255,2.*

111 California Teachers Association: *Policies: Health, Welfare, and Safety,* S. 292. Dokument bei der Autorin hinterlegt.

112 California Healthy Youth Act, AB 329, section 51932(b); *leginfo.legislature.ca.gov/faces/billNavClient.xhtml?bill_id=201520160AB329.*

113 Ebd.

114 California Healthy Youth Act, AB 329, California Education Code, 51932(b), *leginfo.legislature.ca.gov/faces/codes_displayText.xhtml?lawCode= EDC&division=4&title=2.&part=28.&chapter=5.6.&article=1*; siehe »Question & Answer Guide on California's Parental Opt-Out Statutes: Parents' and Schools' Legal Rights and Responsibilities Regarding Public School Curricula« in: California Safe Schools Coalition, 4, *www.casafeschools.org/OptOutQA. pdf.* Eine gute Besprechung darüber siehe Cleveland, Margot: »The Transgender Agenda Hits Kindergarten« in: *National Review,* 4. September 2017, *www.nationalreview.com/2017/09/ transgender-agenda-schools-kindergarten-california-opt-in-opt-out-state-laws-prevent/.*

115 Russell, Nicole: »American History: LGBTQ Edition« in: *The American Spectator,* 1. Oktober 2019; *spectator.org/american-history-lgbtq-edition/.*

116   Blank, Paula: »Will ›Cisgender‹ Survive?: The Linguistic Complement to ›Transgender‹ Has Achieved Some Popularity, but Faces Social and Political Obstacles to Dictionary Coronation« in: *The Atlantic*, 24. September 2014; *www.theatlantic.com/entertainment/archive/2014/09/ cisgenders-linguistic-uphill-battle/380342/*.

117   Siehe Orr, Asaf, u. a. in: *Schools in Transition: A Guide for Supporting Transgender Students in K-12 Schools*, hrsg. von Beth Sherouse (unter Beteiligung von: ACLU, New York, NY; GenderSpectrum, San Leandro, CA; Human Rights Campaign Foundation, Washington, D. C.; National Center for Lesbian Rights, San Francisco, CA; National Education Association, Washington, D. C.), S. 6; *www.hrc.org/resources/schools-in-transition-a-guide-for-supporting-transgender-students-in-k-12-s*.

118   Dies ist den Definitionen des Geschlechterspektrums entnommen, die in den Schulen weitverbreitet sind. O. A.: »The Language of Gender« in: GenderSpectrum; *www.genderspectrum.org/the-language-of-gender/*.

119   Ebd.

120   Siehe Orr, Asaf, u. a., in: *Schools in Transition: A Guide for Supporting Transgender Students in K-12 Schools*, hrsg. von Beth Sherouse (unter Beteiligung von: ACLU, New York, NY; GenderSpectrum, San Leandro, CA; Human Rights Campaign Foundation, Washington, D. C.; National Center for Lesbian Rights, San Francisco, CA; National Education Association, Washington, D. C.), S. 6; *www.hrc.org/resources/schools-in-transition-a-guide-for-supporting-transgender-students-in-k-12-s*.

121   California Department of Education: »Health Education Framework: 2019 Revision of the Health Education Framework«; *www.cde.ca.gov/ci/ he/cf/*.

122   Killermann, Sam: »The Genderbread Person Version 2« in: Its Pronounced Metrosexual; *www.itspronouncedmetrosexual.com/2012/03/ the-genderbread-person-v2-0/*.

123   Trans Student Educational Resources: »Gender Unicorn«; *www.transstudent.org/gender/*.

124   Herthel, Jessica: *I am Jazz*, Dial Books, New York, NY, 2014. Zur besten Besprechung der falschen Wissenschaft von *I am Jazz* siehe Laidlaw, Michael: »Gender Dysphoria and Children: An Endocrinologist's Survey of *I am Jazz*« in: Public Discourse, 5. April 2018; *www.thepublicdiscourse.com/2018/04/21220/*.

125   Siehe den California Healthy Youth Act (»Beschluss zur Gesundheit der Jugend in Kalifornien«), AB 329, Sektion 51932(b), Kapitel 3.

126   Pessin-Whedbee, Brook: *Who Are You? The Kids' Guide to Gender Identity*, Jessica Kingsley Publishers, London 2016.

127   Ebd.

128   Dieser Begriff ist in der frühkindlichen Erziehung weitverbreitet. Siehe Meyer, Elizabeth J., Tilland-Stafford, Anika., Airton, Lee: »Transgender and Gender-Creative Students in PK-12 Schools: What We Can Learn From Their Teachers« in: *Teachers College Record*, 118, Januar 2016; *www.researchgate.net/publication/307044198_Transgender_and_gender-creative_students_in_PK-12_schools_What_we_can_learn_from_their_teachers*.

129   Amer, Lindsay: »Why Kids Need to Learn About Gender and Sexuality« in: TED, Mai 2019; *www.ted.com/talks/lindsay_amer_why_kids_need_to_learn_about_gender_and_sexuality?language=en#t-450080*.

130   Siehe Orr, Asaf, u. a., in: *Schools in Transition: A Guide for Supporting Transgender Students in K-12 Schools*, hrsg. von Beth Sherouse (unter Beteiligung von: ACLU, New York, NY; GenderSpectrum, San Leandro, CA; Human Rights Campaign Foundation, Washington, D. C.; National Center for Lesbian Rights, San Francisco, CA; National Education Association, Washington, D. C.), S. 4; *www.hrc.org/resources/schools-in-transition-a-guide-for-supporting-transgender-students-in-k-12-s*.

131   Positive Prevention PLUS: *Sexual Health Education for America's Youth: Curriculum and Teacher's Guide for Middle School and Community Settings*, 2016, S. 38; *positivepreventionplus.com*.

132   Ebd.

133   Siehe Positive Prevention PLUS, 2016: *Teen Talk; Be Real, Be Ready*; *positivepreventionplus.com*.

134   California Board of Education: »Health Education Framework Chapter 3: Transitional Kindergarten Through Grade Three«, April 2019, S. 46.

135   Ebd.

136   Nabozny v. Polesny, 92 F.3d 446 (7th Cir. 1996); *www.lexisnexis.com/community/casebrief/p/casebrief-nabozny-v-podlesny*.

137   Johns, Michelle M., u. a.: »Transgender Identity and Experiences of Violence Victimization, Substance Use, Suicide Risk, and Sexual Risk Behaviors among High School Students – 19 States and Large Urban School Districts, 2017« in: *Morbidity and Mortality Weekly Report*, 68, Nr. 3, 25. Januar 2019), S. 67–71; *pubmed.ncbi.nlm.nih.gov/30677012/*.

138   Greytak, Emily, u. a.: »From Teasing to Torment: School Climate Revisited: A Survey of U.S. Secondary School Students and Teachers« in: GLSEN,

21. September 2016; *www.glsen.org/sites/default/files/2019-12/ From_Teasing_to_Tormet_Revised_2016.pdf.*

139 Siehe Orr, Asaf, u. a., in: *Schools in Transition: A Guide for Supporting Transgender Students in K-12 Schools,* hrsg. von Beth Sherouse (unter Beteiligung von: ACLU, New York, NY; Gender Spectrum, San Leandro, CA; Human Rights Campaign Foundation, Washington, D. C.; National Center for Lesbian Rights, San Francisco, CA; National Education Association, Washington, D. C.), S. 3; *www.hrc.org/resources/schools-in-transition-a-guide-for-supporting-transgender-students-in-k-12-s.*

140 Ebd., S. 8.

141 Ebd., S. 16.

142 Ebd., S. 24–28.

143 Ebd., S. 8.

144 California Board of Education: »Health Education Framework Chapter 6: Grades Nine Through Twelve«, 2019; *edsource.org/wp-content/ uploads/2018/12/hefwch6gr9-12.pdf.*

145 Es scheint eine hohe Korrelationsrate zwischen Personen mit Geschlechtsdysphorie und Personen zu geben, die die Diagnosekriterien für Autismus-Spektrum-Störungen (ASS) erfüllen. Siehe beispielsweise VanderLaan, Doug u. a.: »Autism Spectrum Disorder Risk Factors and Autistic Traits in Gender Dysphoric Children« in: *Journal of Autism and Developmental Disorders,* 45, Nr. 6, Dezember 2014, S. 1742–1750, *www.researchgate.net/ publication/269420151_Autism_Spectrum_Disorder_Risk_Factors_and_ Autistic_Traits_in_Gender_Dysphoric_Children*; de Vries, Annelou. L. C., u. a.: »Autism Spectrum Disorders in Gender Dysphoric Children and Adolescents« in: *Journal of Autism and Developmental Disorders,* 40, Nr. 8, August 2010, S. 930–936; Kaltiala-Heino, Riittakerttu, u. a.: »Gender Dysphoria in Adolescence: Current Perspectives« in: *Adolescent Health, Medicine, and Therapeutics,* 9, 2018, S. 34, *www.ncbi.nlm.nih.gov/pmc/ articles/PMC5841333/.* Viele der Eltern, mit denen ich sprach, erzählten mir, dass ihre Töchter in irgendeiner Form an »hochfunktionalem Autismus« litten – das heißt, ihre Töchter waren hochintelligent, stachen durch Fixierungen und starres Denken hervor, hatten schreckliche Probleme, soziale Signale zu entschlüsseln, hatten Schwierigkeiten, zwischenmenschliche körperliche Grenzen zu erkennen oder sich in andere einzufühlen. Im Laufe der Recherchen zu diesem Buch habe ich zwei beunruhigende Dinge über Autismus und seine Behandlung erfahren. Wie die Geschlechtsdysphorie ist auch die Diagnose der Autismus-Spektrum-Störung im letzten Jahrzehnt sprunghaft angestiegen. Und viele Kliniker,

die sich auf Autismus spezialisiert haben, ermutigen ihre Autismuspatienten aktiv zur Erforschung des Geschlechts. Die Möglichkeit, dass einige Kliniker, die mit Jugendlichen arbeiten, die eine Fixierung haben, diese Kinder gerade mit einer Fixierung füttern, verdient ein eigenes Buch. Aus diesem Grund habe ich es einem anderen Autor überlassen, dieses Thema aufzugreifen. Ich hoffe, dass es jemand tun wird.

146 Marchiano, Lisa:»No, You Don't Have a Disorder. You Have Feelings« in: Aero, 8. Juli 2018; *areomagazine.com/2018/07/08/no-you-dont-have-a-disorder-you-have-feelings/.*

147 Die Deutsche Gesellschaft für Kinder- und Jugendpsychiatrie, Psychosomatik und Psychotherapie hat aus demselben Grund 2020 eine Überarbeitung ihrer Leitlinie»Geschlechtsinkongruenz und Geschlechtsdysphorie im Kindes- und Jugendalter: Diagnostik und Behandlung« angeordnet, unterstützt von der Bundesvereinigung Trans* und dem Trans-Kinder-Netz e. V. (Trakine). Das Ergebnis sollte am 31.12.2023 publiziert werden (Anm. d. Übers.).

148 World Professional Association for Transgender Health:»Standards of Care for the Health of Transsexual, Transgender, and Gender-Nonconforming People«, Version 7, 2012, S. 9; *www.wpath.org/media/cms/ Documents/SOC%20v7/Standards%20of%20Care_V7%20Full%20Book_ English.pdf.*

149 American Psychological Association:»Guidelines for Psychological Practice with Transgender and Gender Non Conforming People« in: *American Psychologist,* 70, Dezember 2015, S. 832 f, *www.apa.org/practice/guidelines/ transgender.pdf.*

150 Ebd., S. 834 f.

151 Diese Denkweise gilt auch für Menschen mit ethnischer Identitätsstörung. Siehe beispielsweise Brody, Eugene B.:»Color and Identity Conflict in Young Boys: Observations of Negro Mothers and Sons in Urban Baltimore« in: *Psychiatry,* 26, Nr. 2, 1963, S. 188–201. Zu der allgemeinen Diskussion über die Ähnlichkeiten zwischen ethnischer Identitätsstörung und Geschlechtsdysphorie (damals noch»Geschlechtsidentitätsstörung« genannt) siehe Zucker, Kenneth J.:»Commentary on Langer and Martin's (2004) ›How Dresses Can Make You Mentally Ill: Examining Gender Identity Disorder in Children‹« in: *Child and Adolescent Social Work Journal,* 23, Nr. 5–6, 2006, S. 548–550.

152 Menschen mit Geschlechtsdysphorie sind nicht die einzigen Patienten, die eine solche Behandlung wünschen. So versuchen Menschen mit einer Störung der Körperintegrität oft, ein gesundes Glied amputieren zu lassen.

153 American Psychological Association: »Guidelines for Psychological Practice with Transgender and Gender Non Conforming People« in: *American Psychologist*, 70, Dezember 2015, S. 838; *www.apa.org/practice/ guidelines/ transgender.pdf*.

154 Ebd., S. 840.

155 Siehe Maztner, Andy: »Transgender Services«; *andymatzner.com/ trans-services/*.

156 De Vries, Annelou. L. C., u. a.: »Puberty Suppression in Adolescents with Gender Identity Disorder: A Prospective Follow-Up Study« in: *Journal of Sexual Medicine*, 8, Nr. 8, August 2011, S. 2276–2283; *www.ncbi.nlm.nih. gov/pubmed/20646177*.

157 Kaltiala-Heino, Riittakerttu, u. a.: »Gender Dysphoria in Adolescence: Current Perspectives« in: *Adolescent Health, Medicine, and Therapeutics*, 9, 2018, S. 31–41; *www.ncbi.nlm.nih.gov/pmc/articles/PMC5841333/*.

158 De Vries. Annelou. L. C., u. a.: »Puberty Suppression in Adolescents with Gender Identity Disorder: A Prospective Follow-Up Study« in: *Journal of Sexual Medicine*, 8, Nr. 8, August 2011, S. 2276–2283; *www.ncbi.nlm.nih. gov/pubmed/20646177*.

159 Magliano, Joe: »Why Are Teen Brains Designed for Risk-Taking?« in: *Psychology Today*, 9. Juni 2016, *www.psychologytoday.com/us/blog/ the-wide-wide-world-psychology/201506/why-are-teen-brains-designed-risk-taking*; Steinberg, Laurence: »A Social Neuroscience Perspective on Adolescent Risk-Taking« in: *Developmental Review*, 28, Nr. 1, März 2008, S. 78–106, *www.ncbi.nlm.nih.gov/pmc/articles/PMC2396566/*.

160 Ebd.

161 Johnson, Sara B., u. a.»Adolescent Maturity and the Brain: The Promise and Pitfalls of Neuroscience Research in Adolescent Health Policy« in: *Journal of Adolescent Health*, 45, Nr. 3, September 2009, S. 216–221; *www.ncbi.nlm.nih.gov/pmc/articles/PMC2892678/*.

162 Steensma, Thomas D. u. a.: »Desisting and Persisting Gender Dysphoria after Childhood: A Qualitative Follow-Up Study« in: *Clinical Child Psychology and Psychiatry*, 16, Nr. 4, Oktober 2011, S. 499–516, *www.ncbi. nlm.nih.gov/ pubmed/21216800*; siehe auch O. A.: »Could Social Transition Increase Persistence Rates in ›Trans‹ Kids?« in: 4thwavenow, 28. November 2016, *4thwavenow. com/2016/11/28/could-social-transition-increase-persistence-rates-in-trans-kids/*.

163 Siehe beispielsweise Dhejne, Cecilia, u. a.: »Mental Health and Gender Dysphoria: A Review of the Literature« in: *International Review of Psychia-*

try, 28, Nr. 1, 2016, S. 44–57, *www.ncbi.nlm.nih.gov/pubmed/26835611*;
Wallien, Madeleine S. C., u. a.: »Psychiatric Comorbidity among Children
with Gender Identity Disorder« in: *Journal of the American Academy of
Child and Adolescent Psychiatry*, 46, Nr. 10, 2007, S. 1307–1314.

164   O. A.: »The 41% Trans Suicide Attempt Rate: A Tale of Flawed Data
and Lazy Journalists« in: 4thwavenow, 3. August 2015;
*4thwavenow.com/2015/08/03/the-41-trans-suicide-rate-a-tale-of-flawed-
data-and-lazy-journalists/.*

165   Dhejne, Cecilia, u. a.: »Long-Term Follow-Up of Transsexual Persons
Underoing Sex Reassignment Surgery: Cohort Study in Sweden« in: *PloS
One*, 6, Nr. 2, Februar 2011; *doi.org/10.1371/journal.pone.0016885.*

166   The Tavistock and Portman NHS Foundation Trust: »Board of Directors
Part One: Agenda and Papers of a Meeting to be Held in Public«, S. 53.
Die Tabelle »Selbstverletzung« auf Seite 54 zeigt, dass die Verabreichung
von Pubertätsblockern keinen positiven Einfluss auf die Geschlechtsdysphorie hatte. Eine Kopie liegt der Autorin vor.

167   Doward, Jamie: »Governor of Tavistock Foundation Quits over Damning
Report into Gender Identity Clinic« in: *The Guardian*, 23. Februar 2019;
*www.theguardian.com/society/2019/feb/23/child-transgender-service-
governor-quits-chaos.* Die Tavistock and Portman Trust Gender Clinic
musste 2022 nach einer Sammelklage Geschädigter aufgrund ihres
Umgangs mit Pubertätsblockern schließen, der weltweit erste große Fall
dieser Art. (Anm. d. Übers.)

168   Olson, Kristina R., u. a.: »Mental Health of Transgender Children Who
Are Supported in Their Identities« in: *Pediatrics*, 137, Nr. 3, März 2016;
pediatrics.aappublications.org/content/137/3/e20153223.

169   Beachten Sie auch, dass diese Studie auf den Berichten von Eltern beruhte,
die die soziale Transition ihrer Kinder unterstützt hatten. Es ist zwar
gängige Praxis, sich bei der Beurteilung der psychischen Gesundheit von
Kindern auf die Berichte der Eltern zu verlassen, doch in diesem Fall
waren die Eltern wohl voreingenommen. Da sie die soziale Transition ihrer
Kinder allen gegenüber, die sie kennen, befürwortet haben, sollte man
annehmen, dass sie hoch motiviert sind, zu berichten, dass sie die richtige
Entscheidung getroffen haben. Welche Eltern könnten mit dem Verdacht
leben, dass sie die falsche Entscheidung getroffen haben?

170   Der Deutsche Bundestag hat die sogenannte Konversionstherapie 2020
verboten (Anm. d. Übers.).

171   Ristori, Jiska, Steensma, Thomas D.: »Gender Dysphoria in Childhood« in:
International Review of Psychiatry, 28, Nr. 1, 2016, S. 13–20,
10.3109/09540261.2015.1115754.

172 Die ganze Geschichte ist in John Colapintos meisterhaftem Bericht wunderbar dargestellt: *As Nature Made Him: The Boy Who Was Raised as a Girl*, HaperCollins Publishers, New York, NY, 2000.

173 In Deutschland können laut Gesetz zum Schutz vor Konversionsbehandlungen von 2020 »Interventionen, die darauf gerichtet sind, … die selbstempfundene geschlechtliche Identität einer Person gezielt zu verändern … mit einer Freiheitsstrafe von bis zu einem Jahr oder einem hohen Bußgeld geahndet werden.« Siehe *www.bundesgesundheitsministerium.de/ konversionstherapienverbot.html.* (Anm. d. Übers.)

174 Er tat dies in seiner Eigenschaft als Vorsitzender der American Psychiatric Association's Workgroup on Sexual and Gender Identity Disorders (Arbeitsgruppe für sexuelle und geschlechtliche Identitätsstörungen).

175 Insbesondere zu der 7. Überarbeitung von 2011.

176 »Transgender Kids: Who Knows Best?« in: *This World*, BBC, 42:00 Min.; *vimeo.com/217950594.*

177 Ebd.; siehe auch Ristori, Jiska, Steensma, Thomas D.: »Gender Dysphoria in Childhood« in: *International Review of Psychiatry*, 28, Nr. 1, 2016, S. 13–20, 10.3109/09540261.2015.1115754.15, Tafel 1.

178 »Transgender Kids: Who Knows Best?« in: *This World*, BBC, 42:00 Min.; *vimeo.com/217950594.*

179 Im Jahr 2018 entschuldigte sich das Krankenhaus, welches seine Klinik geschlossen und ihn entlassen hatte, öffentlich bei Dr. Zucker dafür, dass es seine Arbeit falsch dargestellt und ihn mit unbegründeten Anschuldigungen verleumdet hatte; das Krankenhaus zahlte ihm als Entschädigung fast 550 000 Dollar plus Anwaltskosten.

180 »Open Letter to the Board of Trustees of CAMH« in: iPetitions, 11. Januar 2016; *www.ipetitions.com/petition/boardoftrustees-CAMH.*

181 Siehe beispielsweise Lazarus, Clifford N.: »Why DID or MPD Is a Bogus Diagnosis« in: *Psychology Today*, 29. Dezember 2011; *www.psychologytoday.com/ us/blog/think-well/201112/why-did-or-mpd-is-bogus-diagnosis.*

182 Siehe beispielsweise United States District Court Middle District of Florida Jacksonville Division: »Adams v. School Board of St. Johns County, Florida«, Expert Report of Diane Ehrensaft, Ph. D. (Kinderpsychologin und Aktivistin); *files.eqcf.org/wp-content/uploads/2017/12/ 137-P-Preliminary-FOF_COL.pdf.*

183 Siehe beispielsweise Ristori, Jiska, Steensma, Thomas D.: »Gender Dysphoria in Childhood« in: *International Review of Psychiatry*, 28, Nr. 1, 2016, S. 13–20, 10.3109/09540261.2015.1115754.15, Tafel 1.

184 Siehe beispielsweise die Gerichtsprozesse »Frontiero vs. Richardson«, 411 U.S. 677. 686, 1973; »Obergefell vs. Hodges«, 135 S. Ct. 2584, 2596, 2015. (»Erst in den letzten Jahren haben Psychiater und andere anerkannt, dass die sexuelle Orientierung sowohl ein normaler Ausdruck der menschlichen Sexualität als auch unveränderlich ist.«)

185 Watters, Ethan: *Crazy Like Us: The Globalization of the American Psyche*, Simon & Schuster, New York, NY, 2010, S. 32 f.

186 Ebd., S. 32.

187 Ebd.

188 Ebd., S. 33.

189 Marchiano, Lisa: »The Language of the Psyche: Symptoms as Symbols« in: *Transgender Children and Young People: Born in Your Own Body*, H. Brunskell-Evans, Moore, M. (Hrsg.), Cambridge Scholars Publishing, Newcastle upon Tyne 2018, S. 107–122.

190 McHugh, Paul: »Transgender Surgery Isn't the Solution« in: *Wall Street Journal*, 12. Juni 2014; *www.wsj.com/articles/paul-mchugh-transgender-surgery-isnt-the-solution-1402615120*.

191 McHugh, Paul: »Surgical Sex« in: First Things, November 2004; *www.firstthings.com/article/2004/11/surgical-sex?mod=article_inline*.

192 Manning, Sanchez: »Girls Are Skipping School to Avoid Sharing Gender Neutral Toilets with Boys after Being Left to Feel Unsafe and Ashamed« in: *Daily Mail*, 5. Oktober 2019; *www.dailymail.co.uk/news/article-7542005/Girls-skipping-school-avoid-sharing-gender-neutral-toilets-boys.html*.

193 Moore, Lane: »A Complete Beginner's Guide to Chest Binding« in: *Cosmopolitan*, 21. März 2016; *www.cosmopolitan.com/sex-love/news/a55546/how-to-bind-your-chest/*. Dieser Artikel ist nicht mehr auffindbar (Anm. d. Lektorats).

194 Roark, Courtney: »Period Poverty Affects Transgender and Gender Non-Conforming People, Too« in: *Teen Vogue*, 18. Oktober 2019; *www.teenvogue.com/story/period-poverty-transgender-and-gender-non-conforming-people*.

195 Bedwell, Michael: »Remembering Transgender Pioneer Christine Jorgensen« in: *LGBTQ Nation*, 7. Oktober 2019; *www.lgbtqnation.com/2019/10/remembering-transgender-pioneer-christine-jorgensen/*.

196 Whittle, Stephen: »A Brief History of Transgender Issues« in: *The Guardian*, 2. Juni 2010; *www.theguardian.com/lifeandstyle/2010/jun/02/brief-history-transgender-issues*.

Endnoten

197 Kelly, Erin: »Call Her Christine: The Original American Trans Celebrity« in: All That's Interesting, 4. Juni 2015; *allthatsinteresting.com/ christine-jorgensen.*

198 Bedwell, Michael: »Remembering Transgender Pioneer Christine Jorgensen« in: *LGBTQ Nation*, 7. Oktober 2019; *www.lgbtqnation.com/2019/10/ remembering-transgender-pioneer-christine-jorgensen/.*

199 Brown Elliot, Candice, 1999, zitiert in: Whittle, Stephen: »A Brief History of Transgender Issues« in: *The Guardian*, 2. Juni 2010; *www.theguardian.com/lifeandstyle/2010/jun/02/brief-history-transgender-issues.*

200 Miller, Sara G.: »1 in 6 Americans Take a Psychiatric Drug« in: *Scientific American*, 13. Dezember 2016; *www.scientificamerican.com/ article/1-in-6-americans-takes-a-psychiatric-drug/.*

201 Kearns, Madeleine: »California's Transgender Prison Policy Is a Disaster for Women« in: *National Review*, 26. Juni 2019; *www.nationalreview.com/ 2019/06/californias-transgender-prison-policy-is-a-disaster-for-women/.*

202 Lang, Marissa J.: »Lesbian Bars Are Vanishing All over the Country. In D. C., Two Just Opened Their Doors« in: *Washington Post*, 22. Oktober 2018, *www.washingtonpost.com/local/lesbian-bars-are-vanishing-all-over- the-country-in-dc-two-just-opened-their-doors/2018/10/22/ 14609ac6-d3ad-11e8- 8c22-fa2ef74bd6d6_story.html*; Riese: »38 Lesbian Magazines that Burned Brightly, Died Hard, Left a Mark« in: AutoStraddle, 12. Oktober 2016, *www.autostraddle.com/38-lesbian-magazines-that- burned-brightly-died-hard- left-a-mark-354199/*; Olohan, Mary M.: »›My Privacy Is Being Invaded‹: High School Girl Objects to New Transgender Bathroom Policy« in: *The Daily Signal*, 21. November 2019, *www.dailysignal.com/2019/11/21/my-privacy-is-being-invaded-high-school- girl-reacts-to-new-transgender-bathroom-policy/*; Parveen, Nazia: »Transgender Prisoner Who Sexually Assaulted Inmates Jailed for Life« in: *The Guardian*, 11. Oktober 2018, *www.theguardian.com/uk-news/2018/oct/11/ transgender-prisoner-who- sexually-assaulted-inmates-jailed-for-life*; Hughes, Zachariah: »Anchorage Settles Case on Transgender Access to Women's Shelter« in: Alaska Public Media, 30. September 2019, *www.alaskapublic.org/2019/09/30/anchorage-settles-case-on-transgender- access-to-womens-shelter/.* Siehe auch Kearns, Madeleine: »Women-Only Rape Relief Shelter Defunded, Then Vandalized« in: *National Review*, 28. August 2019, *www.nationalreview.com/2019/08/ women-only-rape- relief-shelter-defunded-then-vandalized/.*

203 Moyer, Justin Wm.: »Smith College to Admit Transgender Women in Historic Policy Change« in: *Washington Post*, 3. Mai 2015; *www.washingtonpost.com/news/morning-mix/wp/2015/05/04/smith-college-to-admit- transgender-women-in-historic-policy-change/.*

Endnoten

204 »U.S. Transgender Survey 2015« in: National Center for Transgender Equality; *www.transequality.org/sites/default/files/docs/ USTS-Full-Report-FINAL.PDF*, S. 102. (Anm. d. Übers.: Der deutsche »Komiker« Jan Böhmermann nannte »TERFs« am 2.12.2022 im ZDF *Magazin Royale* »Turds« – »einen Haufen Scheiße«. Siehe ZDF *Magazin Royale*, »Transfeindlichkeit ist Trend«, 2.12.2022; *www.YouTube.com/watch?v=rh7hH-ua8oI.*)

205 In Deutschland ist die Urfeministin Alice Schwarzer deswegen von Transaktivisten brachial angefeindet worden (Anm. d. Übers).

206 Margolis, Matt: »Is it Fair for Boys to Compete on Girls Sports Teams?« in: PJ Media, 10. Juni 2018; *pjmedia.com/trending/is-it-fair-for-boys-to-compete-on-girls-sports-teams/*.

207 Ross, Andy: »Meet Natalie Fahey, Southern Illinois' First Transgender Swimmer« in: *Swimming World*, 20. Juni 2018; *www.swimmingworldmagazine.com/news/meet-natalie-fahey-southern-illinois-first-transgender-swimmer/*.

208 Aschwanden, Christie: »Trans Athletes Are Posting Victories and Shaking Up Sports« in: *Wired*, 29. Oktober, 2019; *www.wired.com/story/the-glorious-victories-of-trans-athletes-are-shaking-up-sports/*.

209 Sopelsa, Brooke: »Martina Navratilova Dropped by LGBTQ Nonprofit After ›Transphobic‹ Comment« in: NBC News, 20. Februar 2019; *www.nbcnews.com/feature/nbc-out/martina-navratilova-dropped-lgbtq-nonprofit-after-transphobic- comment-n973626.*

210 Hoffman, Joanna: »Athlete Ally: Navratilova's Statements Transphobic and Counter to our Work, Vision and Values« in: Athlete Ally, 19. Februar 2019; *www.athleteally.org/navratilovas-statements-transphobic-counter-to-our-work-vision/*.

211 Shapiro, Lila: »Andrea Long Chu Wants More« in: Vulture, 16. Oktober 2019; *www.vulture.com/2019/10/andrea-long-chu-on-her-debut-book-females.html*.

212 Whitman-Walker Health and the Human Rights Campaign Foundation: »Safer Sex for Trans Bodies«, 2016; *assets2.hrc.org/files/assets/resources/Trans_Safer_Sex_Guide_FINAL.pdf?_ga=2.165844918.929942533.1586180922-1430403405.1583510202.pdf?ga=2.162811380.910185904.1534872273-1928237950.1534872273.*

213 NPR (@NPR): »On average, people who menstruate spend an estimated $150 million a year just on the sales tax for tampons and pads« auf: Twitter, 19. Oktober 2019, 16:34 Uhr; *twitter.com/NPR/status/1185685574239379456.*

214 Van Maren, Jonathon: »Some Trans Activists Want to Call Women ›Bleeders‹ to Be Inclusive of ›Trans Men‹« in: The Bridgehead, 14. Dezem-

ber 2018; *thebridgehead.ca/2018/12/14/some-trans-activists-want-to-call-women-bleeders-to-be-inclusive-of-trans-men/*.

215   Rockett, Darcel: »Kids Are Seeing Porn Sooner than Adults Think« in: *Chicago Tribune*, 8. April 2018; *www.njherald.com/lifestyle/20180408/kids-are-seeing-porn-sooner-than-adults-think*.

216   Dines, Gail: »Choking Women Is All the Rage. It's Branded as Fun, Sexy ›Breath Play‹« in: *The Guardian*, 13. Mai 2018; *www.theguardian.com/commentisfree/2018/may/13/choking-women-me-too-breath-play*.

217   Khazan, Olga: »The Startling Rise of Choking During Sex« in: *The Atlantic*, 24. Juni 2019; *www.theatlantic.com/health/archive/2019/06/how-porn-affecting-choking-during-sex/592375/*.

218   Siehe Atagi, Colin: »Palm Springs Pool Getting Unisex Shower, Formal Policy after Teens Encounter Trans Woman« in: *The Desert Sun*, 24. Januar 2019; *www.desertsun.com/story/news/2019/01/24/pool-getting-unisex-shower-formal-policy-after-teens-encounter-trans-wo-man/2670287002/*.

219   Littman, Lisa: »Parent Reports of Adolescents and Young Adults and Perceived to Show Signs of a Rapid Onset of Gender Dysphoria« in: *PloS One*, 14, Nr. 3, 16. August 2018, S. 6, Abb. 1; *journals.plos.org/plosone/article?id=10.1371/journal.pone.0202330*.

220   Siehe Harmon, Grace: »More Than Half of the Student Body at Evergreen Identifies as LGBTQ or Questioning« in: KNKX, 18. Februar 2020; *www.knkx.org/post/more-half-student-body-evergreen-identifies-lgbtq-or-questioning*.

221   UCLA Lesbian Gay Bisexual Transgender Resource Center: »Trans @ UCLA: UCLA is a Top 10 Trans-Friendly Campus!«; *www.lgbt.ucla.edu/Trans-At-UCLA*.

222   Joyce, Amy: »How Helicopter Parents Are Ruining College Students« in: *Washington Post*, 2. September 2014; *www.washingtonpost.com/news/parenting/wp/2014/09/02/how-helicopter-parents-are-ruining-college-students/*.

223   Siehe O. A.: »Colleges and Universities that Cover Transition-Related Medical Expenses Under Student Health Insurance« in: Campus Pride, 2019; *www.campuspride.org/tpc/student-health-insurance/*. (Princeton fehlt auf dieser Liste, hat aber inzwischen seine Politik aktualisiert und bietet ebenfalls einen Versicherungsschutz für Transgendermedizin.)

224   Wang, Monica und Victor: »For Trans Students, Health Care Only First Step« in: *Yale Daily News*, 9. Oktober 2015; *yaledailynews.com/blog/2015/10/09/ for-trans-students-health-care-only-first-step/*.

Endnoten

225 Darauf wurde ich erstmals von Dr. Marian Rutigliano aufmerksam gemacht. Ich bin ihr nach wie vor sehr dankbar für ihre Einsichten.

226 Siehe beispielsweise Janssen, Ian, u. a.:»Skeletal Muscle Mass and Distribution in 468 Men and Women Aged 18–88 Yr« in: *Journal of Applied Physiology*, 89, 2000, S. 81–88; *www.physiology.org/doi/full/10.1152/jappl.2000.89.1.81.*

227 Siehe beispielsweise Ehrensaft, Diane: *The Gender Creative Child: Pathways for Nuturing and Supporting Children*, The Experiment, New York, NY, 2016, S. 257.

228 Tsoulis-Reay, Alexa:»What It's Like to Be Chemically Castrated« in: The Cut, 1. Dezember 2015; *www.thecut.com/2015/12/what-its-like-to-be-chemically-castrated.html.*

229 Schneider, Maiko A., u. a.:»Brain Maturation, Cognition and Voice Pattern in a Gender Dysphoria Case under Pubertal Suppression« in: *Frontiers in Human Neuroscience*, 11, November 2017, 1, S. 4–6 (wobei anzumerken ist, dass bei Patienten mit unterdrückter Pubertät eine »globale IQ-Reduktion« beobachtet wurde, dass aber »die Auswirkungen der Blockierung der Pubertät auf die Entwicklung des Gehirns und der Kognition bei GD-Jugendlichen noch nicht abschließend untersucht wurden«); *www.frontiersin.org/articles/10.3389/fnhum.2017.00528/full.*

230 Siehe beispielsweise de Vries, Annelou. L. C., u. a.:»Puberty Suppression in Adolescents with Gender Identity Disorder: A Prospective Follow-Up Study« in: *Journal of Sexual Medicine*, 8, Nr. 8, August 2011, S. 2276–2283; *www.ncbi.nlm.nih.gov/pubmed/20646177.*

231 Siehe beispielsweise Ristori, Jiska, Steensma, Thomas D.:»Gender Dysphoria in Childhood« in: *International Review of Psychiatry*, 28, Nr. 1, 2016, S. 13–20, 10.3109/09540261.2015.1115754.15, Tafel 1.

232 Schneider, Maiko A., u. a.:»Brain Maturation, Cognition and Voice Pattern in a Gender Dysphoria Case under Pubertal Suppression« in: *Frontiers in Human Neuroscience*, 11, November 2017, 1, S. 1, 4–6; *www.frontiersin.org/articles/10.3389/fnhum.2017.00528/full.*

233 Die Pubertät wird in der Regel in fünf »Tanner-Stadien« eingeteilt, wobei das Tanner-Stadium 1 keine Anzeichen der Pubertät aufweist und das Stadium 5 die volle Entwicklung der erwachsenen Geschlechtsorgane bedeutet. Pubertätsblocker werden in der Regel bereits im Tanner-Stadium 2 verabreicht, wenn ein Mädchen gerade beginnt, die ersten Anzeichen von Brüsten zu entwickeln, ihre Eierstöcke noch unfruchtbar sind und es per Definition noch nicht die Geschlechtsreife erreicht hat. Wenn Sie die Pubertät eines Kindes in einem frühen Stadium anhalten, erstarren seine

Geschlechtsorgane in diesem kindlichen Zustand. Wenn dann noch geschlechtsbestätigende Hormone hinzukommen, bleibt das Kind unfähig zur biologischen Fortpflanzung oder gar zum Orgasmus.

234 Die Befürworter des Einsatzes von Pubertätsblockern bei der Behandlung transidentifizierender Jugendlicher behaupten, dass die Blocker das Selbstmordrisiko verringern. Um ein prominentes Beispiel aus jüngster Zeit zu nennen: Dr. Jack Turban von der Harvard Medical School behauptete in der *New York Times*, seine Forschungen hätten gezeigt, dass »der Zugang zu Pubertätsblockern während der Pubertät mit einer geringeren Wahrscheinlichkeit verbunden ist, dass junge Transgendererwachsene an Selbstmord denken«. Siehe Turban, Jack L.: »What South Dakota Doesn't Get About Transgender Children« in: *New York Times*, 6. Februar 2020; *www.nytimes.com/2020/02/06/opinion/transgender-children-medical-bills.html*. Ein flüchtiger Blick auf die Daten, die seinen Behauptungen zugrunde liegen, zeigt aber ein anderes Bild. In dem Jahr, in dem seine Daten erhoben wurden, blieben die Selbstmordgedanken bei denjenigen, die Pubertätsblocker eingenommen hatten, bei etwas über 50 Prozent, was immer noch alarmierend hoch ist. Siehe Turban, Jack L., u. a.: »Pubertal Suppression for Transgender Youth and Risk of Suicidal Ideation« in: *Pediatrics*, 145, Nr. 2, 2020, S. 5, Tabelle 3; *pubmed.ncbi.nlm.nih.gov/31974216/*.
»Wenn 50 Prozent dieser Menschen mit Selbstmordgedanken zurückbleiben, ist dies meiner Meinung nach kaum ein Erfolg«, sagte der außerordentliche Professor für pädiatrische Endokrinologie, Dr. Paul Hruz. Schlimmer noch: Bei den transidentifizierten Personen, die über Selbstmordgedanken »*mit Plan und erfolgtem Versuch*« [eines Selbstmordes] berichteten, war die Zahl derer, die Pubertätsblocker eingenommen hatten, größer als bei denen, die keine eingenommen hatten (Hervorhebung hinzugefügt). Ebenso wiesen diejenigen, die Pubertätsblocker einnahmen, eine höhere Rate an Suizidversuchen auf, die zu einer stationären Krankenhauseinweisung führten.

235 Celec, Peter, u. a.: »On the Effects of Testosterone on Brain Behavioral Functions« in: *Frontiers in Neuroscience*, 9, 17. Februar 2015, S. 3. (»Von allen Verhaltensparametern scheint die Ängstlichkeit besonders deutlich auf Testosteron zu reagieren. Die am häufigsten zitierte Arbeit, in der die Auswirkungen von Testosteron auf die Angst bei Mäusen untersucht wurden, hat in mehreren Experimenten gezeigt, dass Testosteron die Angst verringert.«)

236 Siehe beispielsweise Asscheman, Henk, u. a.: »A Long-Term Follow-Up Study of Mortality in Transsexuals Receiving Treatment with Cross-Sex Hormones« in: *European Journal of Endocrinology*, 164, Nr. 4, April 2011, S. 635, 637-641; *pubmed.ncbi.nlm.nih.gov/21266549/*.

Endnoten

237 Kerckhof, Mauro E., u.a.:»Prevalence of Sexual Dysfunctions in Transgender Persons: Results from the ENIGI Follow – Up Study« in: *Journal of
Sexual Medicine*, 16, Nr. 12, Dezember 2019, S. 1-12;
pubmed.ncbi.nlm.nih.gov/31668732/.

238 Siehe Getahun, Darios, u.a.:»Cross-Sex Hormones and Acute Cardiovascular Events in Transgender Persons: A Cohort Study« in: *Annals of
Internal Medicine*, 169, Nr. 4, 12. Juli 2018, *pubmed.ncbi.nlm.nih.gov/
29987313/*; Alzahrani, Talal, u.a.:»Cardiovascular Disease Risk Factors
and Myocardial Infarction in the Transgender Population« in: *Circulation:
Cardiovascular Quality and Outcomes*, 12, Nr. 4, 5. April 2019, S. 6, Abb. 1,
pubmed.ncbi.nlm.nih.gov/30950651/.

239 Das ist etwa das 6-Fache des Testosteronspiegels, den eine Frau hätte,
wenn sie nur an einer polyzystischen Eierstockerkrankung leiden würde.

240 Alzahrani, Talal, u.a.:»Cardiovascular Disease Risk Factors and Myocardial Infarction in the Transgender Population« in: *Circulation: Cardiovascular Quality and Outcomes*, 12, Nr. 4, 5. April 2019, S. 6, Abb. 1;
pubmed.ncbi.nlm.nih.gov/30950651/. (Der Endokrinologe Dr. William
Malone erklärte mir:»Es ist schwer zu sagen, wie viel Prozent dieses
Anstiegs allein auf Testosteron zurückzuführen sind. Es hat sicherlich
etwas damit zu tun ... es sind aber weitere Studien erforderlich, um zu
verstehen, um wie viel Prozent es sich handelt.«)

241 Deutsch, Madeline B. (Hrsg.): The Guidelines for the Primary and Gender-
Affirming Care of Transgender and Gender Nonbinary People, UCSF
Center of Excellence for Transgender Health, University of California,
San Francisco, 2. Auflage, 17. Juni 2016, S. 49; *transcare.ucsf.edu/sites/
transcare.ucsf.edu/files/Transgender-PGACG-6-17-16.pdf*.

242 Siehe beispielsweise Fenway Health: *The Medical Care of Transgender
Persons*, Herbst 2015, S. 20, *www.lgbtqiahealtheducation.org/wp-content/
uploads/COM-2245-The-Medical-Care-of-Transgender-Persons-v31816.pdf*;
Grimstad, Frances, u.a.:»Evaluation of Uterine Pathology in Transgender
Men and Gender Nonbinary Persons on Testosterone« in: *Journal of
Pediatric & Adolescent Gynecology*, 31, Nr. 2, 1. April 2018,
www.jpagonline.org/article/S1083-3188(18)30025-1/fulltext. (»Viele FTM/
GNB-Personen, die eine Testosterontherapie erhalten, haben entgegen
unserer Hypothese weiterhin ein wenig aktives proliferatives oder sekre-
torisches Endometrium. Inwieweit dies mit dem Endometrium-Karzi-
nom-Risiko zusammenhängt, ist nicht bekannt, aber diese Daten könnten
für die Bewertung und Beratung dieser Patientengruppe im Hinblick auf
die Blutungsmuster wichtig sein.«)

243 Siehe Hruz, Paul W.:»Deficiencies in Scientific Evidence for Medical
Management of Gender Dysphoria« in: *The Linacre Quarterly*, 87, Nr. 1,

20. September 2019, S. 1–9, 1, 3, 5–6; Dhejne, Cecilia, u. a.: »Long-Term Follow-Up of Transsexual Persons Underoing Sex Reassignment Surgery: Cohort Study in Sweden« in: *PloS One* 6, Nr. 2, Februar 2011, S. 1–8, 1, 4, 6, *doi.org/10.1371/journal.pone.0016885*; Costa, Rosalia: »Psychological Support, Puberty Suppression, and Psychosocial Functioning in Adolescents with Gender Dysphoria« in: *Journal of Sexual Medicine*, 12, Nr. 11, 2015, S. 2206–2214, *pubmed.ncbi.nlm.nih.gov/26556015/*.

244 Peitzmeier, Sarah, u. a.: »Health Impact of Chest Binding among Transgender Adults: A Community-Engaged Cross-Sectional Study« in: *Culture, Health & Sexuality*, 19, Nr. 1, 14. Juni 2016, S. 3, 5, 8; *pubmed.ncbi.nlm.nih.gov/27300085/*.

245 Siehe Mosser, Scott: »FTM/N Breast Binding Guide and Safety Before Surgery« in: Gender Confirmation Center; *www.genderconfirmation.com/breast-binding/*.

246 Bunim, Juliana: »First U. S. Study of Transgender Youth Funded by NIH« in: UCSF (University of California San Francisco), 17. August 2015; *www.ucsf.edu/news/2015/08/131301/first-us-study-transgender-youth-funded-nih*.

247 »Dr. Johanna Olson-Kennedy Explains Why Mastectomies for Healthy Teen Girls Is No Big Deal« in: Is This Appropriate Treatment?, YouTube, 5. November 2018; *www.youtube.com/watch?v=5Y6espcXPJk*.

248 Olson-Kennedy, Johanna, u. a.: »Chest Reconstruction and Chest Dysphoria in Transmasculine Minors and Young Adults: Comparisons of Nonsurgical and Postsurgical Cohorts« in: *JAMA Pediatrics*, 172, Nr. 5, Mai 2018, S. 431–436; *www.ncbi.nlm.nih.gov/pmc/articles/PMC5875384/*.

249 Cook, Michael: »13-Year-Olds Given Mastectomies at California Clinic« in: BioEdge, 15. September 2018; *www.bioedge.org/bioethics/13-year-olds-given-mastectomies-at-california-clinic/12816*.

250 National Center for Transgender Equality: Report of the U. S. Transgender Survey, 2015, S. 102; *www.ustranssurvey.org/*. Derzeit ist dort zu lesen: »Umfrage abgeschlossen: Danke, Transcommunity!« (Anm. d. Lektorats)

251 Rashid, Mamoon, Tamimy, Muhammad S.: »Phalloplasty: The Dream and the Reality« in: *Indian Journal of Plastic Surgery*, 46, Nr. 2, Mai–August 2013, S. 283–293; *www.ncbi.nlm.nih.gov/pmc/articles/PMC3901910/*.

252 Vergleiche Coleman, Eli, u. a. (Hrsg.): »Standards of Care for the Health of Transsexual, Transgender, and Gender Nonconforming People« in : WPATH, 7. Version, 2012, S. 18–21, 35–36 (*www.wpath.org/media/cms/Documents/SOC%20v7/Standards%20of%20Care_V7%20Full%20Book_*

English.pdf) mit »Standards of Care for the Health of Transsexual, Transgender, and Gender Nonconforming People« in: WPATH, 6. Version, 2001, S. 8–11, 13; siehe auch Schulz, Sarah L.: »Informed Consent Model of Transgender Care: An Alternative to Diagnosis of Gender Dsyphoria« in: *Journal of Humanistic Psychology*, 58, Nr. 1, 2018, S. 83; *journals. sagepub.com/doi/abs/10.1177/0022167817745217?journalCode=jhpa.*

253 Nach dem Controlled Substances Act von 1971 werden alle in den Vereinigten Staaten überwachten Substanzen – einschließlich vieler Drogen und Chemikalien – in fünf Schemata eingeteilt. »Drogen werden von der Bundesregierung als Liste III eingestuft, wenn sie ein mittleres Missbrauchs- und Suchtpotenzial aufweisen. Zu den Drogen der Liste III gehören einige illegale und verschreibungspflichtige Drogen.« Siehe *www.addictionresource.net/drug-classifications/schedule-iii/#:~:text= Drugs%20are%20classified%20by%20the%20federal%20government%20as, III%20drugs%20include%20some%20illicit%20and%20prescription%20drugs.* (Anm. d. Lektorats)

254 Section 1557, 45 C.F.R. § 92.207 (5), U.S. Code of Federal Regulations, letztes Update 6. April 2020; *www.govregs.com/regulations/expand/ title45_chapterA_part92_subpartC_section92.207.*

255 Siehe Foden-Vencil, Kristian: »In Oregon, Medicaid Now Covers Trans-gender Medical Care« in: NPR, 10. Januar 2015, *www.npr.org/sections/ health-shots/2015/01/10/376154299/in-oregon-medicaid-now-covers-transgender-medical-care*; siehe auch »Oregon Health Plan Coverage of Gender Dysphoria: Frequently Asked Questions for Current or Future Clients« in: Basic Rights Oregon, November 2015, S. 3 f., *careoregon.org/ docs/default-source/members/education-handouts/gender-affirming-care/ ohp_faq_for_individuals_mar_2021-revision-1.pdf?sfvrsn=ec35bde5_1.*

256 Benji, gnc_Centric: »Benji/Gnc_Centric: On Being Kicked off Twitter and Medium« in: 4thwavenow, 27. Dezember 2019; *4thwavenow. com/ 2019/12/27/benji-gnc_centric-on-being-kicked-off-twitter-and-medium/.*

257 Detransition Subreddits: *subredditstats.com/r/detrans; www.reddit.com/r/ detrans/.*

258 Dieser Punkt wurde in einem ausgezeichneten langen Artikel zu diesem Thema erörtert von Sullivan, Andrew: »The Hard Questions About Young People and Gender Transitions« in: Intelligencer, *New York Magazine*, 1. November 2019; *nymag.com/intelligencer/2019/11/andrew-sullivan-hard-questions-gender-transitions-for-young.html.*

259 Blanchard, Ray (@BlanchardPhD): »In contrast to comparable disorders, DSM-5 diagnostic criteria for Gender Dysphoria do not include ›In Remission‹, ›In Full Remission‹ or ›In Partial Remission‹ specifiers. Thus,

there is no apparent way to record a detransitioned patient for clinical or research purposes« auf: Twitter, 18. Mai 2019, 10:40 Uhr; *twitter.com/blanchardphd/status/112975870627776 9216?lang=en.*

260 Helena: »ROGD – A Detransitioner Speaks (Guest Post)« in: Lily Maynard (Blog), 11. November 2018; *lilymaynard.com/rogd-a-detransitioner-speaks-guest-post/.*

261 Ebd.

262 Helena: »How Mental Illness Becomes Identity: Tumblr, a Callout Post, Part 2« in: 4thwavenow, 13. August 2019; *4thwavenow.com/2019/08/13/how-mental-illnesses-become-identities-tumblr-a-callout-post-part-2/.*

263 Ebd.

264 Helena: »ROGD – A Detransitioner Speaks (Guest Post)« in: Lily Maynard (Blog), 11. November 2018; *lilymaynard.com/rogd-a-detransitioner-speaks-guest-post/.*

265 Ebd.

266 Ebd.

267 Stein, Arlene: *Unbound: Transgender Men and the Remaking of Identity,* Penguin Random House, New York, NY, 2018, S. 127.

268 Dieser jemand ist Denise, die Gründerin von 4thWaveNow, der Online-Community für Eltern, deren Töchter sich plötzlich als transgender identifizieren.

269 Vandereycken, Walter: »Can Eating Disorders Become ›Contagious‹ in Group Therapy and Specialist Inpatient Care?« in: *European Eating Disorders Review,* 19, Nr. 4, Juli–August 2011, S. 289–295; *onlinelibrary.wiley.com/doi/abs/10.1002/erv.1087.*

270 Kravetz, Lee Daniel: *Strange Contagion: Inside the Surprising Science of Infectious Behaviors and Viral Emotions and What They Tell Us about Ourselves,* HarperCollins Publishers, New York, NY, 2017, S. 46.

271 Ebd.

272 Siehe beispielsweise Jarvi, S., u. a.: »The Impact of Social Contagion on Non-Suicidal Self-Injury: A Review of the Literature« in: *Archives of Suicide Research,* 17, Nr. 1, 2013, S. 1–19; *www.ncbi.nlm.nih.gov/pubmed/23387399.*

273 Tannen, Deborah: »Rapport Talk and Report-Talk« in: *Interpersonal Communication: Putting Theory into Practice,* Monaghan, Leila, Goodman,

Jane E., Robinson, Jennifer M. (Hrsg.), 2. Auflage, Wiley-Blackwell, Oxford 2012, S. 191.

274 Ein Beispiel für eine bekannte transsexuelle YouTuberin, die sich einer Phalloplastik unterzog, um dann zu ihrem Geburtsgeschlecht zurückzukehren und festzustellen, dass ihre Geschlechtsoperationen ein Fehler waren, finden Sie unter: Vine, Tyler J.:»I Hate My Arm« auf: YouTube, 26. September 2016, *www.youtube.com/watch?v=vseH5D8e3A8&feature=youtu.be*; Vine, Tyler J.:»I Shouldn't Have Transitioned« auf: YouTube, 2. Dezember 2019, *www.youtube.com/watch?v=SLew BHur61Q&feature=youtu.be*. Beide YouTube-Videos sind nicht mehr verfügbar (Anm. d. Lektorats).

275 Des Kontexts wegen wurden die amerikanischen Pronomina »they/them« in diesem Fall beibehalten beziehungsweise wörtlich übersetzt (Anm. d. Lektorats).